中国工程科技发展战略四川研究院
战略研究与咨询项目丛书

"双碳"目标与四川省能源绿色发展

庞敏　李琼　张益畅　唐龙　何沙　著

石油工业出版社

内容提要

本书深入探讨了中国"双碳"目标实现与能源发展的紧密关系，从多个角度审视了"双碳"目标对气候变化应对、可持续发展、经济转型与创新及国际竞争力的影响，分析了四川省能源领域的碳排放情况，剖析了能源领域作为主要战场实现"双碳"目标的重要作用。从煤炭、石油、天然气、水电等多个角度介绍了四川省能源产业的现状及未来发展趋势，运用系统动力学方法，对四川省的能源消费碳排放进行预测，为制定可行的碳减排策略提供支持，提出了一系列针对四川省能源消费碳排放现状的对策建议。

本书可供从事"双碳"研究的专业人士和能源战略与决策的部门参考，也可以作为高校师生重要的教学参考资料。

图书在版编目（CIP）数据

"双碳"目标与四川省能源绿色发展 / 庞敏等著. --北京：石油工业出版社，2024.4
ISBN 978-7-5183-6626-2

Ⅰ.双… Ⅱ.①庞… Ⅲ.①能源工业—绿色经济—经济发展—研究—四川 Ⅳ.①F426.2

中国国家版本馆 CIP 数据核字（2024）第 071770 号

"双碳"目标与四川省能源绿色发展
庞敏　李琼　张益畅　唐龙　何沙　著

出版发行：石油工业出版社
　　　　　（北京市朝阳区安华里二区 1 号楼 100011）
网　　址：www.petropub.com
编 辑 部：（010）64523570　　图书营销中心：（010）64523633
经　　销：全国新华书店
印　　刷：北京中石油彩色印刷有限责任公司

2024 年 4 月第 1 版　　2024 年 4 月第 1 次印刷
710 毫米 ×1000 毫米　开本：1/16　印张：18.25
字数：243 千字

定　价：88.00 元
（如发现印装质量问题，我社图书营销中心负责调换）
版权所有，翻印必究

《"双碳"目标与四川省能源绿色发展》
编委会

主　　任：罗平亚

副主任：何　沙　曲建升　邹才能　谢和平　翟婉明
　　　　李得天　张景中

顾　　问：石　碧　李　灿　雷宪章　冯晓云　徐玖平

委　　员：（按姓氏笔画排序）

王青元　王乾垒　王　影　田雅娟　史继强
吕园园　朱　原　刘自亮　刘昱岗　关春晓
孙　倩　李　星　李　稀　李　琼　吴　涛
吴　锡　邱　瑞　何叹泉　佘晓钟　沈西林
宋小林　张　辰　张益畅　张　鹏　陆　颖
陈军华　周太刚　周兆明　周　莹　周　敏
庞　敏　郑小强　赵　锐　胡国松　钟亚雯
逄　健　姚　娟　姚黎明　秦小林　秦　扬
徐英祺　卿立燕　唐鋆磊　黄德青　曹成芬
龚正君　章文峰　梁英波　韩金雨　温　馨
蓝　鑫　廖特明　潘松圻

丛书序

积极应对全球气候变暖已经成为全人类共同行动和普遍价值追求，2020年9月22日，习近平总书记在第75届联合国大会一般性辩论上郑重承诺，中国将提高国家自主贡献力度，采取更加有力的政策和措施控制碳排放，力争于2030年前实现碳达峰，努力争取于2060年前实现碳中和。党中央、国务院印发《关于完整准确全面贯彻新发展理念做好碳达峰碳中和工作的意见》、国务院发布《2030年前碳达峰行动方案》，明确了碳达峰碳中和工作的时间表、路线图，强调"双碳"目标的提出，是党中央经过深思熟虑作出的重大战略决策，事关中华民族永续发展和构建人类命运共同体，是一场广泛而深刻的经济社会系统性变革。

西部地区受经济条件和技术水平约束，地区环境承载力已近上限，推进西部低碳发展新格局迫在眉睫。四川省作为西部经济第一大省，能源资源具有"富气、丰水、贫煤、缺油、新能源相对集中"的特点，2023年全省清洁能源装机容量达到1.1亿千瓦，占86.7%，其中水电装机容量9759万千瓦，居全国第一，天然气（页岩气）产量达552亿立方米，居全国第一。长期以来，四川省政府将降碳工作摆在突出、优先位置，对"减污降碳、协同增效"工作进行一体谋划、一体部署、一体推进、一体考核，陆续出台了《四川省碳达峰实施方案》《四川省碳市场能力提升行动方案》《四川省减污降碳协同增效行动方案》等一

系列文件,推动形成了全省碳减排"大环保格局",积极参与全国碳排放权和全国温室气体资源减排交易市场建设,深化国家低碳城市建设,实施绿色制造工程,开展近零碳排放园区、零碳供应链等,新建一批国家级绿色工厂、绿色工业园区、绿色供应链管理企业等,2023年累计成交国家核证自愿减排量3828.7万吨,居全国第四。同时,四川省发挥清洁能源资源优势,并与技术优势融合,加强清洁能源技术布局,推进关键领域技术突破,摆脱技术束缚,完善清洁能源技术链。

为持续深入推进四川省碳达峰碳中和战略的实施,中国工程院于2022年6月立项"地方研究院战略研究与咨询项目"——四川省碳达峰碳中和战略重点和主攻方向研究,由罗平亚院士主持,联合邹才能院士、谢和平院士、翟婉明院士、李得天院士、张景中院士牵头组织西南石油大学、中国石油天然气股份有限公司勘探开发院、四川大学、西南交通大学、中国科学院成都文献情报中心、中国科学院成都信息技术股份有限公司等单位,由西南石油大学的何沙教授、中国科学院成都文献情报中心的曲建升研究员任副项目长,分为总体规划、能源、第一和第三产业、第二产业、关键技术、政策体系六个子课题,对四川省碳达峰碳中和的战略重点和主攻方向进行了系统研究。四川省清洁能源禀赋得天独厚,应该把碳达峰碳中和的战略重点放在清洁能源强省上,以建设清洁低碳、安全高效的现代能源体系为主攻方向,以低碳转型为突破口,推进全省能源、第一、二、三产业的节能减排、绿色高效、可持续发展,为实现国家"双碳"目标、服务国家"双循环"战略贡献"四川力量"。

课题组计划出版四川省"双碳"发展战略、四川省能源绿色发展、四川省政策与技术路线等专著,包括《碳达峰碳中和:区域政策与技术路线——基于四川省的案例研究》等著作,为四川省碳达峰碳中和战略实施推进提供一系列的政策建议,希望为四川省碳达峰碳中和战略实施提供决策依据和参考,也可供咨询研究单位、各级行政管理部门和大专院校师生学习参考。

《四川省碳达峰碳中和战略重点和主攻方向研究》课题组

2023 年 12 月

序

中国作为全球最大的能源消费国，80%以上的碳排放均来自能源行业，能源成为实现碳达峰碳中和目标的主战场，而清洁能源发电凭借其"环境友好性"成为实现碳达峰碳中和目标的主力军，故中国政府制定《关于完善能源绿色低碳转型体制机制和政策措施的意见》《"十四五"现代能源体系规划》《氢能产业发展中长期规划（2021—2035年）》《减污降碳协同增效实施方案》《高耗能行业重点领域节能降碳改造升级实施指南（2022年版）》等一系列能源政策来推动碳减排。

四川省位于我国西南腹地、长江上游，具有丰富的能源资源，是中国将能源"饭碗"牢牢端在自己手里的重要能源补充产地。其中，天然气和页岩气的储量和产量位居全国第一，具有资源丰富度高、规模大、整体储量大等特点，年均外送超过60亿立方米；水力资源技术可开发量位居全国第二，占全国总量的21.2%，水电外送电量已连续5年超过1300亿千瓦·时。因此，四川省作为长江黄河上游重要生态屏障以及水源涵养地，肩负维护国家生态安全的重任，致力于建设全国优质清洁能源基地和国家清洁能源示范省，以期建成技术先进、模式领先的清洁能源生产和消费基地，为建设美丽四川提供有力保障，助力全国早日实现碳达峰碳中和目标。当前四川省经济总量增速高于碳强度下降率，需进一步摸清四川省能源领域碳排放家底，确定战略重点和主攻方向，形成具有地方特点、中国特色的区域能源低碳供给体系，服务国家能源发展大局。

由西南石油大学庞敏教授、何沙教授等潜心研究的《"双碳"目标与四川能源绿色发展》一书,紧密围绕能源产业碳排放问题进行系统研究,全面剖析了四川省能源产业发展现状及碳排放情况,并运用对数平均Divisia分解法(LMDI)构建四川省能源领域碳排放影响因素分解模型,深入探索对碳排放增量产生驱动和抑制作用的关键因素。建立了四川省能源领域碳排放系统动力学模型,深度预测四种减排模式下九种模拟情景的四川省能源系统碳排放达峰状态和能源需求变化轨迹,并提出"主攻"与"助攻"相结合的四川省能源系统碳排放达峰行动战略,即"主攻"风电、水电等一次电力产业发展,以满足电力需求快速增长的现实需要;"助攻"天然气(页岩气)产业发展,以充当可再生能源发电的"稳定器"和"调节器",以期为四川省实现能源绿色低碳可持续发展提供理论参考,助力全省清洁能源强省建设,为中国"双碳"目标实现提供坚强能源保障。

本书是作者们在充分吸收相关领域国内外最新研究成果的基础上,深入研究,大胆探索的成果。我相信,本书的出版必将对中国能源领域低碳发展的研究起到良好的推动作用,产生较大的社会影响和发挥较大的社会效用。

中国科学院院士

2023年12月31日

前言

近年来,可持续发展和绿色转型已成为全球关注的重要问题。在全球面临着气候变化、环境污染和能源安全等重大挑战的背景下,各国纷纷加快了绿色发展的步伐。作为全球最大的碳排放国家之一,中国在应对气候变化和推动可持续发展方面肩负着重要的责任与使命。中国政府积极响应国际社会的呼吁,提出了实现"双碳"目标的宏伟愿景,即"2030年碳达峰"和"2060年碳中和"的目标。碳达峰意味着碳排放量达到峰值后开始逐渐下降,碳中和要求年度碳排放量不超过吸收和去除的总量。而实现"双碳"目标的核心在于转变能源结构,推广低碳技术,发展清洁能源,提高碳汇能力,实现碳排放的最大程度减少。

改革开放以来,中国经济迅猛发展,能源消费总量和碳排放总量也随之增加,给全国能源供给和环境保护带来了巨大压力。从总量上看,2006年中国的碳排放总量超过美国成为世界第一;2012年,中国碳排放量超过美欧之和;2022年,中国碳排放量累计110亿吨,约占全球碳排放量的28.87%,相当于美国、欧盟及日本排放量的总和。从人均上看,2010年中国人均碳排放量超过了世界平均水平,2020年人均碳排放量约为6.4吨,在全世界排名第15左右。从排放来源看,不可再生化石能源的消费仍然占据主导位置,2020年煤炭、石油、天然气对应碳排放占比分别为66%、16%、6%。为实现碳排放总量和碳排

放强度的"双降"目标,中国政府先后出台了《中共中央 国务院关于完整准确全面贯彻新发展理念做好碳达峰碳中和工作的意见》《国务院关于印发2030年前碳达峰行动方案的通知》(国发〔2021〕23号)和《国家发展改革委 国家能源局关于完善能源绿色低碳转型体制机制和政策措施的意见》(发改能源〔2022〕206号)等系列文件。但是,中国经济仍保持较快速度增长,且在"富煤、缺油、少气、丰水、多风"等资源禀赋的影响下,对煤炭、石油等能源的依赖程度仍保持较高水平,将继续带动能源消费长期高速增长,短期内中国二氧化碳的排放量恐将持续增加,为尽早实现"双碳"目标,履行中国承诺,仍需要大力推动能源低碳高效发展。

减污降碳、协同增效是中国实现可持续发展和高质量发展多目标协同的内在要求,四川省作为长江黄河上游重要生态屏障和水源涵养地,一直以来肩负维护国家生态安全的重任,不断强化"上游意识",扛起"上游责任",体现"上游担当",在碳减排方面努力探索,把应对气候变化摆在重要位置,将降碳融入生态环境治理体系。近年来,在有效的环保减排政策和"清洁替代、电能替代"等一系列举措下,通过调整能源结构、提高节能技术、优化产业结构等措施,节能减排成效显著,单位GDP能耗呈下降态势,"十二五"和"十三五"分别累计降低了25.2%和29.9%。2020年碳排放强度则较2005年下降约75%以上,碳排放强度明显下降,碳排放总量快速增长的趋势得到基本扭转,成为中国西部地区"双碳"治理工作的领头羊。此外,四川省加快水风光开发与利用步伐,水电装机量稳居全国第一,可再生能源电力装机量、发电量占比均达80%以上,基本建成全国最大清洁能源基地。电网跨省最大外送能力居全国第一，近年来年均外送绿色电能约1400亿千瓦·时，1998年以来累计外送电能突破1万亿千瓦·时，相当于为长江中下游地区减少4亿吨电煤消耗、减排10亿吨二氧化碳，为中国早日实现"双碳"目标做出了积极贡献。但是，相比于发达国家和东部发达地区，四川省经济基础较为薄弱，人均GDP、城镇化率均低于全国平均水平，持续推进工业化、城镇化和农业现代化对碳排放仍有刚性需求。因此，站在新的历史起点上，四川省仍需牢记使命、不负重托，在碳减排征程上继续奋力谱写美丽四川"双碳"新篇章。

本书将目光汇聚于"双碳"目标背景下四川省能源发展路径选择及政策创新。通过深入分析四川省能源产业状况，科学预测四川省能源消费碳排放量，设计能源产业降碳路径，为政府相关部门提供科学依据和决策支持，为能源企业提供理论支撑和战略引导，推动四川省能源绿色转型的步伐。本书共分七章。第一章详细解读"双碳"目标的内涵和背景，探讨其对我国能源发展的重要意义。第二章重点关注"双碳"目标与能源转型之间的关系，探究其关联性。第三章全面梳理四川省能源产业的发展现状，剖析能源产业发展面临的优势和劣势、机遇和挑战。第四章深入探讨四川省能源消费碳排放情况，摸清导致碳排放变化的重要驱动力。第五章使用系统动力学方法对四川省能源消费碳排放情况进行预测分析，寻求能源消费碳减排的最优路径。第六章充分考虑能源资源特点、环境承载能力、经济社会发展需求等因素，设计适合"双碳"目标下四川省能源发展的科学路径，制定具体行动计划。第七章深入研究"双碳"目标下四川省能源发展的现阶段政策，提出纵深推进"双碳"行动的对策措施。

"双碳"目标下,能源行业低碳发展势在必行,既是应对气候变化的重要抓手,更是实现高质量发展的重要引擎。"双碳"目标的实现,需要四川省能源产业主体的共同探讨、共同参与、共同发展,需要理念的进一步推广、理论的深入研究和建设实践的广泛开展。本书将"双碳"理论研究与能源产业发展实际研究相结合,围绕四川省能源产业发展的现实情况,构建能源产业发展的科学路径,加快清洁能源的开发与利用,打造现代能源体系,推动"双碳"目标的实现与能源革命进程。

目录

第一章 "双碳"之解 ... 1
第一节 "双碳"目标提出的背景 ... 1
第二节 "双碳"目标提出的价值意义 ... 6
第三节 "双碳"目标治理的新要求与新使命 ... 19

第二章 "双碳"目标与能源转型 ... 23
第一节 "双碳"目标与能源产业发展的内在机理 ... 23
第二节 能源领域碳排放分析 ... 35

第三章 四川省能源产业发展状况 ... 44
第一节 四川省基本概况 ... 44
第二节 四川省煤炭产业发展状况 ... 70
第三节 四川省天然气产业发展状况 ... 77
第四节 四川省石油产业发展状况 ... 84
第五节 四川省水电产业发展状况 ... 90
第六节 四川省太阳能和风能产业发展状况 ... 97
第七节 四川省能源产业发展的SWOT分析 ... 104

第四章 四川省能源产业碳排放现状 ... 117
第一节 测算方法的选择 ... 117

第二节　能源消费碳排放现状 ……………………………… 118

第三节　能源消费碳排放影响因素分析 …………………… 121

第五章　基于系统动力学的四川省能源消费碳排放预测 ……… 138

第一节　系统动力学模型概述 ……………………………… 138

第二节　能源消费碳排放预测系统动力学模型构建 ……… 141

第三节　系统动力学模型验证 ……………………………… 181

第四节　能源消费碳排放系统仿真分析 …………………… 187

第五节　不同政策方案下能源消费碳排放趋势 …………… 191

第六章　"双碳"目标下四川省能源发展路径设计 …………… 206

第一节　"双碳"目标下四川省能源体系建设目标 ……… 206

第二节　"双碳"目标下四川省能源体系建设原则 ……… 208

第三节　"双碳"目标下四川省能源体系建设路径 ……… 210

第七章　"双碳"目标下四川省能源发展政策创新 …………… 224

第一节　加快发展清洁能源产业，建成多元化能源
供给格局 …………………………………………… 224

第二节　深入推进供能管网建设，构建现代化基础
设施体系 …………………………………………… 231

第三节　持续发挥储能产业优势，打造高质量发展
新增长极 …………………………………………… 237

第四节　大力推动能源消费转型，实现生态环境
根本性好转 ………………………………………… 242

第五节 鼓励能源产业融合发展，破解新能源发展消纳难题 ………… 250

第六节 健全排放核算标准体系，夯实碳排放统计基层基础 ………… 256

第七节 实现区域能源合作，共建人类低碳命运共同体 ……… 261

后记 ……………………………………………………………………… 267

参考文献 ………………………………………………………………… 269

第一章 "双碳"之解

近年来,极端气候事件频发、全球变暖导致百万物种灭绝、荒漠化加剧、海平面上升等问题愈发严峻,全球范围内生态环境的恶化已对人类的生存与发展造成严重威胁,全球气候治理的重要性日益凸显,实现"碳达峰"和"碳中和"目标成为全人类的共同行动和普遍价值追求。中国作为最大的能源消费和二氧化碳排放国,积极应对气候变化,走低碳发展道路,将"双碳"目标纳入生态文明建设整体布局,走具有中国特色的"双碳"之路,以期在应对全球价值链重构和能源安全风险挑战的过程中,提供引领全球气候治理的国家战略和中国方案。

第一节 "双碳"目标提出的背景

一、"双碳"目标提出的国际背景

(一)全球气候变暖

自19世纪工业革命浪潮以来,化石能源成为近二百多年来人类利用的最重要的能源种类之一。化石能源的使用改变了人类的生活方式和生产方式,但随之而来的是全球的碳排放量增长,造成全球气候变暖,以及气候变暖所导致的冰川融化、海平面上升等问题。1880—1991年近百年间,有过3次气候突然变暖的情况。其中,20世纪初全球平均气温比1949—1979年30年长期平均气温低0.25℃,但到1940年全球气温上升了0.5℃,

从此以后，气温在波动中持续上升。到20世纪80年代，全球气温上升迹象更加明显，是20世纪以来最暖的10年。2015年，全球平均气温为14.79℃，比2014年高出0.16℃。而这种变暖势头至今仍没有减弱，2020年全球平均气温比工业化之前高出约1.2℃，是有记录以来最热的年份，导致海平面持续上升、冰川消融，全球水资源受到严重污染，也给世界经济、粮食和生态环境造成了重大损失。全球变暖已经严重威胁到地球的每一寸土地、每一个人。

据国际能源署（IEA）数据显示，2022年全球与能源相关的二氧化碳排放量增长了0.9%，比2021年增加3.21亿吨，达到368亿吨的新高。其中天然气排放量下降了1.6%，即1.18亿吨，但煤炭排放量的增加远远抵消了天然气排放的减少，并且石油排放的增长超过了煤炭排放的增长，增长了2.5%，达到1120亿吨。要避免全球气候变暖等气候灾难，人类必须停止向大气中排放温室气体，实现零排放。

（二）全球低碳共识

随着气候变化带给自然环境的破坏性影响，全球气候问题已成为全球的重要议题，减少碳排放以应对气候变化也逐步成为全球共识。1991年9月和11月，日本、美国亚利桑那图森分别召开了小冰期气候国际讨论会和中世纪暖期气候讨论会。1992年，联合国签订了《联合国气候变化框架公约》，确定了"共同但有区别的责任"原则，要求发达国家先采取措施控制温室气体的排放，并逐步为发展中国家提供资金和先进技术；而发展中国家在发达国家的帮助下，采取对应的措施减缓或适应气候变化[4]。1997年，《联合国气候变化框架公约的京都议定书》（以下简称《京都议定书》）达成，并要求从1990年到2012年温室气体排放量减少5.2%，以法规的形式限制温室气体排放。中国政府于2002年宣布核准《京都议定书》，标志着中国在全球气候环境合作上更进一步。2005年，欧盟碳排放交易系统开始运行，标志着碳排放权交易开始实施，助力各国减少碳排放,同时促进碳金融产业的发展。2015年,《巴黎协定》作为人类历史上第三个里程碑式的国际法律文件正式通过,共有192个缔约方递交了国家自主贡献目标,共同为控制碳排放而努力,也使得人类迈向可持续发展新征程的新起点,更为中国发展碳排放权交易市场带来机遇。该协定的长期目标是致力于将全球平均气温上升幅度控制在低于工业化水平前2摄氏度的水平,努力将其控制在1.5摄氏度的水平,并在21世纪下半叶实现温室气体净零排放[1-3]。继《巴黎协定》之后,越来越多的国家政府正在将净零碳排放转化为国家战略,提出无碳未来的愿景。2017年共有29个国家签署《碳中和联盟声明》,承诺在21世纪中叶实现零碳排放。2019年9月的联合国峰会上,66个国家承诺实现碳中和目标,并组成气候雄心联盟。2020年5月,全球449个城市参与了由联合国气候专家提出的零碳竞赛。2020年12月,在《巴黎协定》5周年的气候雄心峰会上,联合国秘书长强调联合国2021年中心目标是在全球组建21世纪中叶前实现碳中和的全球联盟。

碳达峰、碳中和已逐渐由一个科学问题上升到政治共识,现在已转化为全球的共同行动。当前,全球国家已陆续设立了符合各国国情的"双碳"目标。据世界资源研究所的报告显示,全球已有50多个国家(主要为发达国家)实现了碳达峰,约占到全球碳排放总量的40%,部分发达经济体也已经提出了实现碳中和的预计年份,约有138个国家设定了碳中和目标,其余国家也设定了碳减排量目标。中国计划在2060年实现碳中和[5],争取在21世纪中叶实现二氧化碳净零排放,这对全球应对气候变暖至关重要[12]。有30多个国家通过立法、政策宣示或领导人承诺等方式确定了碳中和目标,其中欧盟最先制定长期减排目标,已有11个成员国提出了碳中和目标年,从目标年份来看,以2050年实现碳中和为主。芬兰、冰岛等北欧国家将碳中和时间提前到2035—2040年,见表1-1。日本规定在2035年前后禁燃油车和2030年每年使用约1000万吨氢气发电,并加大财政支援,以尽快落实2050年的碳中和目标。澳大利亚、加拿大等国家已经从法律上把二氧化碳作为大气污染物质对待。几乎所有的欧盟国家都建立了与汽车和工业企业温室气体排放控制有关的环境税费制度。欧盟于2003年3月颁布《温室气体排放交易指令》,建立温室气体排放交易制度,对违反者给予重惩。法国国民议会于2019年就投票通过立法。德国的《气候保护法》于2019年就已生效。

表1-1 全球主要提出碳中和目标的国家和地区及其承诺性质

国家和地区(碳中和目标年)	承诺性质
瑞典(2045年)、英国(2050年)、法国(2050年)、匈牙利(2050年)、丹麦(2050年)、新西兰(2050年)、德国(2050年)	法律规定
欧盟(2050年)、西班牙(2040年)、智利(2050年)、斐济(2050年)	立法草案或议案
冰岛(2040年)、奥地利(2040年)、加拿大(2050年)、韩国(2050年)、日本(2050年)、南非(2050年)、瑞士(2050年)、挪威(2050年)、葡萄牙(2050年)、中国(2060年)	政策宣示
乌拉圭(2030年)、斯洛伐克(2050年)、哥斯达黎加(2050年)、马绍尔群岛(2050年)、新加坡(21世纪后半叶)	提交联合国的长期战略
芬兰(2035年)、爱尔兰(2050年)、美国(2050年)	执政党协议或政府工作计划
美国加利福尼亚州(2045年)	行政命令

资料来源:Energy & Climate Intelligence 信息整理汇总。

二、"双碳"目标提出的国内背景

1992年,中国成为最早签署《联合国气候变化框架公约》的缔约方之一,是全球气候合作的积极参与者,为减缓和适应气候变化做出了积极贡献。2002年,中国政府核准了《京都议定书》,该协定的清洁发展机制为中国等发展中国家带来了新的投资和先进的可持续发展技术。2007年制定了《中国应对气候变化国家方案》和《中国应对气候变化科技专项行动》,

提出具体目标及行动。2013年11月，中国发布第一部专门针对适应气候变化的战略规划《国家适应气候变化战略》。2015年6月，中国向巴黎气候大会提交了《强化应对气候变化行动——中国国家自主贡献》文件，确定了到2030年的自主行动目标，也就是中国未来的碳排放总量控制计划的雏形。在以上政策文件的铺垫下和吸收其他国家的经验之后，2020年9月22日，基于推动实现可持续发展的内在要求和构建人类命运共同体的大国担当，习近平主席在第七十五届联合国大会一般性辩论上的讲话中明确宣布"双碳"愿景，"中国将提高国家自主贡献力度，采取更加有力的政策和措施，二氧化碳排放力争于2030年前达到峰值，努力争取2060年前实现碳中和"[6]。目前，控制温室气体排放、减缓气候变化已成为中国实施可持续发展战略的重要组成部分，并且设立《环境保护法》《大气污染防治法》《清洁能源法》和《节约能源法》对大气污染排放进行控制，但中国以上法律中还未明确将二氧化碳列为污染物质，仍需在这方面进行严格规范。

习近平总书记多次在重要会议及讲话中提到"绿色低碳""环保"等字眼，为"双碳"愿景的实现提供了坚实的理论保障。2020年10月24日，印发的《中共中央 国务院关于完整准确全面贯彻新发展理念做好碳达峰碳中和工作的意见》指出：到2030年，我国经济社会发展全面绿色转型取得显著成效，重点耗能行业能源利用效率达到国际先进水平；到2060年，绿色低碳循环发展的经济体系和清洁低碳安全高效的能源体系全面建立，能源利用效率达到国际先进水平，非化石能源消费比重达到80%以上。这是中国"推动构建人类命运共同体的责任担当和实现可持续发展的内在要求"，也是中国对世界的庄严承诺。2020年12月，在气候雄心峰会上，习近平主席第四次宣布中国的"双碳"目标，进一步坚定了中国在应对气候变化问题上的决心和信心，并表示"到2030年，中国单位国内生产总值二氧化碳排放将比2005年下降65%以上，非化石能源占一次能

源消费比重将达到25%左右,森林蓄积量将比2005年增加60亿立方米,风电、太阳能发电总装机容量将达到12亿千瓦以上",使中国从应对气候变化的积极参与者、努力贡献者,逐步成为关键引领者。未来,中国将着眼于建设更高质量、更开放包容和具有凝聚力的经济、政治和社会体系,形成更绿色、高效和可持续的消费与生产力为主要特征的可持续发展模式,共同谱写生态文明新篇章[5]。

第二节 "双碳"目标提出的价值意义

一、"双碳"目标的国际意义

(一)"双碳"目标的提出能够应对气候变化

自工业革命以来,以二氧化碳为主的温室气体排放量迅速增加,"双碳"战略已成为新时代标志性的国家战略,将为气候变化的有效治理起到关键作用。国际能源署发布数据显示,2021年全球二氧化碳排放量达到363亿吨,创历史新高,如图1-1所示。2022年10月,世界气象组织与全球大气观察网发布的《2021年基于全球观测的大气中的温室气体状况》也指出,2021年全球温室气体排放达到新高,其中,全球二氧化碳平均浓度为(415.7 ± 0.2)$\times 10^{-6}$,为工业化前的149%,达历史新高[7]。2022年11月,国际科学合作组织发布的《2022年全球碳预算报告》明确指出,当前全球人类活动产生的二氧化碳排放量仍处在历史最高水平[8]。以二氧化碳为主的温室气体浓度升高强化了大气层阻挡热量逃逸的能力,形成巨大的温室效应,带来自然灾害频发、海平面上升、物种变异等一系列不利影响[9]。若不采取任何措施,9年后将有50%的概率全球升温1.5℃,引发灾难性气候影响,因此,碳中和成为区域乃至国家间竞争的新标杆,越来越多的国家将碳中和上升为国家战略[10]。根据Net Zero Tracker的净零排放跟踪表，目前已有 136 个国家和 115 个地区提出了零碳或碳中和目标，覆盖了全球 88% 的碳排放量、90% 的 GDP 及 85% 的人口[11]。

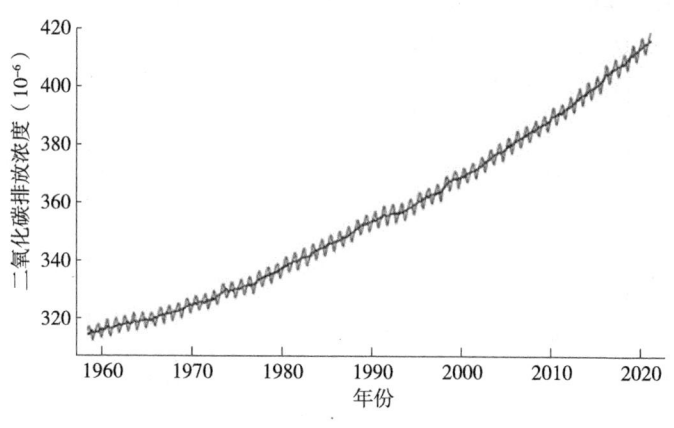

图 1-1　1960—2020 年二氧化碳排放浓度

资料来源：BP、智妍咨询整理

虽然中国人均碳排放量较低，不及美国的一半，但目前中国仍然是全球最大的二氧化碳排放国，尽快实现碳达峰、碳中和对全球乃至中国自身气候应对至关重要，如图 1-2 所示。1979 年，中国便开始逐渐推进节能减排工作，主动承担气候治理重任，从"十二五"开始，将应对气候变化纳入国民经济社会发展规划。党的十九大报告把应对气候变化作为国家生态文明建设的重要内容纳入其中。2020 年 9 月 22 日，习近平主席在第七十五届联合国大会一般性辩论上首次提出"双碳"目标。2021 年碳达峰、碳中和首次写入全国两会政府工作报告，这一年被称为碳中和元年。"十四五"规划和 2035 年远景目标纲要将"2025 年单位 GDP 二氧化碳排放较 2020 年降低 18%"作为约束性指标。2022 年 3 月，"有序推进碳达峰碳中和工作"被再次写入全国"两会"政府工作报告。党的二十大报告再次强调了"双碳"目标并对之做出了新的战略部署[14]。这既是中国的大国担当，也有力提振了国际社会共同应对全球气候变化的信心，彰显了中国的责任与担当，赢得国际政治和战略主动的重要路径。

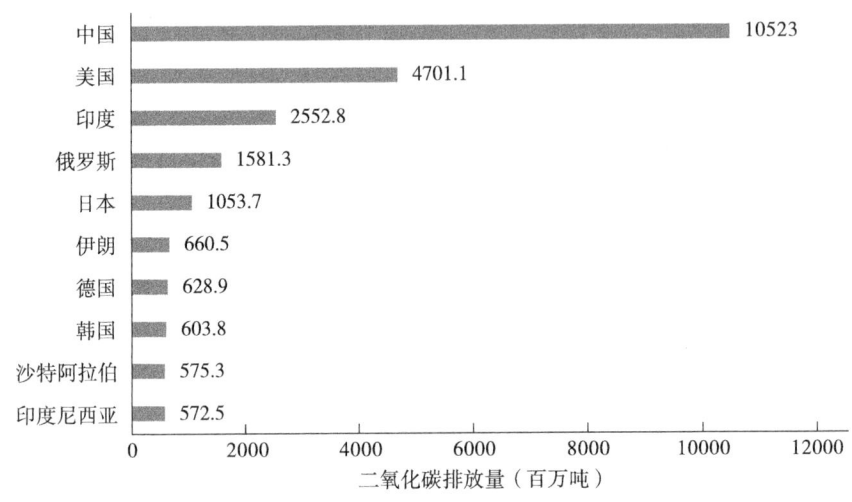

图 1-2 2021 年全球二氧化碳排放量前十名国家

资料来源：BP、智妍咨询整理

（二）"双碳"目标的提出能够提升国际地位

碳中和催生了绿色低碳技术的创新，带动了可再生能源的发展，同时为中国工业制造业提供了广阔的投资和发展机遇，以此带动处于国际产业价值链中低端的制造业企业，以获取"世界绿色通行证"，升级能源价值链，提升中国的综合国力和巩固大国地位[13]。经过改革开放的艰苦努力，中国绿色工业制造业已经初步奠定了在光伏、风电、储能、电动汽车等领域的后发优势，企业纷纷抓住低碳发展带来的转型机遇。中国碳市场于 2021 年 7 月正式开市，首批纳入的 2225 家发电企业年碳排放总额预计超过 40 亿吨，占全国年碳排放总量的 40% 左右[14]。此后伴随着钢铁、有色、造纸等行业踏入中国碳市场，提前布局碳资产，为未来万亿规模的市场抢得先机。近年来，在"双碳"目标的背景下，大数据、人工智能等数字技术和数字产业生态系统为产业可持续发展和绿色转型提供了前所未有的契机，降低了创新交易与契约成本，逐渐成为推动"零碳制造"的主导力量[15]。

英国商品研究所（CRU）中国首席执行官约翰·约翰逊表示，"在中国提出'双碳'目标后，一夜之间一切好像都改变了，这是世界脱碳进程的一个分水岭"。自签订《巴黎协定》后，中国积极贡献，从应对气候变化的积极参与者、努力贡献者，逐步成为关键引领者，向全世界展示中国的大国担当。中国在清洁能源方面做出的努力使全球范围内太阳能光伏和电池的成本得以降低，并改变了世界对低碳技术的思考方式。如今，中国已成为一个清洁能源强国，清洁能源装备的生产技术已经达到世界先进水平，能源输送端和消费端也有广阔的成长空间，未来的全球电力互联也将建立在中国超高压直流输变电的技术基础之上[16]。同时，低碳经济作为新兴经济模式，在行业认定、标准制定、市场准入门槛等方面还不完善，缺乏国际共识，未来各类低碳标准将面临相当严峻的国际博弈。中国已率先开展了草原碳汇、海洋碳汇的标准制定，以期在国际标准制定中占领先机[17]。另外，清洁能源、绿色储能、芯片制造、能源互联网等领域，已成为大国竞争博弈与合作的重要领域，要想尽快站上全球绿色产业发展制高点，在低碳经济产业方面拥有更强的话语权和更多的市场份额，就要抓住机遇，取得技术优势[18]。中国如果能利用好脱碳转型战略机遇，促进清洁与可再生能源发展，逐步降低对化石能源的依赖，抢占制定碳交易标准话语权，并在新能源核心技术方面取得优势，就能在变局中开新局，在国际格局重塑中取得主动，甚至实现弯道超车[19]。在碳中和目标下，中国将作为国际中心塑造国际合作关系，引导国际资本流动，由此，中国将会有更多底气与发达国家竞争，提高在国际政治经济领域的话语权和影响力。

（三）"双碳"目标的提出能够助力多边合作

近年来，全球经济面临下行压力，单边主义和保护主义逆流对全球秩序及治理体系造成了冲击，反全球化逆流愈演愈烈，加之新冠疫情在全球的暴发更加剧了多边合作的挑战。随着中国国际影响力的日益增强，以美国为首的西方国家利用科技封锁、贸易争端等,全力遏制中国崛起,不断挤压中国生存空间。与此同时,国际上已有100多个国家和地区以不同形式提出碳中和目标,表明碳减排、绿色节能等理念在国际上深入人心,绿色标准将成为国际贸易新潮流,也将成为国际合作重要议题[20]。中国应利用好碳达峰、碳中和目标历史机遇,在变局中展开新局。2022年9月7日,中欧国际工商学院、欧盟中国贸易协会联袂主办第八届欧洲论坛,此次论坛以"中欧双碳合作:开放共享,奔赴净零未来"为主题。中欧双方都是世界主要经济体,也是全球应对气候变化的关键行为体。此次合作不仅为绿色转型合作带来了新思路,而且更加全面提振中国和欧盟企业家的合作信心。

碳达峰、碳中和是一场广泛而深刻的经济社会系统性变革,更加需要国际合作来推动实现。"双碳"目标是基于《巴黎协定》提出的,该协定由多国共同缔约,是符合多边主义的。而中国自主贡献力度,采取积极有力的政策和措施,不断用实际行动去践行多边主义,与其他国家一同努力保护共同的地球家园。以碳达峰、碳中和为议题,谋求多边合作,积极响应全球碳减排的号召,展开与欧盟、美国交流对话。利用中国在环境保护、新能源领域取得的成就和经验,积极展开国际交流合作,并把议题延伸到经济贸易、科学技术、文化教育等领域,在拓展国际交流合作空间的同时做大"朋友圈",以多边合作应对单边主义[21]。同时,通过"一带一路"倡议帮助沿线国家发展绿色低碳技术,发展新能源,减少煤炭等高碳项目的投资,共同应对全球气候变化[22]。

二、"双碳"目标的国内意义

(一)"双碳"目标的提出能够促进生态建设

2022年夏天北半球出现大范围极端高温事件,欧洲、北美多国温度打破最高纪录;近70%的城市群、90%以上的能源基地、65%的粮食主产区缺水问题突出。2022年夏季中国平均气温为1961年以来历史同期最高，高温干旱天气极端性强，影响范围广、时间长，对中国社会经济发展和人民生活带来严重影响。尽管2022年国际形势大变局，全球绿色低碳转型的大势并没有改变，许多国家都有序地推出政策展开行动[23]。2022年8月，美国总统签署《2022年通胀削减法案》，即是美国有史以来针对气候能源领域的最大投资计划。该法案目的是希望到2030年碳排放量较2005年减少40%，并对新能源汽车、光伏等清洁能源相关领域给予了极大的政策与税收补贴支持。2022年6月，欧盟也实施"Fit for 55"一揽子计划，目标是在2030年使温室气体净排放量比1990年至少减少55%，以期早日实现碳中和目标[8]。

同时，中国作为发展中大国，也积极聚力推动实现碳达峰、碳中和，协同推动降碳、减污、扩绿、增长，持续深化污染防治攻坚战，加快绿色低碳生产生活方式的形成[24]。党的十八大指出，绿色发展、循环发展、低碳发展是实现生态文明建设目标的重要路径。《中国应对气候变化的政策与行动2022年度报告》指出，自2020年宣布"双碳"以来，中国积极部署落实，在2021年就建立起碳达峰碳中和"1+N"政策体系，制定中长期温室气体排放控制战略等一系列战略措施[25]。2022年6月，中国发布《国家适应气候变化战略2035》，提出新时期中国适应气候变化工作的指导思想、目标及原则，明确在水资源、陆地生态系统、海洋与海岸带、农业与粮食安全、健康与公共卫生、基础设施与重大工程、城市与人居环境、敏感二三产业等重点领域，多层面构建适应气候变化区域格局，将适应气候变化与国土空间规划结合，提出覆盖全国八大区域和京津冀、长江经济带、粤港澳大湾区、长三角、黄河流域等重大战略区域的适应气候变化行动，并进一步健全保障措施，为适应气候变化工作提供了重要指导和依据[26]。2022年，全国万元国内生产总值（GDP）能耗比2021年下降0.1%，万元国内生产总值（GDP）二氧化碳排放下降0.8%；水电、核电、风电、太阳

能发电等清洁能源发电量为 29599 亿千瓦·时,比 2021 年增长 8.5%;在监测的 339 个地级及以上城市中,全年空气质量达标的城市占 62.8%,未达标的城市占 37.2%;细颗粒物(PM2.5)年平均浓度 29 微克/米^3,比 2021 年下降 3.3%;完成造林面积 383 万公顷,其中人工造林面积 120 万公顷;种草改良面积 321 万公顷,新增水土流失治理面积 6.3 万平方千米。这一系列成就表明了中国污染治理成效呈现较好趋势,生态安全屏障继续巩固,气候问题得到减缓,坚定贯彻"绿水青山就是金山银山"的发展理念,持续优化生态环境,大力推进美丽中国建设。

(二)"双碳"目标的提出能够加速能源转型

能源是经济社会发展不可缺少的重要资源。经过前两次的能源革命,人类对化石能源的发现和利用,大幅度提高了生产效率,但其排放的温室气体和有害气体所造成的环境污染和气候变暖也日益严峻,因此,世界开始步入从化石能源转向可再生能源的第三次能源转型[21]。当前,绿色低碳发展已经逐渐成为全球各国经济发展的共识,为推动降碳减排、应对气候变化,全球已有 130 多个国家和地区公布了各自的碳中和目标并采取了响应措施[3]。比如:美国发布"净零变革者倡议"确定高效建筑供热和制冷、净零航空、净零电网和电气化、工业净零排放的循环经济、核聚变规模应用等 5 项优先研发事项,并相继启动了氢能、长时储能、负碳技术、增强型地热系统、海上风能和工业供热等攻关计划,集中资源推动变革性技术创新;日本设立总额 2 万亿日元的"绿色创新基金",目前已启动低成本海上风电、下一代电池、氢/氨供应链等 19 个为期 10 年的大型研发项目,资金落实率超过 90%。这极大地推动了各国能源结构升级和能源消费方式转变,促使世界各国开始发展自主可控性更强的可再生能源,也促使各国能源从资源依赖转向技术依赖,进而加速世界各国的能源绿色转型、产业升级,提升能源安全水平,推动能源转型,实现了人与自然和谐共生,呵护绿色宜居的地球。

对于中国来讲，"双碳"目标的提出与中国开启全面建设社会主义现代化国家新征程的时间节点高度重合，与人与自然和谐共生的理念高度重合，加上中国具有实现碳达峰、碳中和的体制优势、市场优势，因此，碳达峰、碳中和目标的提出，是中国主动应对全球绿色低碳转型大势、积极培育经济增长新动能的主动选择[28]。2020年，中国将"双碳"目标纳入了国家生态文明建设整体布局，把其作为一项加大结构节能和能效创新的新任务，助力中国能源绿色转型[29]。2021年10月，印发《中共中央 国务院关于完整准确全面贯彻新发展理念做好碳达峰碳中和工作的意见》，强调了处理好减污降碳与能源安全的关系问题，从实现"双碳"目标的角度，将经济体系绿色低碳循环发展与能源体系清洁低碳安全高效转型紧密联系，并特别强调了后者的关键作用，突出了"清洁低碳"的重要性。《中国应对气候变化的政策与行动2022年度报告》指出，2021年，单位国内生产总值（GDP）二氧化碳排放比2020年降低3.8%，比2005年累计下降50.8%，非化石能源占一次能源消费比重达到16.6%，风电、太阳能发电总装机容量达到6.35亿千瓦，单位国内生产总值（GDP）煤炭消耗显著降低。截至2022年，全国万元中国内生产总值（GDP）能耗比2021年下降0.1%，万元国内生产总值（GDP）二氧化碳排放下降0.8%。中国能源绿色转型持续深入，清洁能源生产较快增长，非化石能源消费占比不断提升。其中，水电、核电、风电、太阳能发电等清洁能源发电量比2021年增长8.5%；非化石能源消费量占能源消费总量的比重为17.5%，提高0.8个百分点。2023年4月底，中国风电累计装机达到3.8亿千瓦，同比增长12.2%；太阳能发电装机累计达到4.41亿千瓦，同比增长36.6%。2021年分布式光伏占新增装机比重首次超过二分之一，如图1-3至图1-5所示。自2020年以来，中国新型储能占比从9.7%增至21.9%，并且氢能产业快速发展，氢气产量高达3533万吨，据《中国氢能源及燃料电池产业白皮书2020》预计，2030年中国氢需求量将达3752万吨。由此可见，中国"双碳"目标的提出能够助推能源绿色转型，促进绿色产业升级。

图 1-3　中国风力发电装机情况（2010—2021）

资料来源：国家统计局

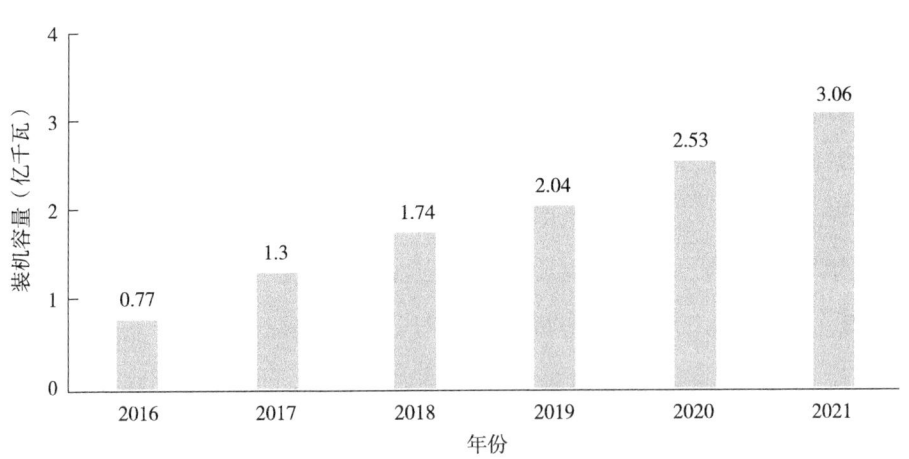

图 1-4　中国太阳能发电装机容量变化（2016—2021）

资料来源：国家统计局

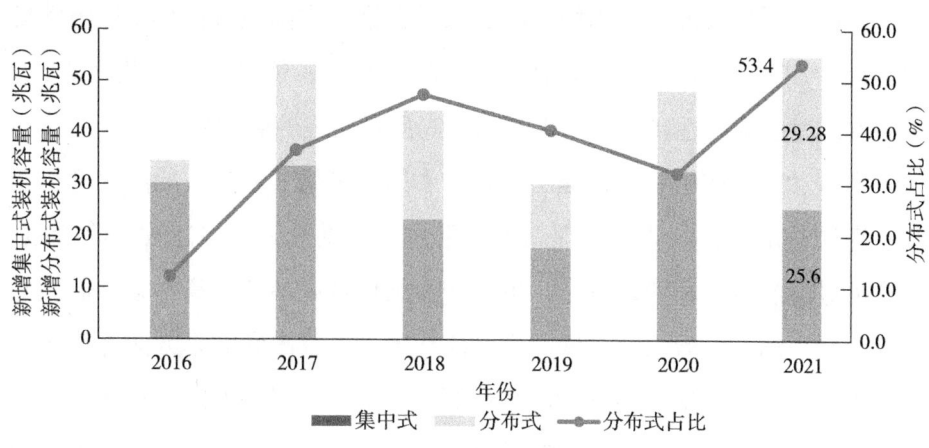

图 1-5 中国光伏新增装机情况（2016—2021）

资料来源：国家统计局

（三）"双碳"目标的提出能够推动经济高质量绿色发展

自改革开放以来，我国经济获得持续高速增长，经济高速增长背后必然存在着对资源能源及生态环境的过度消耗，资源能源短缺、环境污染问题愈发突出，这种传统的粗放型低质量发展模式是不可持续的[30]。党的十八大以来，我国主动适应经济发展新常态，根据社会主要矛盾变化调整经济发展方式，经济从高速增长向高质量发展转变，保护自然价值、增值自然资本，以高水平生态保护推进高质量发展，绿色高质量发展成为全民共识[31]。绿色高质量发展内涵丰富，是新发展理念的集成和综合应用，最终目标是实现经济发展和生态保护的双赢。

碳达峰战略目标的明确提出对推动中国未来经济绿色低碳发展进步具有重要意义[10]，"双碳"目标也必将开辟高质量发展的广阔空间。因此，实现"双碳"目标是推动经济社会高质量发展的必然要求，碳达峰、碳中和要求从根本上改变传统高碳发展模式，加快高耗能、高排污企业转型，保护经济社会发展潜力和发展后劲，这也是绿色高质量发展的应有之义。碳达峰、碳中和战略本身具有谋全局、把方向、定政策等特征，已成为中

国经济高质量发展的综合引擎，将从根本上推动中国经济社会发展与碳排放逐渐"脱钩"。碳达峰、碳中和要求产业结构、能源结构、生产方式、生活方式发生根本性转变，这也是绿色高质量发展的必然要求[11]。

自碳达峰、碳中和目标提出以来，中国经济增长从过去的高速增长转向了高质量增长，以新发展理念为指引，实施供给侧结构性改革等措施，大力推进能源生产和消费革命，中国产业结构从高消耗、高污染、低技术含量、低利润率向低消耗、低污染、高技术含量、高利润率方向优化转型初具成效[12]。受新冠疫情和国际形势影响，除2019年和2021年波动较大以外，中国国内生产总值总体趋于稳定，第一产业比重下降，主要占比为第二产业和第三产业，带动国民经济发展，这也表明中国"双碳"目标正推动产业结构向低碳方向倾斜，积极探索绿色金融新渠道，鼓励高碳行业转型避免金融风险，降低企业的财务风险，进而提升国民经济效益质量，见表1-2、如图1-6所示。在新冠疫情缓解后经济亟待复苏的现实压力下，中国仍保持实现"双碳"目标的战略定力，严格控制煤电、钢铁等碳密集型行业的新增产能，积极引导新产业准入和传统产业转型升级，以此加快产业结构优化。

表1-2 中国经济发展情况

季度	国内生产总值		第一产业		第二产业		第三产业	
	累计值（亿元）	同比增长（%）	累计值（亿元）	同比增长（%）	累计值（亿元）	同比增长（%）	累计值（亿元）	同比增长（%）
2023年第1季度	284996.60	4.50	11575.00	3.7	107946.7	3.30	165474.9	5.4
2022年第1-4季度	1210207.2	3.00	88345.10	4.1	483164.5	3.80	638697.6	2.3
2021年第1-4季度	1149237.0	8.4	83216.50	7.1	451544.1	8.70	614476.4	8.50

续表

季度	国内生产总值		第一产业		第二产业		第三产业	
	累计值（亿元）	同比增长（%）	累计值（亿元）	同比增长（%）	累计值（亿元）	同比增长（%）	累计值（亿元）	同比增长（%）
2020年第1-4季度	1013567.0	2.20	78030.90	3.1	383562.4	2.50	551973.7	1.90
2019年第1-4季度	986515.20	6.00	70473.60	3.1	380670.6	4.90	535371.0	7.20
2018年第1-4季度	919281.10	6.70	64745.20	3.5	364835.2	5.80	489700.8	8.00
2017年第1-4季度	832035.90	6.90	62099.50	4.0	331580.5	5.90	438355.9	8.30

资料来源：国家统计局。

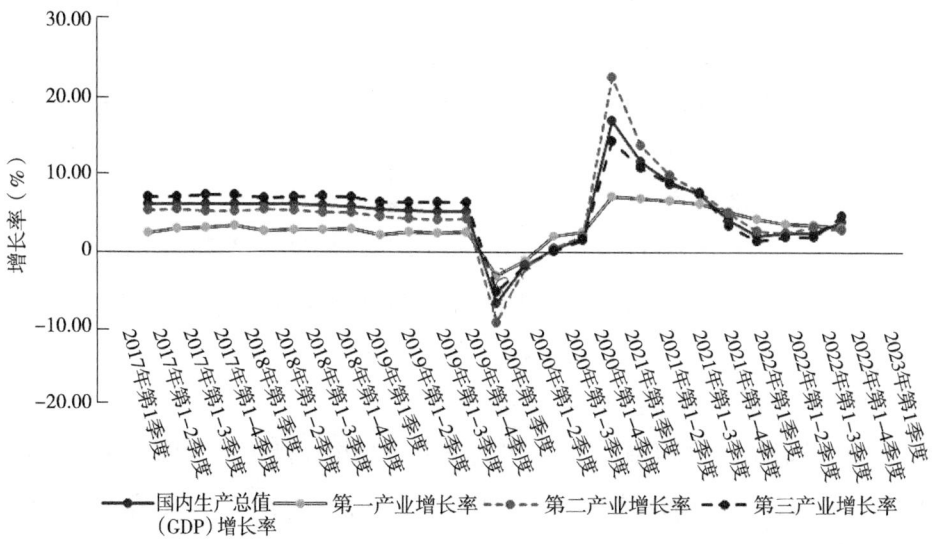

图1-6　中国国内生产总值（GDP）和三大产业增速对比情况

资料来源：国家统计局

未来四十年，随着产业结构深度调整，服务业比重将会大幅度提升，为避免经济增速持续趋缓甚至停滞，中国需大力发展数字经济等战略新兴产业[12]。尽管中国仍处于工业化进程中，工业在国民经济中约占 1/3，随着"双碳"目标的提出，中国经济结构也在不断优化，服务业和高技术制造业在国民经济中的比重不断上升，其中，服务业增加值在中国国内生产总值（GDP）中占比已超过 50%，传统产业转型升级加快。金融业和信息传输、软件和信息技术服务业分别增长 5.6%、9.1%，支撑服务业保持稳定发展态势，合计拉动经济增长 0.8 个百分点，如图 1-7 所示。

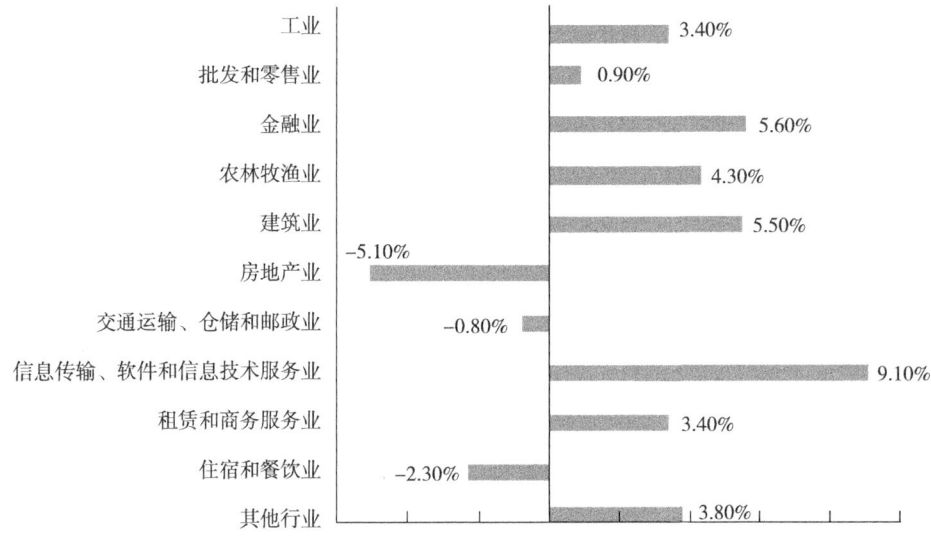

图 1-7　2022 年全国各行业累计增加值增速统计图

数据来源：国家统计局

自"双碳"目标提出以来，中国积极采取相关措施，全面加速绿色创新，对中国能源结构进行调整。首先，坚定实施创新驱动发展战略，加大企业绿色创新激励力度。2022 年，创新投入和产出持续增加，全社会研究与试验发展经费（R&D）达 3.1 万亿元，首次突破 3 万亿元，比 2021 年增长 10.4%；中国发明专利有效量达 421.2 万件，位居世界第一。企业创新主体地位加强，创新成果转化加快。其次，中国新动能持续增加，力求在尽量降低经济增长对能源增长依赖的同时加速能源结构低碳化，以使化石能源消费和二氧化碳排放提前达到峰值。新一轮科技革命和产业变革加速演进，人工智能、大数据、区块链等新兴技术广泛应用，新产业迅速成长。制造业作为中国经济增长的引擎，同时也是中国能源消耗和排放的主要领域。《中华人民共和国2022年国民经济和社会发展统计公报》指出，2022年，中国工业生产持续发展，高技术制造业和装备制造业较快增长，规模以上高技术制造业增加值比2021年增长7.4%，增速比规模以上工业快3.8个百分点；高技术产业投资增长18.9%，快于全部投资13.8个百分点；新能源汽车、太阳能电池、工业机器人等产品产量分别增长90.5%、46.8%、21.0%。

第三节 "双碳"目标治理的新要求与新使命

2020年9月，习近平主席在第七十五届联合国大会一般性辩论上指出，中国将提高国家自主贡献力度，采取更加有力的政策和措施，二氧化碳排放力争于2030年前达到峰值，努力争取2060年前实现碳中和。

一、"双碳"目标的内涵

（一）碳达峰的概念界定

所谓碳达峰，指在某个确定的年份前，人类活动产生的二氧化碳年排放量处于增长阶段，而在该年份到达的时间点上，年排放量达到最大峰值后不再增长[19]。

从当前日趋严重的极端天气事件看，显然二氧化碳的年排放量大于年吸收量。当然，这里的排放主要指由人类活动产生，吸收仍然基本依赖自然界。随着碳中和等知识的普及和相关约束，人类有意识的吸收将逐年增加[32]。在碳达峰到来前，年排放量仍在逐年增大。也就是说，在此之

前,每年吸收不了的二氧化碳剩余量一直处于递增阶段,达峰年当年达到峰值。

中国定于2030年前达峰,意味着那些主要依靠产生温室气体释放能量的经济发展类型,要在时间受限的夹缝中,努力完成尚未完全实现的发展中国家工业化、城镇化阶段建设任务,既要符合《联合国气候变化框架公约》规定的"共同但有区别的责任""发展中国家有消除贫困、发展经济的优先需要"的原则,又要科学合理地体现大国担当。

(二)碳中和的概念界定

所谓碳中和,指国家、企业、产品、活动或个人在一定时间内直接或间接产生的二氧化碳或温室气体排放总量,通过植树造林、节能减排二氧化碳捕获封存与利用等形式抵消自身产生的二氧化碳或温室气体排放量,以实现正负抵消,达到相对"零排放"[33]。我国确定于2060年前实现碳中和,既符合《巴黎协定》中"在21世纪下半叶实现温室气体人为排放与清除之间的平衡"的时间要求,也是我国可持续发展的内在要求和推动构建人类命运共同体的责任担当。

碳中和,不像碳达峰那样宏观,而是微观到每个排放单位或个人,而且它只表示履行碳排放义务的个体,在中和年的排放量与自身贡献的吸收量相等,并未包括不履行义务的情况,与已累积的二氧化碳量及既有的温室效应等宏观问题无关。很明显,碳中和年之前的各年排放量都大于吸收量,即从最大剩余量的达峰年开始,每年未被吸收的剩余量逐年减少,直到剩余量为零的中和年,但历年的总累积量仍然在持续增加[34]。

二、中国式现代化背景下"双碳"目标治理的新要求与新使命

党的二十大报告指出"积极稳妥推进碳达峰碳中和",并对"双碳"工作作出全面部署、提出明确要求。人口规模巨大是中国式现代化的首要特点,是由中国基本国情决定的。除此之外,中国式现代化还具有共同富

裕、精神文明丰富、人与自然和谐共生、和平发展等特征，均对"双碳"目标提出更多的要求。中国式现代化的核心特征，要求"双碳"目标在引领经济社会全面绿色低碳转型的同时，也需要兼顾中国式现代化进程的多目标协同[35]。

（一）全体人民共同富裕的要求

当前，中国发展不平衡问题体现在区域、行业、个体等多个层面，即城乡或地域发展水平差距较大、产业结构偏重、收入分化问题仍存在，制约中国经济社会健康发展。因此，共同富裕是中国特色社会主义的本质要求，也是高质量发展的题中之义，更是一项需要长期坚持的工作[36]。中国式现代化的"双碳"目标理应将共同富裕纳入考量，在为高质量发展注入可持续发展内涵的同时，通过政策设计兼顾不同地区、不同群体的福利得失。在传统经济效益评价机制中，碳排放权就是发展权，经济主体获得财富积累会伴随着化石燃料的使用及碳排放[37]。"双碳"目标的约束机制将生产生活的碳排放负外部性内部化，改变传统单维度经济效益评价机制，碳排放引致的环境影响内化为生产生活成本，有利于财富由碳排放量大的经济主体向碳排放量小的经济主体转移。财富分配机制由经济单轨道向生态与经济双轨道演变，使得传统经济效益评价机制下高碳排放的经济主体所积累的财富与低碳排放的经济主体共享成为可能，也使得新财富分配机制兼具生态正义与经济效率。

（二）人与自然和谐共生的要求

当前，中国生态系统退化与环境污染形势依然严峻，导致生态问题频发，人与自然间矛盾仍然较为突出，制约中国经济社会可持续发展能力的提升。为此，党的二十大报告提出"人与自然是生命共同体""坚持节约优先、保护优先、自然恢复为主的方针"等理念，赋予中国式现代化人与自然和谐共生的内涵[35]。中国式现代化的"双碳"目标符合人与自然和谐共生的内在要求。"双碳"目标并非单纯生态保护主义，而是涉及生态、

经济、能源多维度安全的广泛而深刻的经济社会系统性变革,也是为寻求人与自然和谐共生发展范式的重要探索[38]。中国已进入新发展阶段,不具备发达国家和地区实现碳达峰的时间空间条件,中国式现代化不可能也不会走西方发达资本主义国家现代化老路,必须走人与自然和谐共生的新路。中国式现代化的"双碳"目标,既是推动生态文明发展方式转型的必然要求,也能够为全球可持续发展贡献中国智慧。

(三)物质文明和精神文明相协调的要求

长期以来,工业文明发展范式虽然为中国带来丰富的物质财富,但对国内生态系统平衡造成了较大冲击。同时,资本的逻辑不断刺激民众大量生产、大量消费,释放人的物质贪欲,使得物欲化、享乐化、个体化为特征的消费文化盛行,造成人与人及人与自然关系的紧张,为经济社会和谐发展造成不利影响。为此,党的二十大报告明确,将物质富足、精神富有作为社会主义现代化的根本要求。新时代人们对美好生活的向往,不仅是物质层面的追求,也包括精神文明生活[39]。同样,中国式现代化的"双碳"目标不仅包含发展范式转型的要求,也包含人自身生态意识提升的要求。"双碳"目标要求社会经济发展告别"高碳"工业文明发展范式,是形塑全社会绿色低碳生活方式的有力杠杆,助推公众环保意识的不断提升与内生动力的不断强化,这也是"双碳"目标实践逻辑的落脚点和归宿[40]。

第二章 "双碳"目标与能源转型

化石能源的广泛使用在带来工业文明发展，推动人类文明巨大进步的同时，也导致了二氧化碳的过度排放，能源领域成为实现"双碳"目标的主战场，能源绿色低碳转型则成为实现"双碳"目标的必然选择。能源绿色低碳转型也是我国实现生态文明建设、推动经济社会高质量发展、建设美丽中国的关键，有利于巩固和深化中国生态环境质量改善成果，推进污染防治攻坚战向纵深方向发展。因此，如何在保障能源安全的前提下，有序推进能源绿色低碳转型，事关经济发展、社会稳定和民生保障，是中国当前面临的重大历史问题。

第一节 "双碳"目标与能源产业发展的内在机理

一、能源领域是实现"双碳"目标的主要战场

（一）中国能源现状

中国是世界上最大的能源消费国，2022年中国能源消费总量达54.1亿吨标准煤，同比增长3.2%，其中，煤炭消费量增长4.3%，原油消费量下降3.1%，天然气消费量下降1.2%，电力消费量增长3.6%，如图2-1所示。从能源消费结构来看，过去的能源消费结构长期以煤为主，尤其是在2000年到2015年间。但是党的十八大以来，中国加大力度调整能源消费结构，煤炭消费比重于2019年首次降到60%以下，同时清洁能源和相对

效率较高的石油、天然气的比重有所增加，中国能源消费总量过快增长势头得到有效控制，能源消费结构调整取得历史性发展。2022 年中国煤炭消费量占能源消费总量的 56.2%，占比仍然最大；天然气、水电、核电、风电、太阳能发电等清洁能源消费量占能源消费总量的 25.9%。中国煤炭占能源消费比重逐年下降，清洁能源比重稳步增长，2022 年较 2016 年增长了 6.8%，如图 2-2 所示。但按照现代化的水平及绿色低碳的要求，中国能源消费结构调整仍然有很长的路要走。

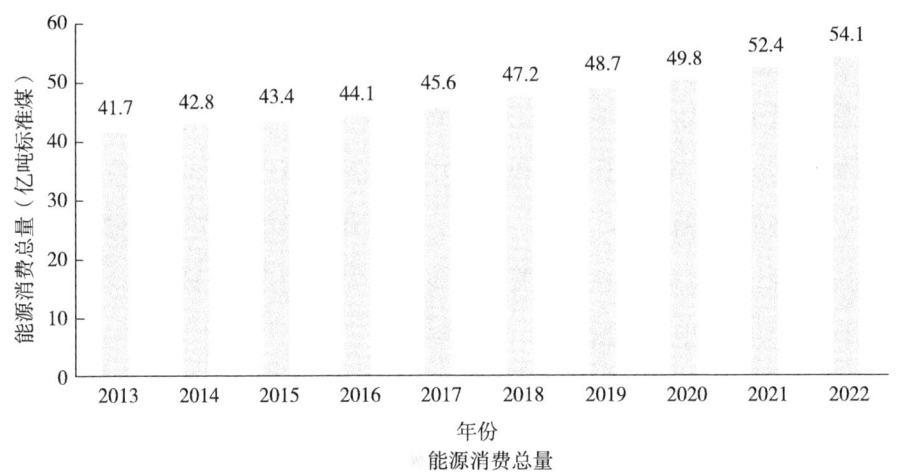

图 2-1　2013—2022 年中国能源消费总量统计

数据来源：共研产业咨询

中国亦是全球最大的能源生产国。据国家能源局发布的《2023 年能源工作指导意见》指出，中国能源供应保障能力稳步提升，能源生产总量达到 47.5 亿吨标准煤左右，实现了能源自给率稳中有升。中国能源消费的 85% 左右都是自产的，只有 15% 左右是进口的。中国能源生产的最大特征是化石能源产量巨大，同时发电水平较高、发电量较大、电气化程度较高，而电力生产以燃煤发电为主。2023 年 1—5 月，我国生产原煤 19.12 亿吨，同比增长 4.8%；生产原油 8771 万吨，同比增长 2.1%；生产天然气

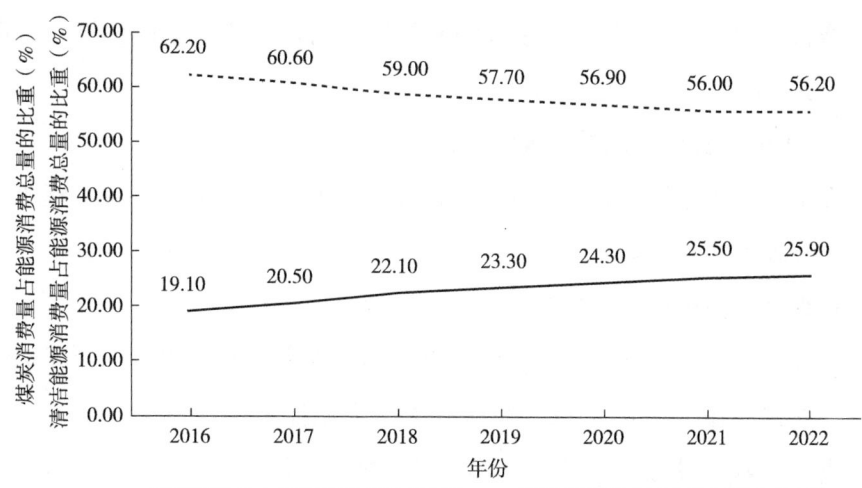

图 2-2　2016—2022 年中国煤炭及清洁能源消费量占能源消费总量的比重走势图

数据来源：共研产业咨询

972.6 亿立方米，同比增长 5.3%；全国发电量达 34216.4 亿千瓦·时，同比增长 3.9%。由此可见，中国能源生产能力较强，趋于上升态势，其中，原煤和天然气增长较快，并且中国电量需求极大，各种清洁能源发电都处于增长趋势，但煤电占比还是较高，导致我国电能的清洁化程度和低碳化程度是相对较低的。

中国更是全球最大的能源进口国。即使中国进口能源消费占总能源消费的 15% 左右，但是三个化石能源品种进口量都是全球最大的，以进口石油和煤炭居多，天然气相比较少。2022 年中国能源净进口（16945 万吨标准煤）占能源消费（223319 万吨标准煤）的比重约为 7.6%，原油进口量约为 50828 万吨，天然气进口量为 10925 万吨，煤炭进口量为 2.9 亿吨，均有小幅度地下降。2023 年 1—7 月，中国能源主要产品（煤炭、原油、天然气、成品油、LPG）进口 73282 万吨，同比去年增长 35%。其中，煤炭进口 26118 万吨，同比增长 88.6%；原油进口 32575 万吨，同比增长 12.4%；天然气进口 6687.6 万吨，同比增长 7.6%；成品油进口 2701.3 万吨，

同比增长102%。受资源禀赋条件限制且国内需求较大,中国油气对外依存度都比较高。

(二)中国各行业碳排放现状

发电/供热行业、交通运输、制造业、农业、工业生产过程、建筑部门是碳排放的主要来源。

1. 发电/供热行业碳排放

从发电/供热行业来看,目前世界上的发电方式有燃煤发电、天然气发电、核能发电、水力发电、风能发电、太阳能发电、地热发电、海洋能发电、生物质能发电等多种方式,而供热方式有燃煤供热、天然气供热、地热供热、电热供热、太阳能供热和生物质能供热等供热方式,可见发电/供热行业的主要碳排放来源是燃煤和天然气燃烧。

煤炭燃烧是一种氧化反应,主要产生二氧化碳(CO_2)等碳排放物。煤炭是一种含有碳、氢、氧、氮、硫等元素的有机物,其中碳的含量较高,通常在50%~90%。在燃烧过程开始时,煤炭首先被加热,然后燃烧开始,在燃烧的过程中空气中的氧气与煤炭中的碳发生氧化反应,产生热能和废气。其中,在燃烧的氧化反应中,碳与氧气结合形成的二氧化碳(CO_2)是主要的碳排放产物。煤炭中的其他元素,如氢和硫,也可能产生一些其他的气体排放,如水蒸气(H_2O)和二氧化硫(SO_2)等,但二氧化碳的排放量通常最大。此外,在煤炭燃烧过程中,还会产生一些燃烧副产物,如一氧化碳(CO)、氮氧化物(NO_x)、颗粒物等,这些化合物的生成受煤炭成分、燃烧条件和设备性能等多种因素影响。

天然气燃烧产生的碳排放源自其自身主要成分甲烷(CH_4)的氧化过程。当天然气被点燃时,甲烷与氧气发生化学反应,生成二氧化碳(CO_2)和水蒸气(H_2O),这一过程将甲烷中的碳原子氧化为二氧化碳,从而产生主要的碳排放。除了二氧化碳和水蒸气外,天然气燃烧还会释放一氧化碳(CO)、氮氧化物(NO_x)等气体和颗粒物,这些燃烧副产物的生成受燃烧条件和设备性能的影响。此外，在天然气的生产、输送和使用过程中，还可能会发生甲烷泄漏，而甲烷是一种强效的温室气体，尽管其在大气中停留的时间较短，但在短期内对温室效应的影响较大。

受高碳排放和环境影响，近年来许多国家正在逐步减少对燃煤和燃气发电的依赖，尽可能增加风能和太阳能等可再生能源发电/供热占比，但是受到资源禀赋、基础设施条件、经济效益、利用效率等因素的影响，燃煤和燃气发电仍然是一些国家和地区的主要发电/供热来源，在全球范围内仍然占据着相当重要的主导地位[41]。

2. 交通运输领域碳排放

从交通运输领域来看，其碳排放主要来源于道路交通、航空交通、船舶交通、火车交通、城市交通五大细分领域。

道路交通领域：汽车、卡车和摩托车是道路交通的主要组成部分，这些车辆通常使用汽油或柴油作为燃料，内燃机发动机将燃料与空气混合，然后点燃燃料，产生动力驱动车辆。在这个过程中，燃烧产生二氧化碳、一氧化碳、氮氧化物和颗粒物等排放物。

航空交通领域：飞机使用的是喷气燃料，通常是将航空煤油作为动力来源。喷气发动机中的燃料燃烧产生高速气流，推动飞机前进。在此过程中会产生大量二氧化碳，同时也会产生水蒸气、氮氧化物和颗粒物等物质。

船舶交通领域：船舶主要使用重油或柴油作为燃料，其发动机的燃烧过程与汽车类似，也会产生二氧化碳、氮氧化物和颗粒物等，长途航行的大型船舶尤其会产生大量碳排放。

火车交通领域：火车通常使用柴油或电力作为动力源，而柴油机车的燃烧过程也同汽车相似，会产生碳排放。电力火车的碳排放则取决于其电力的来源，如果电力来自可再生能源，则其排放会相对较低。

城市交通领域：公交车、轻轨和地铁等公共交通工具通常使用不同的

动力源，包括柴油、电力、天然气等，使用电力或可再生能源作为动力源可以降低碳排放，反之燃气和燃油等动力来源方式则会增大碳排放。

综上所述，交通运输领域的碳排放主要来自煤炭、柴油、天然气等化石能源的燃烧。在此过程中，除了产生大量二氧化碳外，还会产生一氧化碳、氮氧化物、颗粒物等物质[42]。

3. 制造业领域碳排放

制造业产业链往往涉及原材料采购与加工、产品设计和研发、产品制造和配送、设备维护和管理、产品销售和市场营销、废弃物处理和循环利用等多个环节，而其中原材料加工、产品制造、产品运输和配送、废弃物处理等环节会产生大量碳排放。

原材料加工和生产制造过程通常涉及一些电力、煤炭、天然气等能源消耗，以满足运行机械设备、原材料加热、冷却等需求，如金属冶炼、焊接等工艺，而大量化石能源的燃烧势必会造成二氧化碳等温室气体排放的增加。此外，在一些原材料的加工过程中，可能会涉及氧化、还原、聚合等化学反应，化学反应通常需要能源作为催化剂，在此反应过程可能会产生二氧化碳或其他排放物。需要指出的是，在原材料加工过程中也可能会产生其他燃烧废气、挥发性有机物等碳排放物。

制造业通常会产生大量的废弃物和废水，其处理也可能涉及能源和化学过程，产生碳排放。一些废弃物可能通过焚烧处理，以减少其体积和危险性，但是焚烧过程需要消耗能源，通常是通过燃烧燃料，如天然气或燃煤，来维持高温，在此过程会产生二氧化碳和其他气体排放。另外，在处理有机废弃物时通常使用废弃物填埋的方式，即将废弃物填埋在地下，而在地下埋藏中可能分解产生甲烷气体，甲烷是一种温室气体，也具有较强的温室效应。

此外，制造好的产品需要使用卡车、火车、飞机和船舶等货运交通工具运输到市场或客户处，如上所述，交通运输领域石油、天然气的大量燃烧则会增大二氧化碳的排放。

综上所述，制造业的碳排放涉及原材料加工、生产制造、产品运输和废弃物处理等多个环节，但是总的来看基本上来源于化石能源（如煤炭、石油和天然气）燃烧发生的氧化反应，少量来源于其他化学反应[43]。

4. 农业领域碳排放

依据《自然食品》期刊2021年发布的研究报告则显示，全球农业活动产生的温室气体主要来自七大排放源，包括牧场动物肠道发酵（26%）、化肥施用（14%）、有机土壤排水（8%）、水稻种植（0.67%）、农场能源消耗（0.53%）、粪便管理（0.39%）、农作物残余（主要指秸秆燃烧，0.44%），另外焚烧土地占7%，由于全球80%的森林砍伐活动与农业生产相关，此部分占比达到27%。其中牧场动物肠道发酵及生产中施用的化肥是前两大排放源，贡献40%的排放量。农业生产过程主要排放甲烷、氧化亚氮和二氧化碳三种温室气体，甲烷主要来自家畜反刍消化的肠道发酵、畜禽粪便和稻田等，氧化亚氮主要来自化肥使用、秸秆还田和动物粪便等，二氧化碳的排放则主要来自能源消耗。

中国当前农业温室气体排放以"非二氧化碳"为主，甲烷、氧化亚氮两类温室气体排放占比超过70%。在农业源总排放中，种植业占58.4%（稻田产甲烷22.6%、氮肥产氧化亚氮34.7%和田间焚烧1.1%），养殖业占比41.6%（动物肠道产甲烷24.9%和粪便排放16.7%）。由于农业机械化的发展，碳排放来源从种植业、养殖业各占"半壁江山"向种植业、养殖业、能源消耗"三分天下"的趋势转变。截至2018年，能源消耗带来的碳排放占比已达到农业碳排放的27.18%，在中国实现"双碳"目标过程中，扮演着重要角色。但是归根结底，农业领域的碳排放，主要还是来自化石能源的使用。

5. 建筑业领域碳排放

建筑领域一直以来都是全球碳排放的几座大山之一，据相关统计数据显示，建筑环境与全球每年至少40%的碳排放量有关，从建筑的全生命周期，即建材生产阶段、建筑施工阶段、建筑运行阶段来看，建筑业的碳排放具体情况如下。

建材生产阶段的碳排放：大规模的建设活动需要消耗大量建材，而这些建筑材料的生产过程通常涉及能源消耗和化学反应，从而产生大量碳排放。我国由建筑建造所导致的原材料开采、建材生产、运输及现场施工的能耗也占到全社会总能耗的20%以上。例如，水泥的生产是一个能源密集型过程，需要煤炭或天然气等燃料来加热石灰石和黏土，并在高温下产生水泥熟料。这个过程会释放二氧化碳，是水泥生产的主要碳排放来源之一。其他建筑材料如钢材、砖块等的生产也涉及能源消耗和高温处理，因此也会产生碳排放。

建筑施工阶段的碳排放：建筑施工阶段涉及机械设备的使用、材料的运输和加工等，这些过程中使用的燃料和能源会产生碳排放。建筑机械和设备通常使用燃油或电力，其中燃油的燃烧会产生碳排放。同时，建筑施工中的挖掘、混凝土浇筑等活动也会产生碳排放。建筑过程中的临时供电、照明等需求也会增加电力消耗。

建筑运行阶段的碳排放：不断增长的建筑面积导致了更多的建筑运行用能，加之随着经济社会的发展，人民的生活水平不断提升，使得采暖、空调、生活热水、家用电器等终端用能需求和产生的碳排放也不断上升，而这些能源通常来自燃煤、天然气、石油或电力，燃烧或消耗这些能源则会产生碳排放。特别是空调系统的使用会消耗大量电力，电力的产生方式直接影响建筑物的碳排放量。

综上所述，从建筑的全生命周期来看，无论是由于煤炭、石油、天然气等化石能源直接燃烧造成的直接碳排放，还是由于电力、热力、建材等使用所造成的间接碳排放，其来源都离不开化石燃料的燃烧。

总的来说，从二氧化碳排放的源头来讲，煤炭、石油、天然气等化石能源在工业制造业、交通运输业和建筑业等行业作燃料是主要源头，能源领域产生的温室气体排放量约占所有人为温室气体排放量的四分之三，而且能源领域二氧化碳排放量在过去的一个世纪中上升到了更高的水平。化石燃料持续满足80%以上的初级能源总需求量，90%以上与能源相关的二氧化碳排放源自化石能源燃烧。毫无疑问，能源领域是实现"双碳"目标的主战场。

二、节约能源是实现"双碳"目标的首要方式

国际能源署分析指出，如果全球温室气体排放从2022年的330亿吨下降到2050年的100亿吨左右，则2050年前节能和提高能效对全球二氧化碳减排的贡献为37%。可见，2050年之前，节能和提高能效，被视为全球能源系统二氧化碳减排的最主要途径，也是中国实现"双碳"目标的首要方式[44]。

首先，节约能源是实现"双碳"目标最直接的方式。节约能源措施直接干预能源的使用和转换过程，通过降低能源消耗量来减少碳排放，这与其他减排措施（如提高可再生能源消费占比）不同，后者可能需要进行更广泛的系统转型，并且节约能源并不依赖于新技术的开发，大多数技术已经成熟并且可行，这意味着它们可以立即在现有基础上实施，而无须等待新技术的研发和推广。节约能源措施可以在短期内产生实际的碳减排效果，一旦这些措施得到实施，能源消耗减少，碳排放减少，那么减排效果就会得到迅速显现。节约能源措施通常是相对简单可行的，例如，改进设备效率、优化生产流程、改变能源使用习惯等，这些措施可以很快被采纳和实施。此外，节约能源的原则适用于各个领域，包括工业、建筑、交通等，无论是生产过程、能源使用还是设备运营，都可以通过优化来实现更高效的能源使用，从而减少碳排放[45]。

其次，节约能源是实现"双碳"目标最有效的方式。节约能源不仅

能够在短期内产生减排效果，还在长期内持续积累效益，通过减少能源成本、提高资源利用效率，可以在未来持续获得经济和环境方面的好处。此外，倡导节约能源的生活方式可以在个人和社会层面嵌入环保意识，促进可持续的生活方式，这种转变有助于塑造人们更环保的行为习惯[46]。

最后，节约能源是实现"双碳"目标最经济的方式。节约能源通常涉及改进设备效率、优化生产流程、更新能源系统等节能措施，这些措施所需的投资相对于其他引入新技术或重大系统转型等更为复杂的碳减排措施较小，但是通过降低能源消耗，往往降低企业和个人用能成本，带来高回报率，从而在相对较短的时间内收回投资。同时，节约能源可以减少对有限能源资源的需求，降低能源供需压力，有助于保持稳定的能源价格。此外，节约能源的实施可能会促使技术创新，在追求更高效能源使用的过程中，可能会出现更多创新的技术和解决方案，进一步推动经济发展。

三、能源转型是实现"双碳"目标的必然选择

回顾人类历史能源的两次转型可以看到，从钻木取火到薪柴为主的能源时代，开启了农耕文明；之后，第一次工业革命，人类开始大规模使用煤炭，第二次工业革命，电气化进一步加大了化石能源的使用，开启了工业文明[27]。煤、油、气等化石能源大规模使用，使人类劳动生产率得到极大提高，在人类社会得到大繁荣大发展的同时，能源也随之发生了一次次转型。能源转型概念首先是在1980年德国科学院出版的《能源转型：没有石油与铀的增长与繁荣》中提出，近年来学者相继从主导能源、能源转换等角度探讨能源转型问题，但学界对于能源转型的内涵一直没有统一的定义。大多数学者从消费端理解能源转型，即能源转型最终表现为长期的一次能源结构发生显著变化，表现为以氢为主的燃料比重增加，以碳为主的燃料比重不断下降。第一次能源转型发生在第一次工业革命时期，能源从薪柴变成了煤炭。第二次能源转型发生在19世纪60年代后期，人类开

始使用石油，进入电气时代。目前世界正在经历第三次能源转型，以清洁能源开发与利用成本逐步降低，固态能源向液态、气态转化，低碳能源不断替代高碳能源为特征[27]。

从能源消费结构来看，2022年中国煤炭消费量占能源消费总量的56%，如图2-3所示。天然气、水电、核电、风电、太阳能发电等清洁能源消费量占能源消费总量的26%，表明目前中国能源结构仍以煤炭资源为主，占据了"半壁江山"。

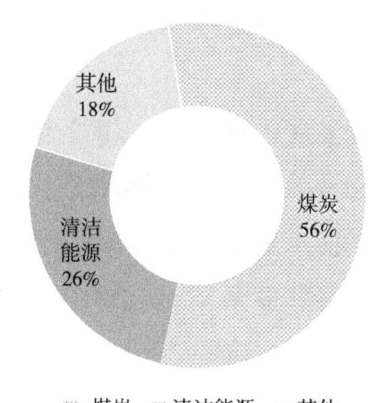

图2-3　2022年中国能源消费结构

资料来源：国家统计局

近年来，中国稳步推进绿色低碳转型，在能源生产领域持续降碳增效，可再生能源发电量实现了稳步增长，中国清洁能源占能源消费总量的比重逐年攀升，而煤炭占能源消费总量的比重持续下滑，但是仍然占据着主导地位，成为我国碳排放的主要来源。

虽然中国煤炭资源储量最高，但是主要分布在华北、西北等地。石油、天然气等优质资源短缺，对外依存度高，主要分布在东北、华北、西部和沿海地区。水电资源禀赋比例较低，主要分布在西南地区。此外，中国的能源需求和消费量逐年上升，部分能源资源储备面临短缺的问题。除

煤炭资源外，其他能源资源的利用率不高，且煤炭利用产生的环境污染较大，造成了能源资源浪费和生态环境破坏。另外，由于中国地质条件相对复杂，造成石油、煤炭等资源开采成本高、难度大，且非常规能源资源勘探程度低，经济性较差，加之中国在能源开发和利用方面与发达国家还有一定差距，在一定程度上限制了中国能源资源的高效开发利用[30]。近年来，太阳能、风能、地热能、生物质能、海洋能等资源因其具有分布广、低排放、低污染、清洁、环保和可再生的特点，并可产生可观的经济效益和社会效益，使得其开发和利用受到广泛关注，成为我国未来开发利用的重要能源[47]。

与此同时，中国能源发展还面临三个方面的挑战。

第一，传统能源尚无法满足人民日益增长的优质能源需求[48]。自改革开放以来，中国对能源的需求呈现大幅度增长趋势。中国能源行业发展长期依赖劳动、资本、资源等要素投入，缺乏制度和技术的创新，导致产业结构升级速度慢，传统能源行业的生产效率和产品质量较差，并造成了部分行业产能过剩、资源浪费、环境污染和对外依存度上升。此外，中国人口基数相对较大，对能源的需求量高，未来随着中国经济的快速发展和生活质量的提升，优质能源供给不足与人民群众日益增长的优质能源需求之间的矛盾将愈发凸显。

第二，依靠新能源无法支撑中国传统能源安全转型[49]。当前，各国正在进行的新能源转型，是在"应对气候变化"成为国际主流价值观的背景下发生的，是碳减排政策驱动下的能源转型。新能源产业面临着一定的波动性、间歇性和不确定性，若没有传统化石能源的支撑，新能源的可利用能源量将无法满足未来中国的能源需求，其发展的技术路线、前景和规模尚难以预料。此外，目前中国新能源的调节特性不具备响应能源需求特性的能力，能源系统的安全性、可靠性和可持续性在转型过程中无法得到本质性的保障。

第三，传统能源产业结构存在转型难、速度慢等问题[50]。中国高碳、高能产业比例大，"一煤独大"局面在短期内无法改变。为减少能源碳排放，国家发改委、国家能源局相继出台相关政策，如提出控制传统煤电装机规模、提供传统能源企业转型补偿资金等，以改善传统能源行业产业结构转型难等问题。一系列政策的出台对传统能源企业转型提供了政策支持，但目前仍存在技术更新慢、规模效率低、政策执行力度不够、转型效果不明显等问题。

第二节　能源领域碳排放分析

一、全球碳排放现状

世界各国的"双碳"目标将会使得全球能源领域二氧化碳排放总体呈现下降趋势，直至净零排放，如图2-4所示。2018年11月欧盟通过了《欧盟2050战略性长期愿景》，要求欧盟从能源、建筑、交通、土地利用、农业、工业、循环经济等多方面入手，推动欧盟全面低碳化发展。如图2-5所示，国际能源署数据显示，2020年受全球新冠疫情影响，世界各地区碳排放量普遍减少，全球碳排放量下降了5.14%，约20亿吨二氧化碳[51]。同时，2020年继中国发布"双碳"目标之后，世界主要经济体相继做出减少碳排放的承诺，全球碳减排迎来了拐点。随着全球新冠疫情的缓解，经济复苏，能源需求大幅回弹，2021年飙涨的天然气价格让燃煤发电强势复苏，叠加恶劣天气、能源市场震荡等，这些因素都推高了碳排放量，导致2021年碳排放量增至362.57亿吨，同比上涨5.95%。太阳能、风能、电动汽车、热泵和能源效率的增长，减小了在全球能源危机中煤炭和石油使用增加所造成的影响，全球与能源相关的二氧化碳排放量在2022年增长了不到1%，远低于全球经济增长3.2%的水平。但2022年全球与能源相关的二氧化碳排放量超过 365 亿吨，创下历史纪录，同比增长了 0.9%，见表 2-1。但可再生能源的强劲增长抑制了燃煤发电排放量的反弹，可再生能源、电动汽车和热泵等清洁能源技术的应用减少了 550 百万吨二氧化碳排放量[15]。

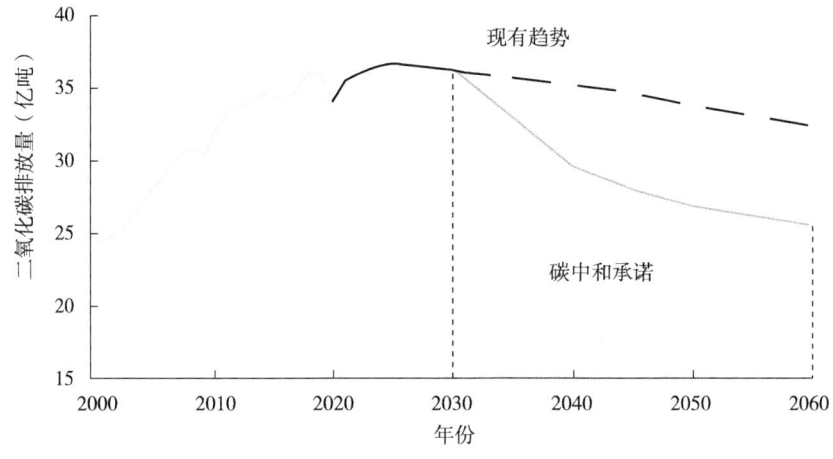

图 2-4　全球能源排放趋势

资料来源：国际能源署

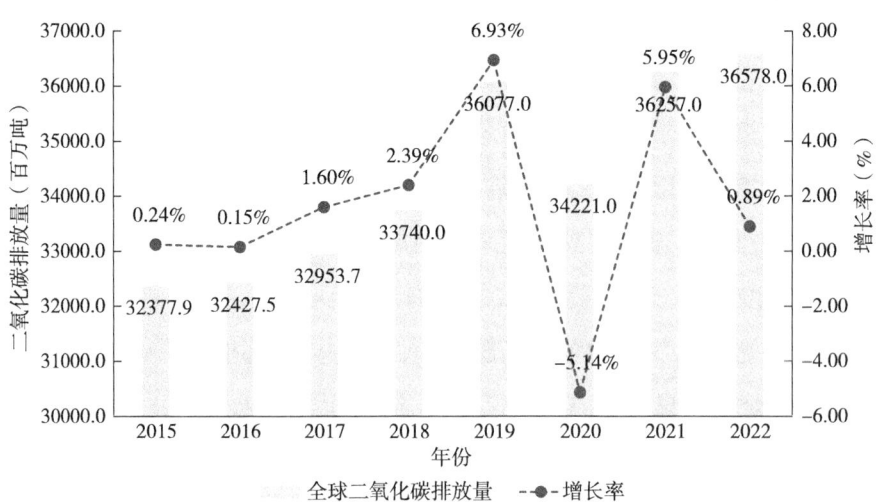

图 2-5　2015—2022 年全球二氧化碳排放量及增长率

表 2-1 主要能源二氧化碳排放量

年份	能源二氧化碳排放量（百万吨）				增长率（%）		
	2019	2020	2021	2022	2019—2020	2020—2021	2021—2022
煤的二氧化碳排放量	14768	14409	15268	15511	-2.4%	6.0%	1.6%
石油的二氧化碳排放量	11344	9940	10693	10961	-12.4%	7.6%	2.5%
天然气的二氧化碳排放量	7270	7164	7489	7371	-1.5%	4.5%	-1.6%

数据来源：国际能源署。

随着全球绿色低碳共识增强，各国强有力的政策鞭策，2023年全球二氧化碳排放量较前两年又有减少趋势。但据国际能源署预测，全球二氧化碳排放量将在2023年达到历史新高[1]。2022年，石油排放量增长最快，由石油使用产生的二氧化碳排放量增长了2.5%（2.68亿吨），达到了112亿吨。其产生的二氧化碳约一半的增长来自航空业和交通运输业，其中发达经济体的航空排放量增长较快，2022年已达到2019年水平的85%，而新兴市场和发展中经济体的比例只占73%。据国际能源署数据显示，2022年天然气排放量下降，但煤炭排放量增长。全球天然气消费产生的二氧化碳排放量下降了1.6%（1.18亿吨）。其中，欧洲天然气产生的碳排放量减少得尤为明显，下降了13.5%；亚太地区下降了1.8%，也是有史以来最大的降幅；但美国和加拿大的排放却增加了5.8%。全球煤炭使用产生的碳排放量增加了2.43亿吨，总量达到了155亿吨的历史新高，主要原因在于2022年全球出现的极端天气及对燃煤和燃气发电依赖的增加，进而导致全球各地区二氧化碳排放量的增长。但清洁能源的使用大幅度减少了碳排放量。国际能源署指出，太阳能光伏和风力发电的大力发展，有效地减少了电力领域约4.65亿吨二氧化碳的排放；其他可再生能源、电动汽车和热泵，也抵消新增约8500万吨碳排放。这表明全球可再生清洁能源的应用将会更加广泛，阻止全球二氧化碳排放量的进一步增长，甚至逐渐将煤炭的使用减至为零。分领域来看，2022年二氧化碳排放量增长最大的行业来自电力和供热行业，全球电力和热力行业的二氧化碳排放量增加了1.8%（2.61亿吨），总量达到146亿吨的历史新高[16]。

从各地区碳排放看，中国、日本、韩国等碳排放量大国均位于亚太地区，该地区碳排放遥遥领先且呈上升态势。中国碳排放总量常年居于世界第一的位置。印度作为发展中国家，能源消费总量从2010年的22.55艾焦耳上升到2021年的35.43艾焦耳，相较2020年同比增长10.4%，其碳排放增速超过中国。中印两国之所以比全球平均水平要高，主要原因还是在于国家资源禀赋"煤多油少"，但近些年中国的碳排放因子正以较快速度下降，主要得益于我国近年对天然气和可再生清洁能源的大力开发。美国作为发达国家，其碳排放增速较缓。2022年，美国由于天然气消费不断增长，二氧化碳排放总量增加了0.8%（3600万吨），总量达到47亿吨，但与2019年相比，已呈现负增长趋势了。尽管相较2021年增速较慢，但仍偏离了之前十年碳排放下降的总体趋势，其中天然气产生的二氧化碳排放量增加了8900万吨，远超过煤炭6900万吨的碳排放量。但美国的电力行业碳排放量减少了2200万吨，都归功于太阳能光伏发电和风力发电。欧盟由于燃料转换、工业生产缩减等有效的节能措施，使得其2022年的碳排放量减少了2.5%（7000万吨）。

二、中国碳排放现状

据国际能源署的《2022年全球二氧化碳排放报告》，2022年，全球仅中国和欧洲地区碳排放为负增长，分别减少0.2%（2300吨）和2.5%（7000吨），其中，中国2022年的二氧化碳排放量约为114.8亿吨，碳排放量相较2021年下降了2300万吨[1]，如图2-6所示。亚洲新兴经济体（除中国外）二氧化碳排放量增长了4.2%（206百万吨），中国与能源相关的碳排放量降至12.1亿吨左右，主要原因：（1）太阳能光伏和风力发电的大幅度增长，煤炭发电量占比降为约60%；（2）工业排放有所下降，比前一年减少了1.61亿吨；（3）中国交通运输领域碳排放量下降了3.1%[17]。

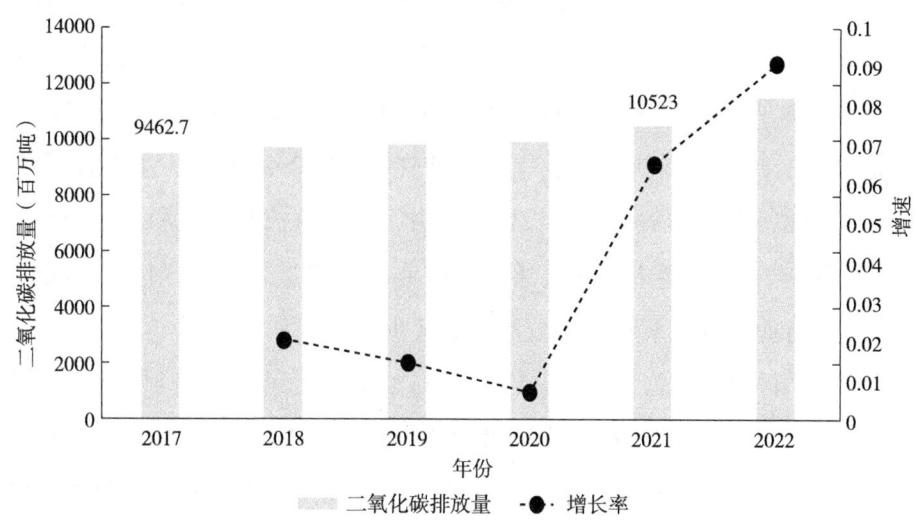

图2-6　2017—2022年中国二氧化碳排放量及增长率

数据来源：国际能源署

从行业分布来看，中国能源生产行业碳排放占比最高，达50%且呈逐年上涨趋势。从能源供应品种看，中国能源燃烧产生的二氧化碳排放量增加了8800万吨，主要由煤炭使用增多所致，但增幅较小，被工业生产碳排放的下降所抵消；石油为第二大排放源，其二氧化碳排放量也是小幅上涨，其碳排放占比比煤炭大；天然气作为清洁能源的一种，其二氧化碳排放量也在不断上升。从碳排放来源行业看，电力和热力行业能源需求攀升最为明显，电力行业的碳排放增长虽然有所放缓，但仍然同比上升2.6%，主要来源于太阳能光伏发电增长和其他清洁能源的碳排放。工业是第二大二氧化碳排放来源行业，中国能源活动的温室气体排放占总排放的80%左右，其中石油石化企业是重要的温室气体排放源。2004—2020

年，中国油气工业碳排放量从40621万吨增加到106496万吨，增加了近160.89%。且据国际能源署统计，中国工业生产领域碳排放量占所有排放源碳排放量的比例从1990年的71%上升至2018年的83%[18]。但随着中国产业结构的调整和相关工业开展的一系列环保治理和能耗降低的措施，石油和天然气开采业产生的碳排放量呈现缓慢下降态势，建筑业的新开工率同比下降了40%左右，钢材和水泥的产量分别比2021年下降了2%和10%，因此，2022年中国的工业领域碳排放量相比2021年减少了1.61亿吨；与全球运输行业碳排放量的增长相比，由于受疫情控制政策和新能源汽车热潮的影响，2022年中国的交通运输行业碳排放量下降了3.1%，但较电力和热力行业，其二氧化碳排放量占比甚少。

中国国内生产总值从2011年的487940.2亿元，上升到2022年的1210000亿元；能源消费总量从2011年的387043万吨标准煤，上升到2022年的541000万吨标准煤，2022年全国万元国内生产总值二氧化碳排放比2021年下降0.8%，万元国内生产总值能耗比2021年下降0.1%。近10年来，中国经济的高速发展是以高能耗为特征的。为了应对这一局面，中国在2020年提出"双碳"目标，将"绿色"为核心的发展理念作为中国经济发展的长期战略引导，使得中国的净碳排放在近些年呈降低趋势。一方面，中国积极的节能减排措施成效显著，扭转了二氧化碳排放快速增长的态势；另一方面，中国实施大规模植树造林、退耕还林、封山育林等积极生态管理措施，生态系统固碳能力持续增强。据《2022中国生态环境状况公报》显示，全国森林覆盖率达到24.02%，森林蓄积量达到194.93立方米。全国林草植被总碳储量达到114.43亿吨，其中，林木植被碳储量为107.23亿吨，草原植被碳储量为7.20亿吨。林草植被年固碳量为3.49亿吨，年吸收二氧化碳当量12.80亿吨。基于卫星的同化反演结果表明，过去10年全球陆地生态系统平均每年吸收137亿吨二氧化碳。其中，中国陆地生态系统每年吸收了13亿吨二氧化碳，约占全球十分之一。全球陆地土壤有机碳储量也呈逐渐增加趋势，过去40年全球土壤每年吸收约13亿吨二氧化碳，中国实施了大规模保护性耕作和生态管理举措，土壤固碳速率最高，约占全球四分之一。

三、四川省碳排放现状

省域是连接国家与城市的纽带，对碳达峰目标的实现具有重要意义，因此中国在省级层面也制定了相关强制措施，以期加快实现碳中和[11]。西部地区的可持续发展是中国发展战略中的关键内容，四川省作为中国西部的经济大省，不仅具有丰富的资源和人口，而且是中国重要的优质清洁能源基地和输送枢纽，更应立足自身优势，在实现碳中和目标过程中起到模范作用。在中国提出"双碳"目标之后，四川省有了更加明确的"时间表"。四川省在发布的《关于完整准确全面贯彻新发展理念 做好碳达峰碳中和工作的实施意见》中指出：2025年，绿色低碳循环发展的经济体系初步形成，重点行业能源利用效率大幅提升；2030年，经济社会发展全面绿色转型取得显著成效；2060年，绿色低碳循环发展的经济体系和清洁低碳安全高效的能源体系全面建立，能源利用效率达到国际国内先进水平，碳中和目标顺利实现，生态文明建设取得丰硕成果。该意见明确表示四川省与中央"双碳"步调一致，并以绿色低碳作为发展的"指挥棒"。

2000—2009年，四川省能源消耗以煤为主，从6518万吨标准煤快速增长至20791万吨标准煤，二氧化碳排放量持续增长，最快增速高达26.7%。2010年二氧化碳排放增速较缓，其排放量占全国排放量的3.23%。其中，第二产业碳排放量最高，第三产业碳排放量虽少但显示增长趋势[20]。2014年为响应国家大气污染防治战略，四川省出台《四川省人民政府关于进一步加快发展节能环保产业的实施意见》和《四川省节能环保产业发展规划》等政策。因此，2014—2018年碳排放总量逐年下跌，在2018年下降至2.96亿吨，相比2013年下降了10.3%，但2019年以后仍保持上升态势。2012 年，胡国松等提出对于处于工业化中期的四川省，需要兼顾经济的可持续和能源资源的高效利用，减少碳排放，发展低碳经济[21]。2019 年四川省碳排放量约为 27600 万吨，占全国碳排放量的 2.86%，排名全国第 17。2019 年四川省碳排放来源仍以煤炭为主，汽油碳排放量占比较少，但天然气占比增加，见表 2-2。工业是四川省二氧化碳排放和能源消费的主要领域，据四川省统计局数据显示，2020 年全省规模以上工业企业综合能源消费量为 892.4 万吨标准煤。其中，高耗能行业综合能源消费占比达到 77.4%[22]。2022 年，四川六大高耗能行业增加值占规模以上工业增加值比重约 30%，碳排放量占全省碳排放总量的 40% 以上。由此可见，工业、制造业仍是四川省经济发展的主要拉动力之一，产业低碳转型任务艰巨。

表 2-2　2019 年四川省碳排放量及部分行业碳排放情况　单位：兆吨 CO_2

	原煤	煤炭	汽油	天然气
总碳排放	86.86	36.39	26.83	43.87
农林牧渔水利	0.57	0.02	0.09	0.14
煤炭开采和选矿	16.77	0.02	0.03	0.51
石油和天然气开采	0.02	0	0.05	2.21
黑色金属开采和选矿	0.09	0.26	0.007	0
有色金属开采和选矿	0.03	0.007	0.05	0.006
非金属矿物开采和选矿	0.82	0.0004	0.008	0.070
食品加工	0.94	0.05	0.03	0.42
纺织工业	1.01	0.01	0.005	0.44
文化、教育和体育用品	2.37	0.04	0.0002	0.008
医疗和药品	0.43	0.02	0.012	0.205
化学纤维	0.07	0	0.0004	0.06
橡胶产品	0.10	0.003	0.006	0.026
塑料制品	0.05	0.04	0.008	0.056

续表

	原煤	煤炭	汽油	天然气
电力、蒸汽和热水的生产和供应	45.07	0.02	0.019	2.31
建筑	0.06	0.16	0.60	0.05
运输、仓储、邮电通信业	0.03	0.01	7.03	1.22
批发、零售贸易和餐饮服务	0.19	0.003	2.75	2.71

数据来源：中国碳核算数据库（CEADs）。

作为清洁能源大省，2020年以来，四川省政府紧扣"双碳"目标，加强减污降碳工作谋划，积极培育绿色低碳优势产业，深入推动重点领域节能降碳，加快健全碳减排支撑体系，绿色低碳转型成效明显。2021年，四川省通过《中共四川省委关于以完成碳达峰碳中和方针为引领推进绿色低碳优势产业高质量开展的决议》，提出建成先进绿色低碳技术创新策源地、绿色低碳优势产业会集承载区、完成碳达峰碳中和方针战略支撑区、人与自然调和共生绿色开展先行区的要求，为绿色低碳转型发展提供了行动指南。2021年四川省清洁能源年发电量为3654亿千瓦·时，减少二氧化碳排放3.11亿吨，其中外送电量1364亿千瓦·时（助力外省碳减排1.08亿吨），省内实际碳减排1.81亿吨[23]。2022年，世界清洁能源装备大会在四川省成功举办，紧抓"双碳"机遇，相关企业积极响应推动智慧能源建设，以及《四川省碳达峰实施方案》等顶层设计加快"双碳"目标实现。同时积极建设绿色低碳产业，全省规模以上工业绿色低碳优势产业营业收入增长26.7%，"十三五"以来累计创建国家级和省级绿色工厂558家、绿色园区60家；2023年，全省推出《四川省减污降碳协同增效行动方案》，作为当下和未来一段时间四川省协调推进减污降碳的行动指南。经过一系列的政策指导，2023年四川省绿色低碳优势产业产值达到2000亿元左右，碳排放强度显著降低。

第三章 四川省能源产业发展状况

中国"双碳"目标的实现离不开各地区高质量发展的战略导向，以及能源绿色低碳发展的区域布局。西部地区可持续发展是中国长期发展战略的重要内容，但是受经济条件和技术水平限制，西部地区环境承载力已接近上限，推进西部大开发低碳新格局迫在眉睫。四川省作为西部经济第一大省，碳排放量常年位居前列，故摸清四川省能源领域资源优势、产业优势、技术优势，以便集中资源、攥指成拳，培育支撑高质量发展的绿色低碳新动能，用好用足用活清洁能源优势，对"中国承诺"贡献"四川力量"具有重要现实意义。

第一节 四川省基本概况

一、自然地理概况

四川省位于中国西南地区，地处长江上游。它的地理坐标范围是东经97°21′~108°12′，北纬26°03′~34°19′，总面积达到48.60万平方千米，居全国第五，东西宽约1075千米，南北长约921千米。四川省与七个相邻的省市自治区接壤。北与甘肃、陕西、青海相邻；南与云南、贵州相接；东与重庆相邻；西与西藏相接。这使得四川成为连接西南和西北的重要交通枢纽，也是通往东南亚、中亚和南亚的关键通道。四川省的地貌多样，包括高原、丘陵、山地和平原，尤以山地为主。它下辖17个地级市、3个自治州和1个副省级城市，此外，还有17个县级市和17个县级政府，以及4个自治县。截至2022年底，四川省常住人口达8374万人。因资源十分丰富，而且风景如画，物阜民丰，自古以来就被称为"天府之国"。

四川省拥有丰富多样的资源，而且这些资源呈现出一定的集中性。其中，矿物资源多达132种，探明的资源更是达到全国的七成，是中国的资源和能源大省。在这些资源中，天然气储量高达3.8万亿立方米，位居全国第一。除了丰富的能源资源，四川还拥有贵金属、黑色金属、稀有金属等多种矿产资源，这些矿产资源占据了全国七成的份额。其中，有94种富集的矿产资源拥有相当可观的储量，占据了全国总量的60%。此外，四川省有32种矿产资源在全国排名前五名，其中包括硫铁矿、天然气和钛矿等七种矿产资源位居首位。特别值得注意的是，钛和钒在现代工业中发挥着重要作用，前者在全球范围内占比达到82%，后者占比为66.70%。四川省芒硝和锂矿等11种资源同样丰富，这些资源储量居全国第二；铁矿、铂族等5种资源储量居全国第三，而白云岩、稀土矿等8种资源储量居全国第四，磷矿资源储量居全国第五。

四川省拥有丰富的水资源，其中长江水系覆盖范围广泛，而黄河水系则主要位于四川西北的川、青两省交界地区，其支流主要包括白河和黑河。金沙江作为长江的上游源头，起源于川云和川藏的交汇处，流经攀枝花后进入川南，随后穿越宜宾，最终流向川东南。在这一段流域中，金沙江的支流众多，包括嘉陵江、大渡河、岷江和赤水河等。此外，四川省还拥有三个主要的湖泊，它们分别是马湖、泸沽湖和邛海。这些湖泊对当地的生态环境和文化传统产生着重要影响。

二、经济社会发展状况

(一) 经济规模分析

1. 地区生产总值分析

四川省经济近二十年来一直保持稳步增长，GDP总量从2003年5346亿元增长到2022年56750亿元，总体增长幅度约为9.6倍，年均增长率达13.2%，如图3-1所示。2003—2022年地区GDP增长速度均大于零，2003—2010年地区GDP增长速度呈现不断增长趋势，仅在2008年出现极小值点，究其原因可能是受到2008年遭遇汶川大地震等自然灾害和金融危机的影响，在全世界经济疲软、投资状况不佳的大背景下，经济增长速度已下降至9.5%，比2007年回落4.7个百分点，全年实现GDP为12756.21亿元。2010年后GDP增速处于缓步下降状态，并于2020年出现了另一拐点，该年受疫情冲击和外部不确定性不稳定性等多因素的挑战，全年GDP为48501.64亿元，增长速度达到最小值为3.8%，经济增长幅度

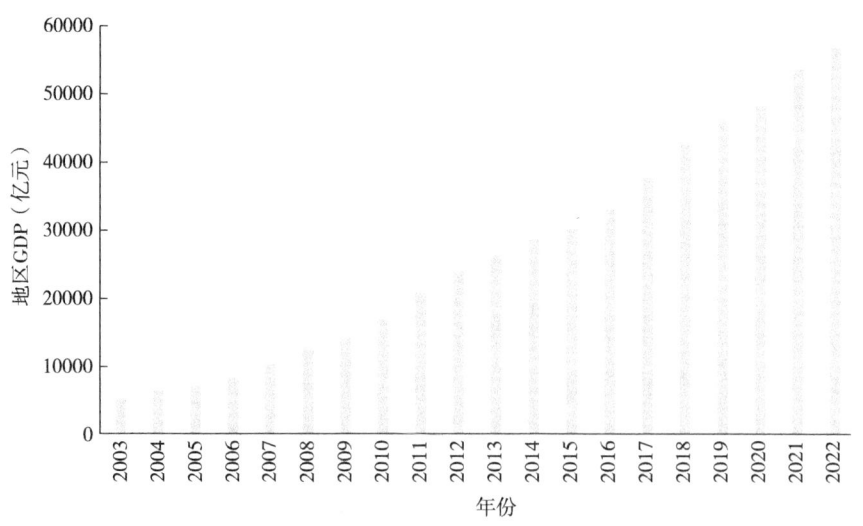

图3-1　2003—2022年四川省GDP变化情况

资料来源：四川省统计局

回落较大，全省受到世界经济复苏明显放缓和国内经济下行的影响较大，如图3-2所示。在党中央、国务院和中共四川省委、四川省人民政府的坚强领导下，全省上下加快全面恢复正常生产生活秩序，经济社会发展逐步转入正常轨道。2022年四川省GDP为56749.8亿元，相比2021年增长2.9%。疫情冲击不改变四川经济稳定运行的基本面，不改变经济稳中向好、长期向好的基本趋势。

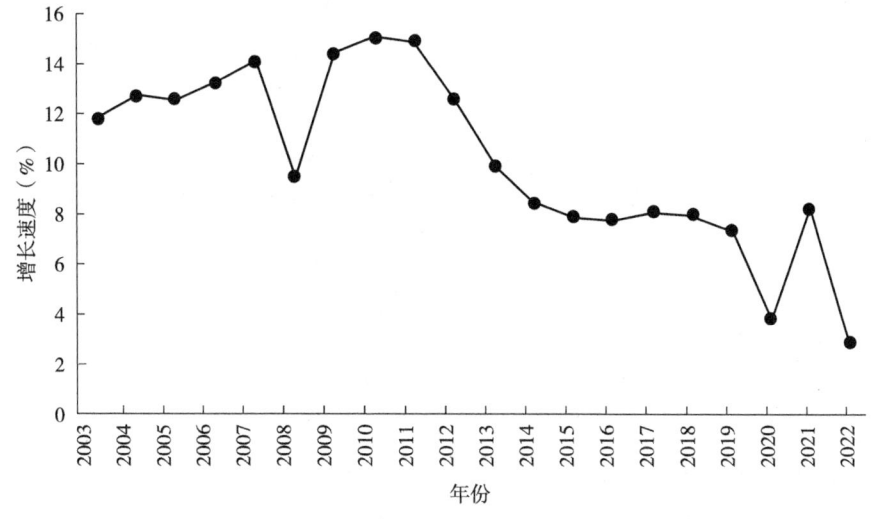

图3-2　2003—2022年四川省GDP增长速度

资料来源：四川省统计局

随着经济社会的发展和民生条件的改善，广大人民群众越来越多、越来越明显地分享了宏观经济发展带来的成果，人均收入得到显著提高。长期以来四川省的人均GDP一直保持增长的趋势，从2003年的人均6623元增长至2022年的67777元，总体涨幅9.2倍，年平均增长率为13%，但不足之处也较为明显。近二十年以来，四川省人均GDP虽然跟全国步调一致始终保持稳步增长，但却始终略低于全国人均GDP值，如图3-3所示。四川省必须做到"扬长避短"，发挥先天能源资源丰富、后天科技实力雄厚的自身优势，全力谋求更大发展和经济更高质量增长。

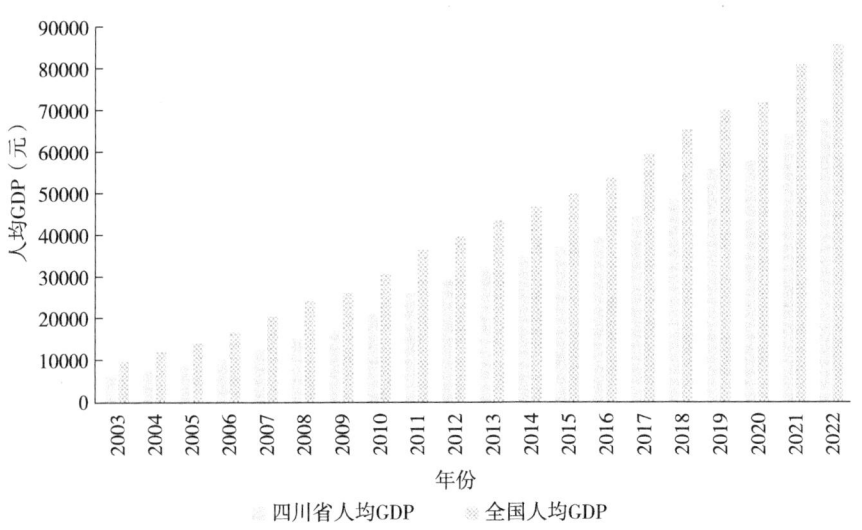

图 3-3　2002—2022 年四川省人均 GDP 与全国对比情况

资料来源：国家统计局、四川省统计局

2. 各市（州）生产总值分析

从各市（州）来看，成都市 2021 年 GDP 为 19916.98 亿元，经济发展水平远高于其他 20 个市州，如图 3-4 所示。成都市 GDP 占全省 GDP 比重高达 37%，这说明四川省经济发展中多点多级支撑的格局尚未形成。绵阳 GDP 为 3350.29 亿元，位居全省第二；宜宾 GDP 为 3148.08 亿元，位居全省第三；德阳 GDP 为 2656.56 亿元，位居全省第四；南充 GDP 为 2601.98 亿元，位居全省第五。2021 年泸州、达州、乐山市 GDP 均突破 2000 亿元，其中泸州 GDP 为 2406.08 亿元，位居全省第六；达州 GDP 为 2351.67 亿元，位居全省第七；乐山 GDP 为 2205.15 亿元，位居全省第八。截至 2021 年，四川省 GDP 达到 2000 亿级别的城市已经达到了 8 座，GDP 在 1000 亿元以上的城市已有 16 个，而雅安、资阳、巴中、阿坝州和甘孜州 GDP 尚未突破1000亿元大关。甘孜州GDP为447.04亿元，总量位居全省最后一位，成都的GDP是它的44.6倍。

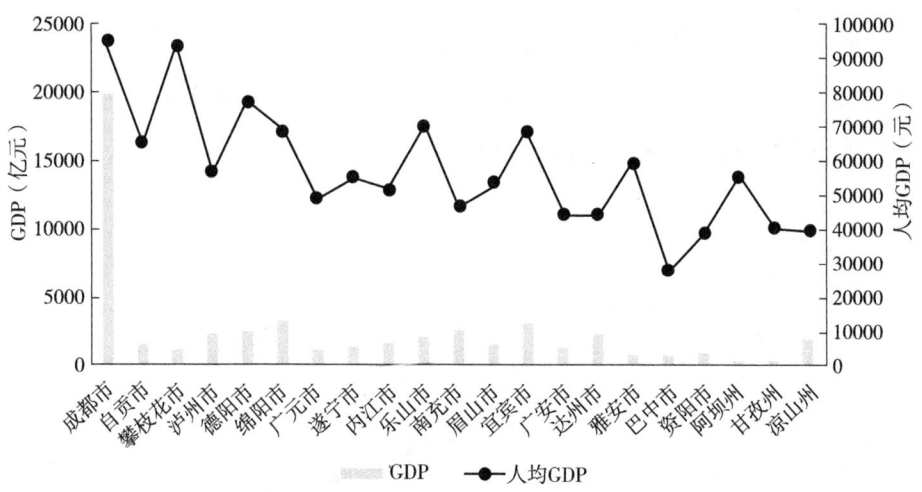

图3-4　2021年四川省各市（州）经济发展情况

资料来源：四川省统计局

从人均GDP来看，成都市人均GDP位居全省第一，为9.46万元；攀枝花GDP仅有1133.95亿元，由于其人口较少，所以人均GDP升至全省第二，为9.34万元；德阳人均GDP位居第三，为7.68万元；巴中人均GDP位居最后，为2.75万元，成都人均GDP是它的3.44倍。与全国人均GDP平均水平相比，四川省仅成都和攀枝花市人均GDP高于全国人均GDP平均水平。

（二）产业结构分析

产业结构根据技术水平和产业特性一般划分为三大结构，即第一、第二、第三产业，它们是衡量一片区域经济发展状态的关键性指标，良好的产业结构能够保证地区经济健康发展。

1. 改革开放以来三次产业结构演进分析

在产业发展过程中，一般会经历从第一产业向第二产业再到第三产业的演变。自从改革开放以来，中国不仅注重经济社会的快速发展，还重视对产业结构进行优化和调整。这一趋势在四川省的产业结构中也得到了体现。通过观察四川省三次产业产值比重的变化，可以清晰地反映出改革开放后该省产业结构的变化轨迹，如图3-5所示。

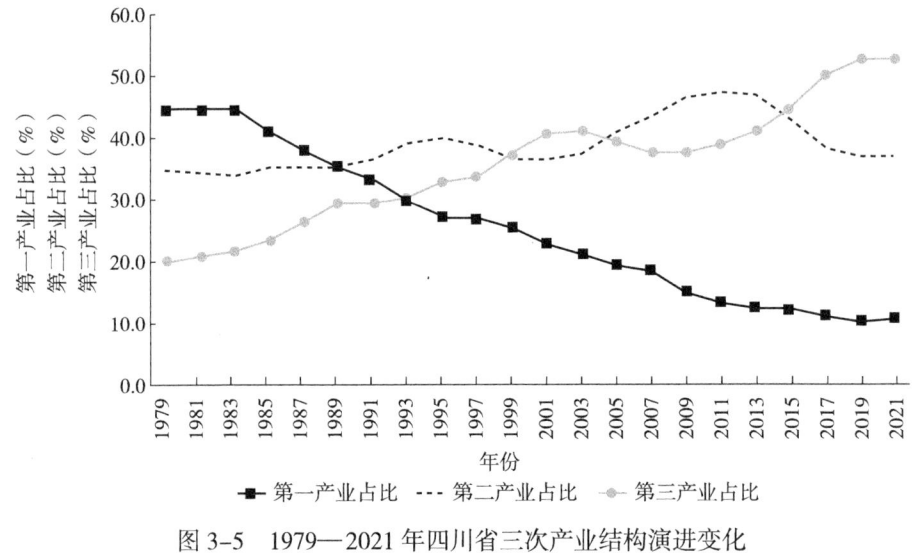

图3-5　1979—2021年四川省三次产业结构演进变化

资料来源：四川省统计局

1978年以来，四川省第一产业产值比重不断下降，比重从1978年44.5%下降到2017年的11.6%，累计降幅约33个百分点，第一产业也从占比最高的产业变为占比最低的产业。四川省第二产业产值比重总体呈上升态势，比重从1978年的35.5%增加到2017年的38.9%，累计增长了约3.5个百分点，尽管第二产业比重变化幅度不大，但第二产业内部结构的演变是最复杂的，也集中反映了四川省经济结构调整的阶段性变化。四川省第三产业比重从改革开放以来一直呈上升趋势，第三产业产值比重从1978年的20%增加到2017年的49%，到2017年第三产业已从开放初期占比最小的产业演变为在经济结构中占比过半的产业。从四川省各产业所占比例变化趋势可以看到，四川省产业结构的变化趋势并不是一成不变的，而是呈现出阶段化特征，不同阶段产业结构各有特点。

综合改革开放以来四川省产业结构调整的情况可以看出，第一产业产值比重不断下降，第二产业、第三产业产值比重虽然出现交替主导的情况，但进入2015年，第三产业产值比重开始迅速增加，而第二产业产值比重则不断下降。由此可见，四川省产业结构调整符合库兹涅茨对一般国家产业结构调整过程的描述，而且四川省产业结构也在调整中更加优化。

2. 与全国产业结构对比分析

2003—2022年全国的产业结构发生了以下变化：首先，第一产业比重持续下降，截至2022年，其产值比重降至7.3%，下降了5个百分点。其次，第二产业比重出现波动下降，到2022年为39.9%，近几年维持在39%左右，保持相对平稳态势。第三产业比重不断上升，从2003年的42%增长至2022年的52.8%，涨幅达到10.8个百分点。总体来看，全国的产业结构自2012年开始呈现出"三、二、一"的趋势，具体表现为第一产业比重下降，第二产业比重保持稳定，第三产业比重逐步上升，呈现出"一减、二稳、三增"的特点。四川省自2003年以来，第一产业比重逐渐减少，从21.1%下降至2022年的10.5%，降幅达到10.6个百分点。然而，该省的第一产业比重仍然高于全国平均水平3.2个百分点。与此同时，第二产业产值比重持续上升，虽然自2011年以后开始逐年下降，但仍然超过全国平均水平。而第三产业比重则呈现出先降后升的趋势，2009年略微上升，从2011年开始稳步上升，尽管仍低于全国平均水平，但在2022年达到52.2%，与全国平均仅差0.6%，逐渐接近全国水平，见表3-1。

表3-1 四川省与全国三次产业生产总值构成   单位：%

年份	四川省			全国		
	第一产业	第二产业	第三产业	第一产业	第二产业	第三产业
2003	21.1	37.8	41.1	12.3	45.6	42.0
2004	21.1	38.7	40.2	12.9	45.9	41.2
2005	19.5	41.2	39.3	11.6	47.0	41.3
2006	19.0	43.1	37.9	10.6	47.6	41.8
2007	18.6	43.6	37.8	10.2	46.9	42.9
2008	16.8	45.2	38.0	10.2	47.0	42.9
2009	15.2	46.9	37.9	9.6	46.0	44.4
2010	13.8	48.1	38.1	9.3	46.5	44.2
2011	13.6	47.6	38.8	9.2	46.5	44.3
2012	13.1	46.9	40.0	9.1	45.4	45.5
2013	12.3	46.8	40.9	8.9	44.2	46.9
2014	12.2	45.3	42.5	8.6	43.1	48.3
2015	12.1	43.5	44.4	8.4	40.8	50.8
2016	11.8	40.6	47.6	8.1	39.6	52.4
2017	11.2	38.4	50.4	7.5	39.9	52.7
2018	10.3	37.4	52.3	7.0	39.7	53.3
2019	10.4	37.1	52.5	7.1	38.6	54.3
2020	11.5	36.1	52.4	7.7	37.8	54.5
2021	10.5	37.0	52.5	7.3	39.4	53.3
2022	10.5	37.3	52.2	7.3	39.9	52.8

资料来源：四川省统计局。

四川省产业结构变动分析表明，自2003年以后，该省在产业结构调整方面进展较快。第一产业和第三产业的产值比重出现了较大的波动，这表明产业结构在不断进行调整。虽然四川省的GDP构成已经实现了"三、二、一"的产业结构格局，但与全国平均水平相比，四川省的第一产业比重仍然偏高，而第二和第三产业的比重略显不足，因此仍需要继续进行优化。

（三）人口发展分析

1. 人口数量

2022年，在全国人口出现首次减少的情况下，四川省常住人口依旧保持小幅增长，全省年末常住人口为8374万人，比2021年末增加2万人。2003—2022年四川省的年末常住人口呈现水平波动，最后逐年上升趋于平稳的趋势，跟2003年相比，2022年四川省的年末常住人口增加了198万人，增加了2.42%。2003—2022年四川省的人口自然增长率呈现出波动上升而后逐年下降的趋势，跟2003年相比，2022年四川省的人口自然增长率下降了5.75‰，2016年实施全面两孩政策以后四川省人口自然增长率有明显提高，但2020、2021两年四川省人口自然增长率剧烈下降，如图3-6所示。

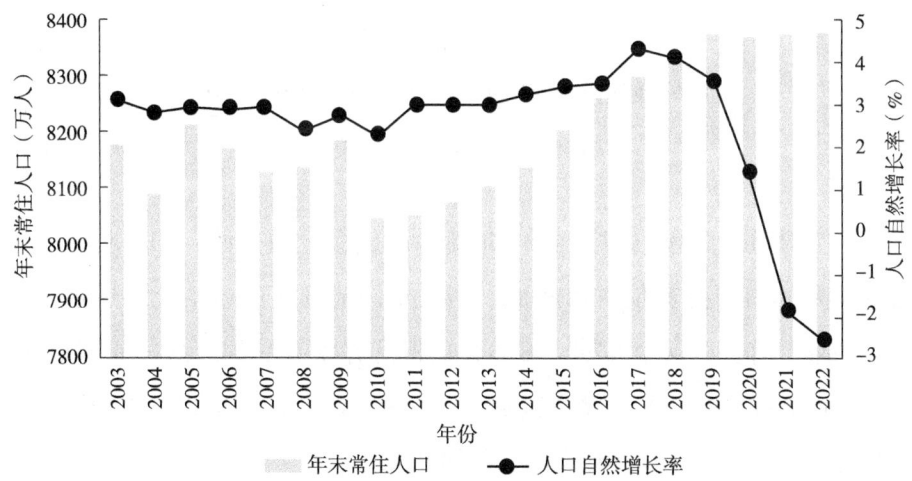

图3-6 2003—2022年四川省年末常住人口和人口自然增长率变化趋势

资料来源：四川省统计局

2. 人口城乡结构

（1）城镇化发展历程。

四川城镇化发展经历了一个很长的时期，并且同全国的城镇化历程大抵相似，如图3-7所示，四川的新型城镇化主要经历了缓慢增长时期、稳定增长时期、快速增长时期三个阶段。

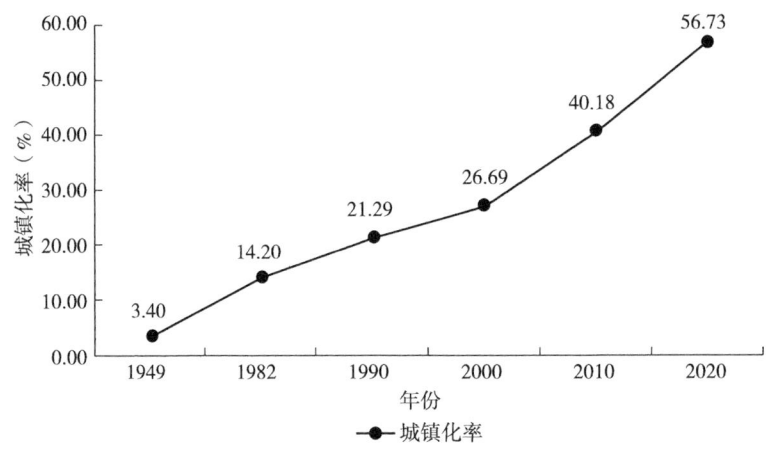

图3-7 四川省城镇化水平发展历程（1949—2020）

资料来源：四川省统计局

在缓慢增长阶段，即从1949年新中国成立之初开始，四川省的城镇化率仅为3.4%。与其他省市相似，当时全国范围内的城镇化发展水平也基本停滞不前。在这个时期，城镇化的概念并没有受到广泛关注和重视，国家没有出台相关政策来促进城镇化的发展。因此，城镇化的进程在很大程度上是缓慢的，有时甚至会陷入停滞状态。

进入稳定增长阶段，即改革开放之后，四川省的城镇化进程逐渐取得了显著的增长。根据第三次人口普查的调查结果，1982年，四川的城镇化率已经超过了10%。在随后的第四次人口普查调查中，从1990年到2000年，四川的城镇化率从21.29%增长至26.69%。然而，尽管这段时间内城镇化的程度有所提升，但增速并不是特别明显。

近年来，得益于国家政策的积极推动，四川省的城镇化进程迎来了快速增长时期。2000年四川的城镇化率是26%，到2010年四川的城镇化率是40%，上升了14个百分点。而在接下来的二十年间，从2000年到2020年，四川的城镇化水平实现了惊人的增长，达到112.55%的增幅，城镇化率提升了整整30个百分点。这一阶段的城镇化进程表现出了明显的迅猛发展势头。

（2）城镇化发展水平。

四川省人口众多，历来都是我国人口大省。如图3-8所示，四川省的城镇人口总数在逐年增加，从2003年的2461万人增加到了2022年的4886.2万人，在二十余年间净增加了2425.2万；乡村人口则呈现出逐年下降的趋势，从2003年至2022年，四川省的农村人口一直多于城镇人口，但在这段时间内，农村人口的数量逐渐减少。2003年，城镇人口和农村人口之间的差距为3254万人，而到了2016年，这个差距减小到130万人，

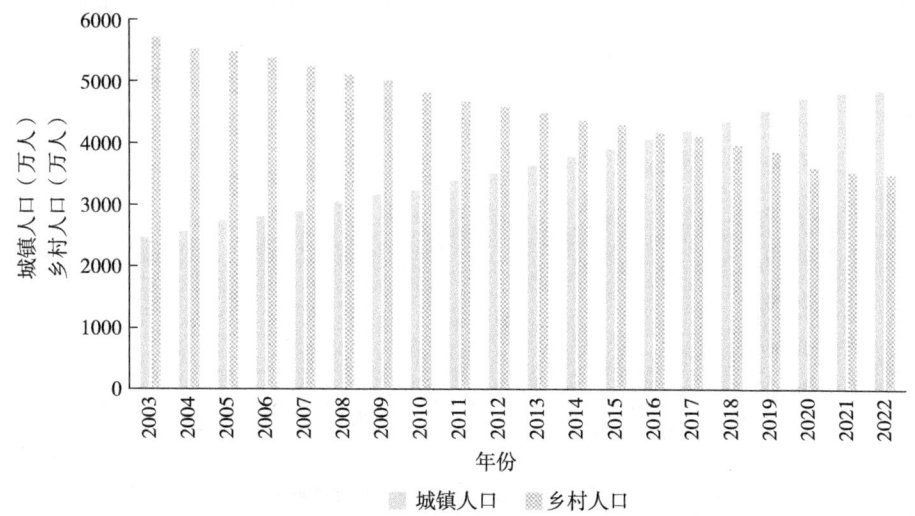

图3-8 2003—2022年四川省城乡人口变动趋势图

资料来源：四川省统计局

出现了显著的缩小趋势。从 2017 年开始，四川省的城镇人口首次超过了农村人口，这表明四川省的城镇化水平得到了显著提升。这种变化反映了四川省城镇工业的快速发展，加大了对劳动力的需求。随着城市的工业化进程加速，农民纷纷迁移到城市，寻找就业机会。这导致广大农村居民逐渐成为城镇居民，城镇化水平稳步推进，城乡结构不断得到优化。

与全国的城镇化进程相比，如图 3-9 所示，在过去二十年里，四川省的城镇化率和全国城镇化率都呈现上升趋势。尽管在绝对水平上，四川省的城镇化水平长期以来一直远远落后于全国平均水平，但这种差距在逐步减小。2003 年，四川省的城镇化率与全国相比低了 10.4 个百分点。这种差距的存在源于多方面因素，包括基础较弱、发展历程不平衡、地理和历史等原因，以及政策影响。然而，近年来，随着四川省经济的快速发展，尤其是成都地区作为四川省最为发达的核心经济中心，以及天府新区的打造，都极大地促进了周边经济的增长。这些努力使得四川省的城镇化水平整体上有所提升，与全国的差距在逐渐缩小。根据 2022 年的数据，这一差距已经减小至 7.2 个百分点。可见过去二十年是四川省城镇化快速发展的时期。

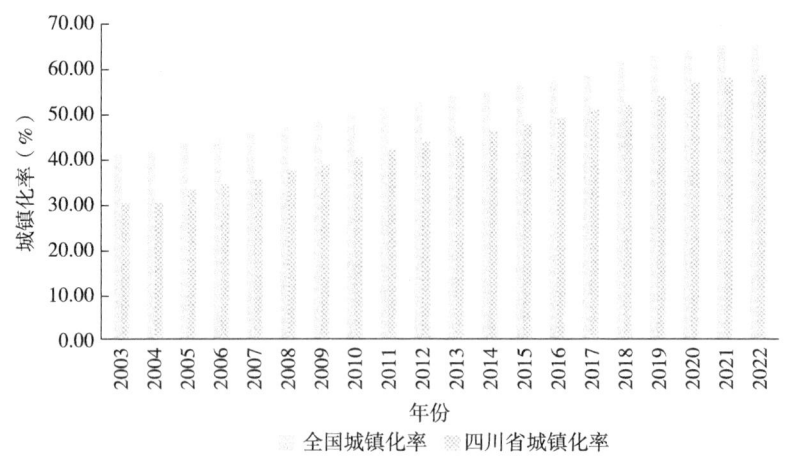

图 3-9　四川城镇化发展水平及同期全国城镇化发展水平

资料来源：国家统计局、四川省统计局

（3）城乡居民人均收入。

城镇居民和农村居民人均可支配收入可以反映国家或地区的收入水平。如图 3-10 所示，在 2003—2021 年间，四川省的城镇居民和农村居民的人均可支配收入逐年增加。2003 年，四川省城镇居民人均可支配收入为 7041.51 元，农村居民人均可支配收入为 2229.86 元，城乡收入差距达到 4811.65 元，城乡收入比为 3.16。然而，到了 2021 年，四川省的城镇居民人均可支配收入已增至 41444 元，农村居民人均可支配收入则为 17575 元。尽管城乡收入差距扩大至 23869 元，但城乡收入比却下降至 2.36。综上来看，四川省的城乡居民收入逐步增加，城乡收入比减小。这反映出城乡居民的收入水平在逐步接近，城乡经济发展的趋势也在逐渐趋向平衡。

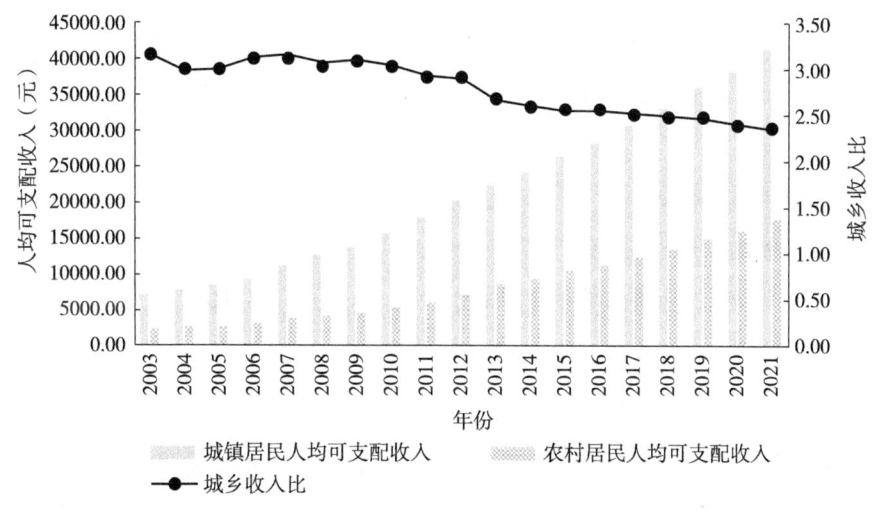

图 3-10　2003—2021 年四川省城乡人均可支配收入趋势图

资料来源：四川省统计局

四川省的城乡居民平均收入水平与全国城乡居民平均收入水平之间仍然存在差距，如图 3-11 所示。同时从城乡居民收入的相对差距来看，全国和四川省城乡居民收入比均呈现总体下降趋势，近年来，四川省城乡居民收入差距的相对值变化较为平稳。

图 3-11　2003—2021 年四川省与全国城乡收入比趋势图

资料来源：国家统计局、四川省统计局

（四）社会发展分析

1. 社会就业形势分析

2018 年及其以前年度，四川省城镇登记失业率略高于全国失业率，到 2018 年，四川省失业率首次跌破 4.0% 且小于全国失业率，如图 3-12 所示。四川省一直将稳定和扩大就业作为社会发展的首要目标，积极致力于推动就业工作，实现更高质量和更充分的就业。这一成就的背后有多方面的因素。一方面，新兴产业如第三产业的崛起和发展，创造了大量的就业机会。另一方面，随着就业优先战略的深入实施以及就业制度的深化改革，四川省形成了多元化的就业格局，其中政府鼓励创业、市场调节就业、劳动者自主就业等多个渠道并存。这种多渠道的就业体系有助于保障长期稳定的就业局势。

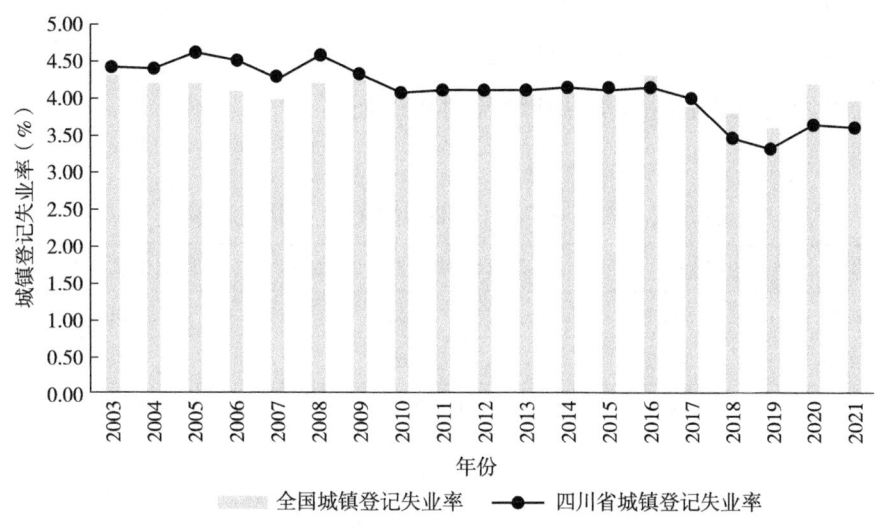

图 3-12 四川省和全国城镇登记失业率

资料来源：国家统计局、四川省统计局

2. 社会公共资源情况分析

（1）医疗、卫生、文化等基本情况分析。

在"十二五"和"十三五"期间，四川省的卫生和医疗服务体系得到了快速的完善与发展，见表3-2。2011年，四川省拥有约50.51万名卫生人员，平均每万人中只有不足60名卫生人员。然而，到了2021年，全省的卫生人员数量已增至86.54万人，平均每万人拥有超过100名卫生人员。同时，医疗机构的床位数也在这段时间内显著增加，从2011年的33.52万张增长至2021年的66.2万张，床位数翻了1倍。2022年四川省人民政府办公厅印发的《四川省"十四五"医疗卫生服务体系规划》提出，"到2025年，基本建成与我省经济社会发展水平相适应、与居民健康需求相匹配的体系完整、布局合理、分工明确、功能互补、密切协作、运行高效、富有韧性的优质高效整合型医疗卫生服务体系"。

全省也不断重视文化的投入，丰富了人民的精神世界。全省图书馆机构在2011年仅有169个，而2021年拥有207个，图书馆量以每年3.8个的速度增长。对应图书馆藏数量也由3136万册增加到4613万册，人均拥有公共图书数从最初的0.39册增长到0.55册。

表3-2 2011—2021年四川省社会公共资源情况

年份	卫生人员数（万人）	医疗机构床位数（万张）	公共图书馆藏数（万册）
2011	50.51	33.52	3136
2012	54.99	39.01	3363
2013	59.56	42.64	3048
2014	62.72	45.96	3162
2015	64.76	48.87	3328
2016	67.13	51.91	3518
2017	71.08	56.34	3793
2018	74.72	59.88	3948
2019	79.43	63.17	4172
2020	82.70	64.97	4350
2021	86.54	66.20	4613

资料来源：四川省统计局。

（2）科学、教育等情况分析。

从高等院校培养来看，2022年末四川省共有普通高等院校134所。全年普通本科及专科招生数量达67.4万人，比2021年增长了11.7%；在校本科生及专科生达到205.2万人，比2021年增长6.8%；毕业生总人数达到51.0万人，比2021年增长了13.0%。四川省的研究生培养单位共36个，招收研究生5.3万人，在校生15.9万人，毕业生3.9万人；成人高等学校12所，成人本（专）科在校生40.7万人，参加学历教育自学考试33.3万人次。

在科学技术发展方面，从研究与试验发展经费投入上来说，四川省研究与试验发展经费保持较快增长，投入强度再创新高，见表3-3。四川省不断加大科研发展和试验研究经费投入，不断提高自主创新能力。2011年用于研究与试验发展项目的经费不足300亿元；但到2021年用于研究与试验发展项目的经费已超1214亿元，占GDP的比重上升为2.26%。与此同时，从事研究与试验发展的人员也从44005人增加到103746人。

表3-3　2011—2021年四川省研究与试验发展经费和人员投入情况

年份	经费投入（亿元）	投入强度（%）	人员（人）
2011	294.10	1.40	44005
2012	350.86	1.47	52059
2013	399.97	1.52	57956
2014	449.33	1.57	62756
2015	502.88	1.66	67516
2016	561.42	1.72	70834
2017	637.85	1.72	77241
2018	737.08	1.81	81071
2019	870.95	1.88	91965
2020	1055.28	2.17	99173
2021	1214.52	2.26	103746

资料来源：四川省统计局。

四川省统计局的数据表明，2021年四川省成都市研究与试验发展经费投入达到631.92亿元，已超过全省总额的一半。伴随着新产业、新业态的不断发展，四川省的科技进步水平和区域创新能力会进一步提升。但这其中仍然需要关注的是，研究与试验发展投入呈现出发展不均衡的状态，成都是我国国家级中心城市之一，在科技经济支持上拥有省内其他城市无法比拟的政策优势，研究与试验发展经费投入总量过度集中在成都、德阳、绵阳、眉山这些城市，而川东北、川西北并没有得到良好的发展，资源分配不均衡。

三、生态环境质量状况

四川省政府坚持以习近平新时代中国特色社会主义思想为指导，认真落实"共抓大保护、不搞大开发"方针，坚定不移走生态优先、绿色发展之路，坚决打好污染防治攻坚战，筑牢长江上游生态安全屏障，以生态环境高水平保护推动经济社会高质量发展。2022年，四川省城市环境空气质量优良天数比例为89.3%，比2021年降低0.2个百分点，重点城市PM2.5平均浓度为35.4微克每立方米，比2021年下降1.4%；全省203个国考断面水质优良率达99.5%，排名全国第二位，创近二十年来最好水平；土壤环境质量总体稳定，辐射环境总体良好，生态环境质量持续提升。

（一）三废排放情况分析

1. 废水排放情况分析

污水排放的主要来源是工业废水和城镇生活污水。其中工业废水的排放给环境造成了严重威胁。如图3-13所示，四川省废水排放总量总体呈不断增加的趋势，说明四川省随着经济的不断发展水污染情况在不断加重。其中：生活废水排放量的变化同废水排放总量变化趋势大体相同，由2003年的108254万吨增长为2020年的381726万吨，上升幅度高达3.5倍；工业废水排放量在2005年达到最高峰，自此以后排放量整体呈现下降趋势，从2005年的122590万吨下降到2020年的43739.49万吨，年均下降5257万吨，工业废水的治理和减排工作取得了较大的成效。

2. 大气污染情况分析

有关大气重点污染物是二氧化硫和烟尘的排放。如图3-14所示，工业二氧化硫及生活二氧化硫排放量整体都呈现下降的特点，工业二氧化硫排放更近似于二氧化硫排放的变化趋势。工业二氧化硫排放量从2003年的105.1万吨下降至2020年的12.5万吨，年均下降排放量更是高达54470吨。如图3-15所示，在二氧化硫排放组成中，工业二氧化硫的排放占比更大，生活二氧化硫的排放在2017年里占比最大为28%，最少为2019年，占比仅为6%。

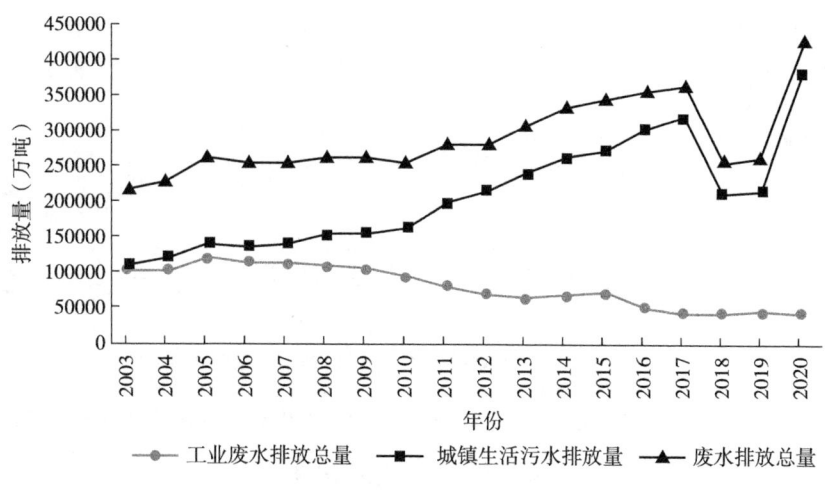

图3-13 2003—2020年四川省废水排放趋势图

资料来源：四川省统计局

图3-14 2003—2020年四川省二氧化硫排放趋势图

资料来源：四川省统计局

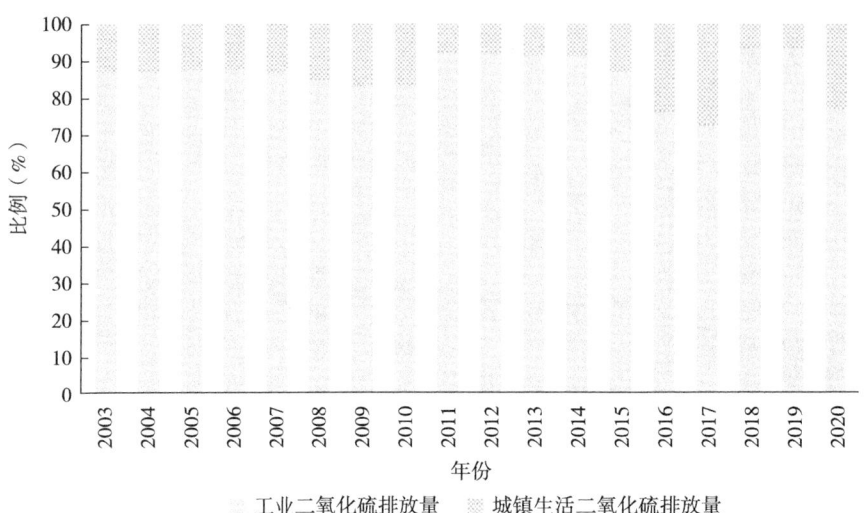

图 3-15　2003—2020 年四川省工业二氧化硫与生活二氧化硫排放比例图

资料来源：四川省统计局

2003—2020 年，研究时段内烟尘排放量整体均呈现下降的趋势，如图 3-16 所示。2004—2009 年烟尘的排放量有一个大幅度的下降，而后烟尘排放量开始波动下降。如图 3-17 所示，工业烟尘排放量与生活烟尘排放量在烟尘排放总量中所占百分比较大，是烟尘排放的主要途径，为了更好地控制烟尘的排放应从工业方面入手。

3. 工业固体废物产生量情况分析

工业固体废物产生量在 2003—2019 年期间经历了平稳增长、缓慢增长、快速增长三个阶段，如图 3-18 所示。2003—2007 年工业固体废物产生量保持平稳增长，由 2003 年的 5145 万吨增长至 2007 年的 9651 万吨，年均增长 1126.5 万吨。2008 年和 2009 年出现小幅下降趋势后，2010—2014 年工业固体废物产生量缓慢增长，年均增长 752 万吨，2015 年和 2016 年再次出现小幅度下降后，2017—2019 年工业固体废物产生量快速上升至 18722 万吨，年均增长高达 2319 万吨。2020 年工业固体废物产生量降至14903万吨，年均下降率高达25.6%，整体来看污染问题仍较为严重。

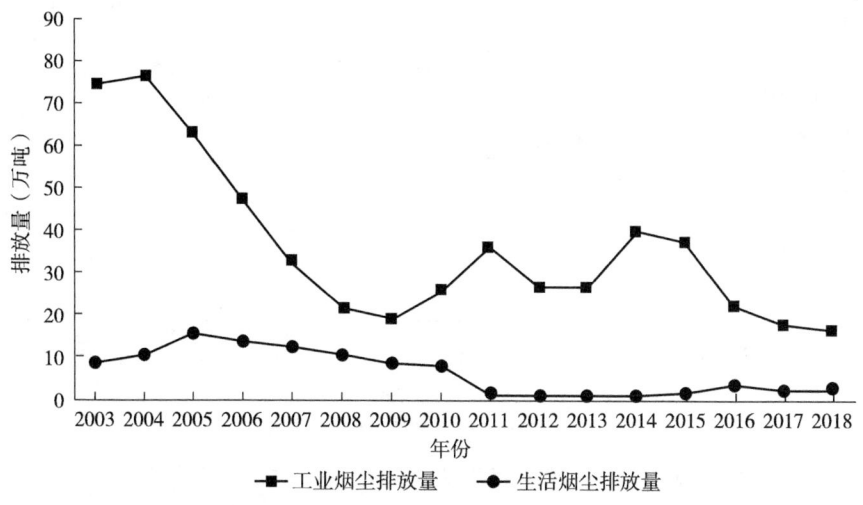

图3-16　2003—2018年四川省烟尘排放趋势图

资料来源：四川省统计局

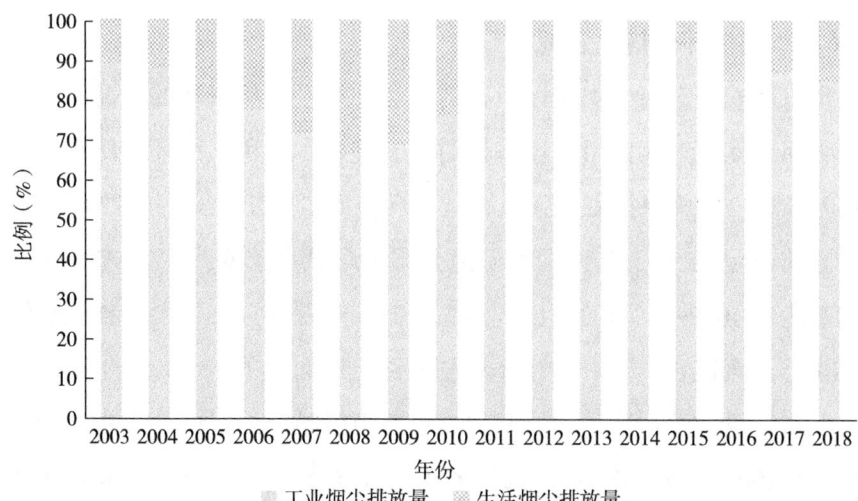

图3-17　2003—2018年四川省工业烟尘与生活烟尘排放比例图

资料来源：四川省统计局

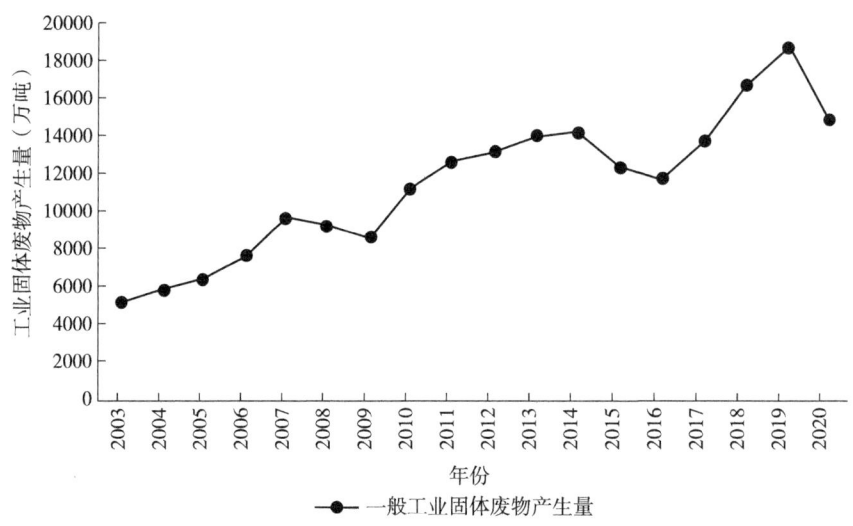

图 3-18　2003—2020 年四川省一般工业固体废物产生总量

资料来源：四川省统计局

（二）自然环境情况分析

生态环境状态指人类赖以生存的自然环境及自然资源的状况。随着生态文明理念逐渐融入四川省城镇化的发展进程，绿色、循环、低碳发展得到有力推动，环境保护得到强化，城市环境质量逐步提高。2022 年四川省共有湿地公园 55 个，其中国家湿地公园（含试点）29 个。年末全省森林覆盖率达到 40.26%，比 2021 年末提高 0.03 个百分点。年末全省自然保护区 120 个，面积 6.4 万平方千米，占全省土地面积的 13.4%。全省共建成国家生态文明建设示范县 10 个，"绿水青山就是金山银山"实践创新基地 2 个。从 2006 年到 2021 年，四川省的森林覆盖、人均公园绿地及建成区绿化等状况呈稳步增长状态，如图 3-19 所示。

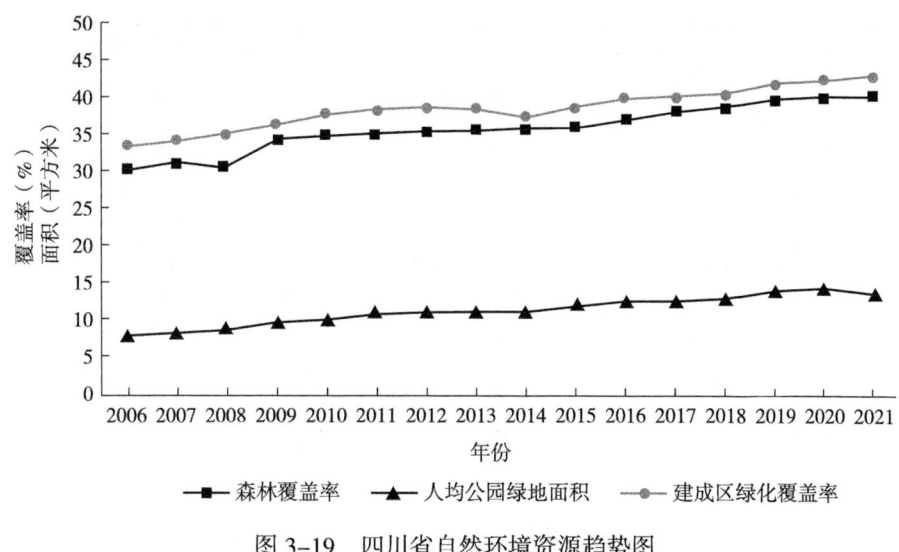

图 3-19　四川省自然环境资源趋势图

资料来源：四川省统计局

以 2021 年为例，四川省各市的生态环境状态中，人均公园绿地面积、建成区绿化覆盖率等状况空间分异明显，内江市的人均公园绿地面积最高，但建成区绿化覆盖率位于最后一位，建成区绿化覆盖率与第一位的南充市相差 9.52 个百分点。人均公园绿地面积最后一位是成都市，但建成区绿地覆盖率仅次于第一名的南充市，见表 3-4。

表 3-4　2021 年四川省各市（区）人均公园绿地与建成区绿地情况

城市	人均公园绿地面积（平方米）	建成区绿地覆盖率（%）
成都市	11.74	44.08
自贡市	14.90	44.20
攀枝花市	14.58	42.11
泸州市	14.10	42.55
德阳市	15.24	41.63
绵阳市	14.12	41.53

续表

城市	人均公园绿地面积（平方米）	建成区绿地覆盖率（%）
广元市	16.26	41.69
遂宁市	15.61	42.87
内江市	17.13	38.36
乐山市	18.28	42.66
南充市	14.11	47.88
眉山市	14.92	42.17
宜宾市	14.68	41.23
广安市	17.01	44.06
达州市	14.84	41.73
雅安市	17.10	40.34
巴中市	13.53	43.46
资阳市	15.57	40.11

资料来源：四川省统计局。

（三）污染治理情况分析

全省污染治理能力在"十一五"期间得到快速发展，"十二五"和"十三五"期间保持稳定，污染物减排工作得到有效的推进。2011年，生活垃圾无害化处理率和城镇污水处理率均低于93%，对污染源的处理能力和强度不够。如图3-20所示，随着四川省政府对环境治理强度和能力的提高，2021年，全省城镇污水处理率为96.41%；城镇生活垃圾无害化处理率为99.99%；一般工业固体废弃物综合利用率为37.24%。城镇污水处理率和生活垃圾处理率都有较大的提升，但工业固体废弃物综合利用率不增反降，表明生态环境潜在危机较大，需引用和开发新技术，提高资源利用率。

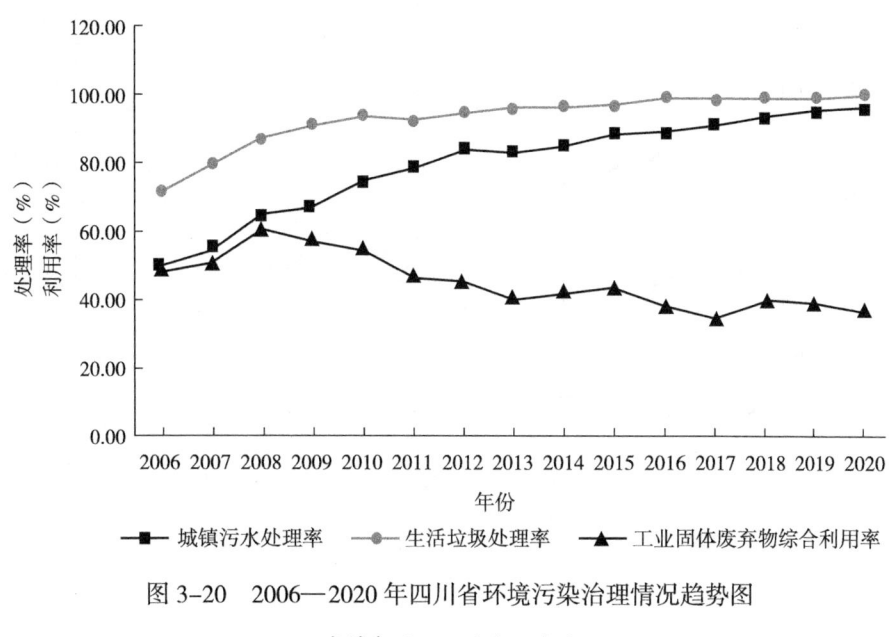

图 3-20　2006—2020 年四川省环境污染治理情况趋势图

资料来源：四川省统计局

（四）空气质量情况分析

2015—2022 年四川省环境空气的污染物浓度总体表现良好，PM2.5 和 PM10 污染物年均浓度持续下降，如图 3-21 所示。2022 年 PM2.5 平均浓度为 31 微克/米^3，较 2015 年下降了 16 微克/米^3，PM10 平均浓度为 48 微克/米^3，较 2015 年下降了 28 微克/米^3[4]。2022 年四川省空气优良天数比例为 89.3%，较 2015 年增加了 8.8%，且空气优良天数率在近四年总体形势平稳，未来趋势将持平或小幅波动。总体来看，随着国家区域大气污染联防联控的开展，空气质量逐年改善，颗粒物浓度大幅度下降，大气污染治理效果初显。

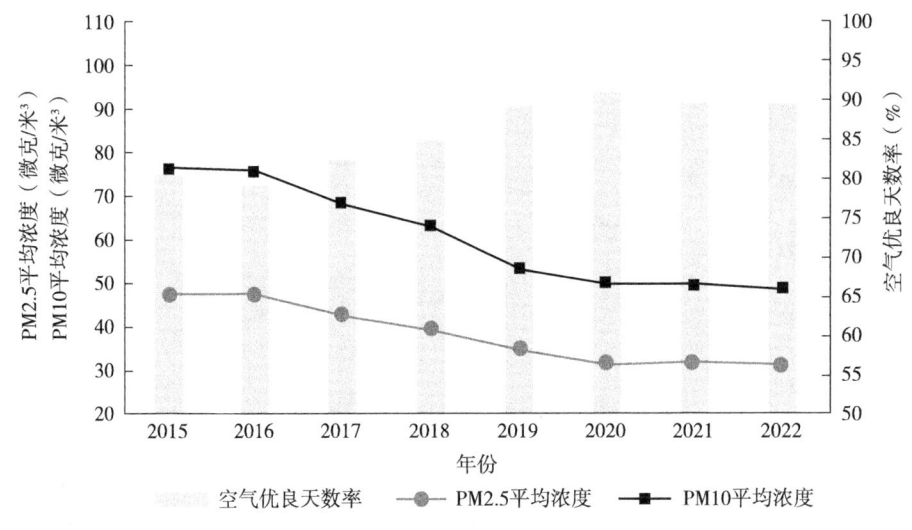

图 3-21　2015—2022 年四川省空气质量变化趋势图

第二节　四川省煤炭产业发展状况

煤炭作为我国最基础的工业生产原料，也是最有竞争力的能源和原材料资源，在我国能源体系中发挥着举足轻重的作用。实现"双碳"目标，能源领域是主要战场，在能源转型过程中，煤炭产业不仅是支撑能源结构调整的关键行业，更是实现"双碳"目标的重要能源产业。在"双碳"目标提出的大背景及在当前复杂多变的国内、国际能源供需体系之下，煤炭在顺利完成能源转型的过程之中更需要牢牢兜住我国能源保障的安全底线，才能积极稳妥有序地推进碳达峰碳中和目标。在实现碳达峰目标之后，更要努力抓好煤炭与新能源这个优化组合，科学有序地推进能源转型，加强各行业对煤炭转型的支持与配合。在实现"双碳"目标的过程中，煤炭企业更要坚定信心，在绿色低碳转型和迈向高质量发展中为尽早实现"双碳"目标作出贡献。

一、煤炭产业发展现状

(一) 煤炭产业政策环境

国家政策导向为煤炭行业高质量发展指明了未来前进方向，2021年是"十四五"规划开局之年，也是全面建设社会主义现代化国家新征程开启之年。2022年3月5日，习近平总书记在参加十三届全国人大五次会议内蒙古代表团审议时强调，实现碳达峰、碳中和目标，要坚定不移推进，但不能毕其功于一役。要立足当前、着眼长远，科学编制碳达峰行动方案，着力做好碳达峰碳中和工作。"十四五"期间我国将加快推进能源绿色低碳转型，持续提升清洁能源消费比重，煤炭在我国一次能源消费中的比重将逐年降低。

为深入贯彻碳达峰、碳中和重大战略决策，2022年12月31日四川省人民政府印发《四川省碳达峰实施方案》，落实了工作主要目标和相关政策保障及指出了今后要开展的十项重点活动等。在统筹整合全省现有财政扶持政策的基础之上，持续加大对碳达峰、碳中和重点行动的支持力度，落实绿色低碳高效产品的政府采购需求标准体系，落实相关企业符合条件的节能环保项目的企业所得税税费减免等优惠政策，鼓励有条件的企业开展技术创新改革及低碳转型。

(二) 煤炭产业资源禀赋

"十四五"时期是我国生态文明建设迈向以降低煤炭产量为重点战略方向、推进减污降碳协同增效、推动社会经济发展实现全面绿色发展转型、促进社会生态环境质量由量变转向质变的关键时期。四川省地处我国西南地区，是我国重要的能源基地，煤炭资源储量丰富，开发潜力巨大。其煤炭产业发展起步较早，煤炭开发和利用历史悠久，在推动全省经济社会发展过程中发挥了重要作用。四川省的煤炭资源虽分布很广，但存在分布区域极不平衡的问题，"水多气丰煤少"是其最基本的能源资源格局。

按照煤层分布特征及赋存规律来讲，四川省可划分为9个富煤带、12个煤田和18个矿区，共有250处煤矿，2022年规模以上企业煤矿产量仅有2224万吨，显然无法满足四川省经济发展所需的煤炭产量。按照全国煤炭资源潜力评价技术要求划分方案，同时按照从大到小的级别单元划分，四川省煤炭资源可划分为5个等级，即富煤区、富煤带、煤田、矿区、井田。截至2023年4月，全省共有煤矿250处，其中停工停产煤矿138处，而能够正常生产运作的矿井仅有61处，这也正印证了四川地区煤炭短缺的能源结构特征，导致其能源安全得不到稳定保障。

据四川省统计局数据可知，四川省煤炭种类较为丰富，涵盖烟煤、无烟煤、贫煤、泥炭等类型，同时全省煤炭储量达到122.7亿吨且主要分布在川南地区，特别是泸州市、宜宾市等地，其已探明储量占全省总储量的70%以上，省内主要煤田有永荣煤田、南桐煤田、川南煤田、华蓥山煤田等。

（三）煤炭生产状况

四川地区煤炭开发利用历史悠久，是中国历史上最早开发煤炭的省份之一。虽然四川省拥有极其丰富的水电资源，但是由于气候多变的原因每到枯水期的时候就不得不依赖火电厂的供电。从全省能源结构来看，四川省煤炭能源在其中占到一半以上，这也反映出我省能源结构不均衡且过度依赖煤炭能源的特征。煤炭生产方面，2022年全国煤炭企业原煤产量再创新高，约45亿吨，与2021年相比增长9%，且煤炭生产主要集中在西部地区。从分省数据来看，山西省2022年累计原煤产量领先，与内蒙古、陕西、新疆、贵州等地区原煤总产量占到了全国总产量的83.8%，其中四川省2022年原煤产量位于全国第15名，产量达到2224万吨，同比增长15.9%，相比其他省份产量较少，在一定程度上也抑制着地区的经济发展。煤炭消费方面，据国家统计局初步核算，2022年国内能源总耗费量为54.1亿吨，其中煤炭消费量在国内能源消费总量的比重为56.2%，且同比增长4.3%。据《2022年四川统计年鉴》发布数据可知，2021年四川省煤炭消费总量为7796.1万吨，其中工业行业消耗量为7646.3万吨，占比最大，达到98.08%。《四川省"十四五"能源发展规划》也指出要推进煤炭清洁化生产利用，2025年优质煤矿产量将达到50%以上，川东、川南、川北煤炭储备基地建造完成，静态储备能力将达到450万吨以上。

自2023年以来，川内煤炭产量处于增长状态。一方面是因为川内煤炭企业开工率增加，导致企业库存偏高，市场煤炭供应量充足；另一方面，工业企业恢复乏力，下游电厂煤炭采购需求疲软，因此煤炭价格增长动力不足。

（四）煤炭产业市场状况

自2021年以来，四川省紧扣"双碳"目标，加强减污降碳工作筹划，积极培育绿色低碳优势产业，深入推动重点领域节能减碳。同年，四川省煤炭产量大幅度下降，川渝煤炭市场的局面可谓是跌宕起伏，受多重因素叠加影响，煤炭库存量忽高忽低，煤炭价格也忽高忽降，形成一个市场"洼地"和价格"高地"的对立局面。聚焦"双碳"目标，煤炭产业的市场状况将迎来不可避免的空间收缩，针对煤炭的基础设施建设方面，根据《四川省"十四五"能源发展规划》报告可知，未来将加快能源基础设施建设，大力健全煤炭的储备及保障体系，进一步降低煤炭的消费比重，使煤炭消费量早日实现峰值。2022年8月19日，全省第一座国家级煤炭储备基地在广安华蓥市成功启动，该项目在保障能源安全、解决能源安全困局具有重要意义[52]。

可以看到四川省煤炭市场在宏观经济的影响下稳中向好，但仍然面临新的下行压力。一方面，以煤炭为主的基本国情决定煤炭主页的发展仍具有巨大的发展空间，短时期内煤炭作为中国主体能源的重要地位和作用不会变更，并且煤炭在未来的能源供应中也将继续发挥"压舱石"的作用，守护好我国能源供应的底线任务。另一方面，在持续推进"双碳"战略的

作用之下,煤炭需求也逐渐处于平衡方向状态,市场竞争焦点也已从高价格转变为质量、成本,整体来看,四川地区煤炭市场价格稳中略降。

二、煤炭产业发展机遇与挑战

在能源转型过程之中,煤炭产业面临着巨大的挑战,但同时也存在着巨大的机遇。从面临的挑战来看,一是面临不利的外部环境。碳达峰、碳中和目标提出以后,"去煤化"的言论被反复提及及炒作,而由于我国资源禀赋的特征,煤炭短时间内仍将作为我国工业上及生活中的主体使用能源,煤炭能源极易被社会舆论诟病甚至嫌弃。因此,未来国家及政府务必会进行能源战略调整,很可能会出台一些缩小煤炭产量,削减煤炭产业相关资金投入等在一定程度上阻挠煤炭产业扩大发展的政策,从而使得煤炭产业处在一个不利的发展环境状态下。二是生态环境保护约束使得开采成本大幅度上升。开采和生态保护既是一种冲突同时也可对它们进行一个协调,生态环境保护要求煤炭产业必须向绿色低碳转型,建设绿色生产体系,学习绿色开发技术,而现有的煤炭勘探、开发、生产技术普遍存在效率低下、成本较高、效率较差等问题,一种煤炭能源绿色高效开发技术体系亟待解决完善。要想解决此类问题,煤炭产业就必须要适当减弱煤炭资源价格竞争优势,增加煤炭开发利用本钱。第三是优质煤炭能源储量逐年降低。近年来,随着煤炭能源的高强度开采,煤炭能源开采深度、开采成本等大幅度增加,优质煤炭储量大幅度削减,面对煤炭资源枯竭转型难题,针对煤炭资源的绿色低碳转型面临着技术与经济双重困难。四是煤炭生产和供给模式不符合现阶段发展要求。"双碳"目标进展时期,煤炭市场存在多种不确定性因素,省内乃至国内的煤炭产业市场结构及供需构成将发生巨大变化,社会对于煤炭的需求弹性升高,因此需要建立一种灵活生产的煤炭供应体系,以更好地应对市场需求变化。

"双碳"目标的提出给煤炭产业在技术、经济、社会等方面带来巨大挑战的同时,也为煤炭产业留出降低发展速度、提升发展质量的时间和空间,给煤炭行业带来转型发展的机遇[53]。

第一,回归高质量发展的机遇。煤炭产业70余年负载运行,超负荷生产,为经济社会发展提供能源保障,在支撑经济社会快速发展的同时,也带来了一系列严重的问题。一些煤矿高负荷甚至超能力生产,安全生产事故时有发生,井下工程和采空区规模超出地质承载力,严重破坏了地下水系,造成大面积地表沉陷和植被破坏。煤炭产业专家学者早在20世纪末就提出推进煤炭产业高质量发展的愿望,但是建设步伐不及预期。碳达峰、碳中和目标下,煤炭产业可放下产量超负荷增长的包袱,回归到合理规模,走自己的高质量发展之路,这为煤炭产业回归高端发展提供了难得的机遇。煤炭产业需要尽快从扩大产能产量,追求粗放型效益为第一目标的增量时代,迈向更加重视生产、加工、储运、消费全过程安全性、绿色性、低碳性、经济性的存量时代,快速提升发展质量。

第二,升级高技术产业的机遇。2015年以来,煤炭行业主动提出煤炭革命、自我革命。理念上,推进煤炭开发利用一体化、矿井建设与地下空间利用一体化、煤基多元清洁能源协同开发和煤炭洁净低碳高效利用。目标和蓝图上,通过技术创新、理念创新实现零生态损害的绿色开采、零排放的低碳利用,建设多元协同的清洁能源基地,实现采掘智能化、井下"无人化"、地面"无煤化",推进煤炭成为清洁能源;煤矿成为集合风能、太阳能等多元协同的清洁能源基地;煤炭行业成为社会尊重、人才向往的高新技术行业。技术路线上,分智能化无人开采、流体化开采、地下空间开发利用、清洁低碳利用四大领域,提出了升级与换代、拓展与变革、引领与颠覆三个阶段、三个层次的技术装备攻关清单。攻关重点上,提出了煤炭资源深部原位流态化开采的定义、内涵、关键词,系统阐述了深部原位流态化开采的构想、基础理论和关键技术体系,并给出了核心颠覆性技术构想。煤炭革命的理念获得广泛认可,大量高校、科研院所展开深入探讨，一些研究团队取得了一定进展，但尚未取得重大突破。"双碳"目标将倒逼煤炭行业改变过去几十年"引进—消化—吸收—再创新"的路径，为煤炭行业创新发展迎来颠覆性机遇，通过集聚优势创新资源，轻装上阵主攻自主原创的革新技术及装备，成为高精尖技术产业。

第三，抢占新能源主阵地的机遇。煤炭与可再生能源具有良好的互补性。煤炭的主要利用方式是发电，可再生能源利用的主要方式也是发电，燃煤发电与可再生能源发电优化组合，可充分利用燃煤发电的稳定性，为可再生能源平抑波动奠定基础，规避可再生能源发电的不稳定性；利用可再生能源的碳综合能力，为燃煤发电提供碳减排途径，在很大程度上减轻单纯燃煤发电的碳减排压力。除了电力外，煤炭与可再生能源在燃烧和化学转化方面的耦合，也逐步形成模式，突破了一系列新原理新技术，为煤炭与可再生能源深度耦合奠定了良好基础。煤矿区除了丰富的煤炭资源外，还有大量的土地、风能、太阳能等其他资源。我国目前已有及未来预计新增的采煤沉陷区面积超过6万平方千米，可为燃煤发电和风能、太阳能发电深度耦合提供土地资源。煤矿井巷落差大，可用于抽水蓄能，为可再生能源调峰。我国煤矿井巷和采空区形成的地下空间大，体积超过156亿立方米，且有不少的残煤。残余煤炭二氧化碳吸附能力强，有利于井下碳吸附、碳储存。此外，井下温度较高且稳定，可发展地热开发利用技术。过去很多年，煤炭企业发展新能源的基础弱，也没有动力、决心。碳中和目标将倒逼煤炭企业主动发展新能源，进入新能源主阵地，通过充分发挥煤矿区优势，以煤电为核心，与太阳能发电、风电协同发展，构建多能互补的清洁能源系统，将煤矿区建设成为地面和井下一体化的多种能源多元协同的清洁能源基地。

三、未来发展前景

"双碳"目标对我国煤炭产业转型发展提出了新的要求，对未来一段时期的发展路径和重点工作都做出了明确部署。现发展阶段，我国仍须统筹考虑传统能源与新能源的协同发展，在认识到未来煤炭发展转型的必要性和可行性及利用好碳达峰前煤炭行业的转型机遇期的基础之上，确保煤炭能源的供保安全并不断提升我国能源资源供应保障能力，大力推动煤炭产业、煤炭企业、煤炭与数字技术等一体化发展，努力建设安全稳定的煤炭供应体系，积极为维护我国能源安全，平衡全球能源供需体系作出一定贡献。未来十年，我国煤炭产业将保持平稳发展态势，预计 2030 年前将维持 6.7 亿吨左右的总消费量，综合考量生产效率、产能布局、产业规模等各类因素，煤炭在一次能源消费中的占比约下降至 35%。

"双碳"目标下，四川省应该依托现有能源资源优势与产业优势，明确未来发展的新思路、新路径，为保障我国能源安全、推动绿色低碳发展贡献"四川力量"。作为人口大省、经济大省和能源大省，四川省将谨遵"双碳"目标，以降碳为重点战略方向，坚持"先立后破"，加快发展新能源及相关产业，针对能源结构和产业结构及时调整，坚定不移走出一条支撑四川未来发展的绿色低碳转型之路。

第三节　四川省天然气产业发展状况

"双碳"目标的提出，为天然气行业重新定义了绿色低碳发展转型的目标路径和未来可持续发展的使命愿景。天然气作为一种清洁、高效、经济的能源资源，具有十分广阔的发展前景。天然气在能源系统的低碳转型中，存在以下两种重要的隐藏作用：一是对于经济增长迅速的发展中国家来讲，由于其可再生能源和其他非化石能源的增速尚不够快，天然气在煤炭减量过程中可以作为一种替代品出现；二是天然气发电可以结合碳捕集、利用与封存技术，有利于实现零碳或者接近零碳的发电目标[54]。

四川省作为人口大省，同时也是资源大省，是我国天然气资源最为丰富的地区之一，在全国天然气产业之中具有举足轻重的地位。目前四川省是处于我国上游地区的油气勘探热点区域，两大石油巨头中国石油及中国石化已经在该地区开启了油气的勘探开发比拼，而其中最主要的比赛战场就是地下5000米深的天然气储气层。尽管四川盆地的油气层十分复杂，但该地区存在大量的中生代海相碳酸盐岩地层，具备生产、储备和封闭油气的最佳条件，适宜油气的后续勘探开发利用，这足以说明在看似油气勘探开发已较为成熟的四川盆地的天然气资源是非常丰富的，其还存在一定的开发潜力，进一步勘探大有可为。

为更好助力我国完成"双碳"目标，四川省针对天然气能源的主要举措是加大对于天然气与可再生能源的关注度、加快中国"气大庆"建设及加快构建天然气供储销体系。四川省天然气产业是国家天然气"七个千亿立方米"产业之一，更是四川省实现"双碳"目标的重要举措。四川省天然气产业经过了多年的发展，已经形成了完整的产业链。但是从整体上来看，与国家要求的"十四五"天然气发展目标相比仍然存在一定的问题，主要体现在以下几个方面：一是勘探开发投入资金不足；二是天然气管网建设体系及规模不完善；三是天然气利用规模不够，利用效率较低；四是储气库建设滞后，调峰能力有待加强；五是终端用气价格高导致企业使用天然气的成本较高；六是天然气产业安全环保水平不足。这些问题的出现不仅制约了四川省天然气产业的未来发展，而且在一定程度上制约了"双碳"目标的实现。因此，要想推动四川省天然气产业的高质量发展及推动"双碳"目标的实现，就必须要深刻认识到这些问题并采取相应措施解决。

一、天然气发展现状

（一）天然气产业政策环境

"双碳"目标提出以来，随着四川省天然气产量的不断增长及煤炭、石油等传统能源逐渐被天然气等清洁能源替代的大力推广,四川省天然气行业进入了快速发展时期。天然气作为一种清洁、环保、高效、安全的清洁能源,得到了政府的积极支持和鼓励。与此同时,四川省天然气产业方面优惠政策的实施也为天然气行业的发展提供了有力的保障。近年来,为深入贯彻习近平总书记"四个革命、一个合作"能源安全新战略,助力实现碳达峰碳中和目标,加快推进天然气产业实现高质量发展,国家能源局相继出台了《关于加快推进天然气利用的意见》《关于加快推进天然气利用的实施意见》《关于促进天然气协调稳定发展的若干意见》《关于加快推进天然气储备能力建设的实施意见》等一系列政策文件,四川省委、省人民政府也提出了"加快构建现代能源体系"的战略目标。《四川省"十四五"能源发展规划》指出要加快天然气的勘探开发利用,提出了"到2025年,天然气(页岩气)年产量达到630亿立方米,形成输气能力700亿立方米/年"的具体目标。还出台了《关于加快构建现代能源体系推动经济社会高质量发展的实施意见》,提出了"到2030年全省天然气消费占一次能源消费比重达到15%,到2030年天然气消费增量占一次能源增量比重达到30%"等具体目标。这不仅为四川省天然气产业未来的发展带来了巨大的发展机遇,也提供了强大的政策保障。

(二)天然气资源禀赋

四川省蕴藏着极其丰富的天然气资源,天然气(含页岩气)总资源量达到40万亿立方米,大约占全国天然气(含页岩气)总资源量的三分之一,主要分布在川南片区、川中片区、川西北片区、川东北片区,其探明储量高达3.6万亿立方米,在国内天然气总储量中占比超过20%,是当之无愧的油气储量大省,主要油田有中国石油西南油气田,中国石化西南石油局、中原油田等。四川境内天然气可采资源量超过1.2万亿立方米,已成为我国陆上最大的页岩气生产基地和全国重要的天然气资源富集地区,在国家"十三五"规划及四川"十四五"规划中也提出要打造千亿立方

米天然气规模产业的发展目标。截至2023年，四川省已建成天然气长输管线2721千米，并且已实现了省内主要城市及部分区域的管道气全覆盖。多年以来，中国石油和中国石化两大企业在这里进行了长时期的勘探与开发，已经形成了比较完善的天然气开采技术系统及复杂健全的大型区域性环形运输系统，为四川省的油气增储上产奠定了良好的基础。在已拥有这些较为完善的管网设施基础之上，四川省还建有储气库等调峰工程，并且还将把其打造成为西南地区百亿级调峰基地。

（三）天然气生产状况

天然气作为一种清洁、便捷的基础能源和化工原材料，有着广阔的应用前景和巨大的增值空间。由于中国石油、中国石化等企业在四川盆地的持续工作，为四川省天然气产业的开采利用打下了良好的先天条件。四川省是国家最先布局的天然气重点勘探开发区域之一，引进了一大批的天然气生产设备，为天然气的勘探开发提供了良好的设备条件。2023年7月20日，四川省最深的天然气气井——深地井科1号开始，其位于四川省广元市剑阁县姚家镇，井深深度达到10520米，这是四川首口、中国第二口开钻的万米气井，不仅标志着我国的深地科探工程有了更进一步的发展，而且对四川省乃至我国天然气的增储上产有着重要意义，极大促进了天然气行业未来在四川省的发展，有利于更好地保障全省乃至全国的天然气能源安全供保，有力支撑我国碳达峰、碳中和目标的实施。

天然气生产方面，2020年全省天然气产量为463.3亿立方米，2021年全省天然气产量为522.2亿立方米，2022年达到554.1亿立方米，每年均处于稳步增长状态，保持着强烈的增储上产势头，这也意味着四川盆地隐藏着巨大的油气勘探及开发潜力，未来还有很大的发展空间。如此丰富的天然气资源条件足够支撑四川省建设全国最大的千亿立方米级天然气生产基地，来弥补我国的天然气需求缺口并部分代替石油能源供应的短板。随着大型气田的不断勘探与开发，四川盆地的天然气资源潜力也将被最大程度挖掘出，同时也会有更多埋藏在地底下的油气田被发现和开采。天然气消费方面，由于人口基数大的原因，全省消费量也位居国内天然气消费量前三，其中工业和居民生活消费占比相对较多。根据四川省天然气行业未来的发展规划可知，预计到2030年，四川省天然气供应量将超过350亿立方米。从市场需求侧来看，四川省的工业、民用、交通等领域对天然气的需求也在不断增长，这也为四川省天然气企业开拓市场提供了难得的机遇。除此之外，四川省天然气行业市场的竞争格局也是非常明确的，其主要被国有大型企业和民营小型企业所垄断，其中中国石化、中国石油等大型企业占据了绝大部分的市场份额。这些企业在四川省已经布局了很多年，具备强大的资金链条、技术优势、人才储备及长时间积累起来的牢固的客户群体，竞争优势较大，而其余的民营小型企业不论是资金、人才、技术方面都存在或多或少的欠缺，因此其占据的市场份额也相对比较弱。

（四）天然气产业市场状况

随着全球对气候变化的持续关注及可再生能源的不断发展，天然气作为一种清洁能源在能源转型过程中占据重要的地位。作为中国西南地区的重要省份，在实现"双碳"目标的过程中，四川省天然气能源市场的发展和利用具有重要意义。首先，就天然气的使用趋势而言，四川省天然气能源的需求呈现出一种持续增长的趋势。天然气作为一种清洁、高效的能源，被广泛应用于工业、民用和发电等领域。根据相关数据统计，2019年四川省天然气消费量为254.4亿立方米，2021年增长至285.4亿立方米，较2019年增长12.19%，这反映出四川省能源结构中天然气能源的需求量和依赖程度在不断攀升。其次，四川省的天然气市场具备良好的发展潜力，凭借四川省实力环境和资源条件的先天优势，使得该省具备天然气资源的丰富储备和开发潜力。四川省境内分布有多个天然气田，例如四川东北部的川东气田等。同时，四川省天然气管网的建设也得到了很好的推进，完善了天然气的输送体系，保证了天然气的稳定供应，为其天然气市

场的后续发展奠定了良好的基础。

天然气是一种优质高效的清洁能源,是现代工业技术和城市燃气的重要组成部分,也是实现碳达峰碳中和目标的重要能源品种。在"双碳"目标下,天然气行业将迎来新的机遇及挑战,天然气产业应该主动积极适应"双碳"目标大背景下的要求,加快行业内转型升级,助推能源清洁低碳转型。四川省作为我国最大的天然气生产和消费大省,目前已建成全国最大的页岩气生产基地,全国最大的煤层气发电基地,全国最大的天然气利用基地,全国最大的煤层气出口基地。在基础设施建设方面,其具备较为完善的油气管网建设及运输储存系统。此外,政府相继出台一系列政策推动并支持天然气产业的健康持续发展。未来将持续建设13处国家级的能源基地,同时大力推动油气管网等基础设施的建设。因此,四川省在加快推进天然气产业发展中具有得天独厚的优势,也将为四川省乃至全国在"双碳"目标下推动天然气产业高质量发展贡献"四川力量"。

二、天然气产业发展机遇与挑战

当前,全球煤炭进入节能减碳清洁化发展时期,石油进入稳定发展时期,而作为清洁能源的天然气则进入了高速发展的"黄金发展期"[55]。"双碳"目标的实施为四川省天然气产业的发展带来了重大发展机遇,一是天然气产业相关政策不断得以更新完善,具备较强的政策保障,为天然气行业及相关企业的发展提供了优质的产业环境;二是四川省经济社会发展持续向好,特别是天然气产业的发展机遇;三是四川省作为我国西部大开发的重要战略支点和"一带一路"的重要建设区域,这也为四川省天然气产业未来的高质量发展提供了良好机遇。尽管四川天然气产业发展面临着诸多机遇,但同时也面临着诸多挑战。一是天然气资源约束明显。四川气田主要分布在盆地边缘和盆缘构造带等区域,受地质条件影响,探明率较低,难以保证勘探开发的顺利推进。二是天然气市场竞争激烈,市场集中度低。从供需角度来看，四川省天然气供应对外依存度较高，随着四川经济的快速发展，天然气需求将持续增加，但四川省资源禀赋条件和资源禀赋与经济发达地区相比有较大差距。并且由于天然气市场需求的不断增长及政策保障度的逐步提高，四川省涌现出了一批又一批的天然气企业，市场竞争度愈加激烈。对于企业而言，如何在巩固现有市场份额的基础之上继续开拓市场以赢得更多的市场份额，提高自身核心竞争力以实现可持续发展是每个企业必须面临的问题。三是安全环保压力较大。随着国内天然气产量的增加，天然气消费需求不断增加，环保压力越来越大，特别是在四川盆地和川东北地区，生态环境保护将成为一项重大挑战。

为实现"双碳"目标，四川省采取以下措施来推动天然气能源市场的绿色发展。首先，加强天然气管网的建设和扩建，提升管网的覆盖范围和供应能力，确保天然气的稳定持续供应。其次，鼓励民众和企业采用天然气作为清洁能源替代传统能源如煤炭和石油。同时，加大对天然气发电的支持，提高天然气在电力行业中的占比，进一步减少煤电的使用，降低温室气体的排放。四川省的天然气企业，需要不断加强产品质量、掌握先进技术、积极引入社会资本、完善服务能力、促进技术创新，以确保有效提升企业核心竞争力及实现未来稳定健康发展。

三、未来发展前景

习近平总书记强调，中国人的饭碗任何时候都要牢牢端在自己手中；能源的饭碗也必须要端在自己手里。四川省天然气产业是全国天然气产业的重要组成部分，其资源禀赋优越，天然气消费量大，是全国最大的天然气生产和消费大省，为四川省实现碳达峰、碳中和目标提供了重要保障。四川盆地仍是国内最大的页岩气生产基地、全国最大的煤层气发电基地，且其天然气资源储量丰富，但与此同时也面临非常规天然气开发成本高、产能过剩等问题，尤其是在"双碳"目标背景下，更应该加快推进非常规天然气勘探开发、完善管网布局、加强市场监管、积极推动清洁能源发展等，推动四川省能源清洁低碳转型发展。

作为天然气资源大省的四川，更应责无旁贷地认真落实好中央"双碳"重要战略部署，抓住中央推进交通、能源、水利等基础性设施建设的机遇，依托自身产业优势及资源优势，采取有效措施推进天然气产业未来的建设和发展，以弥补我国产业链、供应量上的短板缺陷，为我国的高质量发展奠定坚实的基础，贡献出四川力量。2022年中国石化在北京正式发布的《中国能源展望2060》指出，中国能源转型在协调发展情景下，天然气发展将经历稳健增长期、碳达峰发力期、稳步达峰期和平稳下降期，并预计2025年天然气需求量达到4300亿立方米，年均增长率为5%；2030年，天然气需求量达到5190亿立方米，年均增长率为4%；2040年，天然气需求量达到6155亿立方米，年均增长率为1.7%，天然气消费量达到峰值状态。在未来很长一段时期之内，石油和天然气能源的消费需要仍将保持增长趋势，对油气企业来说，如何实现与新能源的协同一体化发展及找准今后在新能源体系中的目标定位和发展方向对其实现可持续发展尤为重要。

第四节　四川省石油产业发展状况

石油是世界上最重要的能源之一，对促进工业生产及推动国民经济发展起着十分重要的作用，在能源消费中也占据绝对性的主导地位，是不可或缺的战略资源[48]。石油作为全球能源消费的重要组成部分，对于实现"双碳"目标具有重要意义。绿色，正逐步成为我国石油产业高质量发展的鲜明底色。作为能源消耗大户的石油行业，在"双碳"这一背景之下需要重新审视自身今后的发展战略。针对我国提出的"双碳"目标，首先应该大力发展新能源以减缓石油产业对环境的不良影响，降低石油能源的开发与利用，进而减少温室气体排放量；其次要积极推动石油产业向绿色低碳转型，在石油行业内部的开采、运输、储备、加工等各环节，推进更为环保的技术及设备，深入贯彻生态文明思想，积极践行"双碳"承诺，为"双碳"目标的顺利实施保驾护航。尽管我国石油行业在未来会面临诸多问题，但是我国的石油供给量还是远远不能满足我国的需求，在未来很长一段时间内石油产业依旧是我国的能源支柱并起重要的支撑作用，因此需要进一步探索石油行业绿色低碳转型发展的新型道路，找到同时满足我国能源安全供应与煤炭产量缩减的最优解，这需要进一步加大石油勘探开发利用的资金投入力度，改善石油行业产品的生产方式，提升石油能源的开采利用效率，确保我国能源安全供应[50]。

一、石油产业发展现状

（一）石油产业政策环境

石油是日常生活中不可或缺的一种资源，要想实现石油相关企业的可持续发展和获得更大的社会价值，就必须推动石油产业绿色低碳转型。立足落实"双碳"目标的具体实践，在"双碳"目标的大背景下，为石油行业明确了推行碳达峰、碳中和目标的工作重点和实施方向，对石油或其他能源相关企业具有极强的指导性和针对性。为此，四川省相关部门相继推出台碳达峰、碳中和相关政策文件，不断创新完善相关政策制度，努力抓好政策落实，积极主动支持并推动"双碳"目标，为顺利实施"双碳"目标保驾护航。首先就是加大财政资金的支持力度，强化四川省资金保障，创新资金支持方式，统筹安排产业发展专项等各类资金，积极把几十家重点企业打造成全国著名的行业龙头企业，建造影响力深远的绿色低碳产业群；其次是制定税收调节政策，对符合税收优惠政策要求的企业进行税费减免，以此来鼓励支持相关石油企业进行资源的有效利用和清洁生产，提

升四川省资源利用效率，减少碳排放造成的环境污染，持续推动绿色低碳发展，进一步提高环境质量；第三是推动建立市场化多元化资金投入机制，例如大力发展绿色债券、绿色保险等各类金融工具，支持重点方向和领域的未来发展；最后就是要加强各部门的协调配合，调动各部门和各成员的工作积极性，强化各个部门的责任担当，建立健全工作机制，在保障石油安全供应的基础上为加快实现碳达峰、碳中和目标提供强有力的政策支持与保障。

（二）石油资源禀赋

四川省位于我国西南部，水能、天然气、风能、太阳能和生物质能等能源资源禀赋优越，是我国重要的能源基地。但是，与我国其他地区相比，四川省的石油资源储量并不富裕，属于是非常稀缺的能源资源。根据四川省发改委能源局数据显示，截至2022年底，全省探明石油储量7461万吨，仅占全国探明石油储量的0.18%。受石油资源储量的影响，四川省石油产量历年来都处于较低水平，远不能满足全省工业、交通运输、建筑、农业等领域的石油需求，故全省石油消费主要依赖于国外进口及其他省份的输入。虽然在实现"双碳"目标的路上，清洁能源和可再生能源逐渐成为主流选择，需要减少对煤炭和石油等传统化石燃料的依赖，但在能源过渡期间，石油仍然是确保能源安全、维护经济稳定及保障工业生产正常运行不可或缺的能源之一，故短期内四川省仍需保障油品供应。

（三）石油生产状况

我国石油资源相对来说较为匮乏，根据国家统计局发布数据可知，2022年我国原油产量为2.05亿吨，实现稳步增长。四川省规模以上工业企业原油总产量为11.9万吨，较2021年的9.2万吨增长17.7%，在当年全国石油产量排名中位于第20名，产量最多的省份为天津市，拥有中国最大的海上油田。近年来，四川省持续加大石油能源的开发利用力度，并且在未来这种开发力度也会呈现持续增长态势，作为我国重要石油汇聚地的四川的重要性也就不言而喻。除此之外，随着石油储备基础设施的不断更新完善，石油储备体系也得到更加强有力的保障。通过在未来加强与国内外石油重点企业的合作，打造更多的油气勘探项目，切实提高四川省石油产业的国际化程度。

（四）石油产业市场状况

随着全球对气候变化和环境保护的关注度日渐提高，各国纷纷制定"双碳"目标，加大对可再生能源的发展和利用，在能源绿色转型的过程中，石油能源依旧扮演着重要的角色。首先是石油消费方面，我国一直是全球第二大石油消费国，国内原油市场也一直处于供不应求的局面，除此之外，复杂的国际形势也在一定程度上加重了这一局面。石油消费量达峰也是四川省向碳达峰、碳中和目标靠近的一个重要方向和落脚，2021年四川省石油消费量为2660.1万吨，大部分是依靠外省（区、市）调入。其次，四川的石油市场主要集中在几个重要的城市和地区，成都是四川省的省会，也是全省石油市场的核心地区，拥有完善的石油产业链，包括石油勘探、炼油及石油化工等环节。此外，乐山、南充、内江等地也是四川省石油市场的几个重要组成部分，这些地区依托丰富的油气资源和先进的石油加工技术，促进了当地石油能源的发展。

然而，尽管石油在四川省的能源结构中占据重要地位，但对于石油资源的依赖也带来了一些挑战。首先，"双碳"目标下的能源绿色转型要求降低对于传统化石能源的依赖，因此四川省在石油市场发展中应积极探索石油替代品的使用，如液化天然气、生物燃料等，以此来降低对于石油能源的需求。其次，加强石油能源的环保治理也是亟待解决的问题，减少石油开采过程中的污染、改善石油炼制和石油化工过程中的废气排放问题，是四川省在石油能源领域亟待解决的挑战。为了应对这些挑战，四川省应加大可再生能源的发展和利用，例如太阳能、风能等可再生能源在四川未来能源转型过程中具有广阔的发展潜力，因此其可以成为石油能源转型过

程中的替代品。四川省可以鼓励和支持可再生能源项目的建设，提供相关的政策扶持和技术支持，推动可再生能源的健康快速发展。此外，四川省还可以加强与其他地区及国家的能源合作，引进先进的石油技术和相关设备，有效改善石油勘探、炼制和加工过程中的效率和质量，降低石油能源开发利用成本。在未来，四川也将不断完善石油储备基础设施，并且有了中国石油、中国石化等大型企业的加持，也能够进一步保障石油能源的有序输出。

二、石油产业发展机遇与挑战

我国已经明确提出"双碳"目标，即力争在2030年以前实现碳达峰，2060年以前实现碳中和，实现碳达峰、碳中和是一场广泛而深刻的经济社会系统性变革，因此，石油产业也正面临着前所未有的发展机遇及巨大挑战。

首先是"双碳"目标下石油产业所要面临的挑战。一是低碳要求。石油产业的绿色低碳转型要求企业通过降低碳排放量、提高能源利用效率等各类途径实现碳排放水平的降低。而这也对石油企业提出了更高的要求，即需要企业加大技术研发投入力度，积极推广绿色低碳技术。二是市场竞争。"双碳"目标的实施使得石油产业面临的市场竞争将会更加激烈，因此要想实现未来可持续发展，石油企业就需要不断降本增效，才能在如此激烈的市场中立于不败之地。三是生态环境的影响。石油开采和加工过程中会产生大量废气、废水，这无疑会对我国生态环境造成严重影响，而要实现"双碳"目标就必须要求企业重视生态环境保护，并且积极主动采取相应措施降低对于环境的污染程度，促进绿色环保发展。四是人才短缺问题。由于技术创新的迫切性，石油产业对于技术人才和管理人才的需求性较高，而当前我国石油企业的人才培养体系及人才管理制度仍面临一定的问题，难以满足石油企业发展的需要。

"双碳"目标在给石油产业带来巨大挑战的同时也带来了新的历史性机遇。为了实现碳排放量减少的目标，石油企业需要抓住机遇，采取相应行动来应对这些随之而来的挑战[56]。一是政策支持。"双碳"目标的提出，为石油产业提供了明确的指引方向，在碳排放权市场的逐步建立下，石油企业可以通过降低碳排放量获得利润。此外，政府还将在能源消费侧通过大力推动清洁能源、提升石油能源开采利用效率等积极措施，有效推动石油产业转型升级。二是市场需求。伴随着全球对能源需求的持续增长态势，石油行业的市场仍然具备广阔的发展前景，尤其是在新能源汽车和电力领域，石油将作为其重要的能源来源，因此针对石油的市场需求也会进一步增长。三是技术创新。面对"双碳"目标，石油企业需要加大技术创新的投入，推动油品升级和清洁燃料生产。例如利用人工智能及大数据等先进技术手段提高石油开采效率，降低石油生产过程中的碳排放，降低对于环境的污染程度。四是国家化布局。石油是一项全球性的资源产业，"双碳"目标的实现将有效推动石油企业在未来发展中越发重视国家化布局带来的积极影响，通过拓展海外市场、加强国际合作，石油企业可以实现产业结构化，有效提高自身企业全球竞争力[48]。除此之外，随着国家石油天然气管网建设的不断推进，四川石油也将在未来更广阔的市场空间中获取更好的效益，发挥更大的作用，创造最大的价值。

三、未来发展前景

首先，石油能源在四川省的能源结构中扮演着重要的角色。作为传统的化石能源之一，石油在交通运输、工业及家庭用能等方面有着极其广泛的应用。然而，石油能源的使用不可避免地导致了大量的二氧化碳排放，为全球气候变化带来了重大压力。因此，要想实现"双碳"目标，减少对于石油能源的依赖是关键。其次，"双碳"目标要求能源转型，减少温室气体的排放，提高能源利用效率。在四川省，实现"双碳"目标意味着要

减少石油能源的使用量,尤其是高碳含量的传统石油。

"双碳"目标的实现为石油产业提供了前所未有的发展机遇。面对未知的挑战,石油企业应该积极采取对应措施应对挑战带来的各类变化,加大科技研发投入,推动产业转型升级,实现可持续高质量发展,在政府的政策支持及社会各界的关注下共同推动我国石油产业实现绿色低碳发展。在"双碳"目标的不断实施过程中,传统石油资源将逐渐面临淘汰的命运,新能源、清洁能源等替代品将继而被开发出来,加快石油能源转型与技术革新是必然趋势。作为能源消耗大户的石油企业,在当前背景下需要重新审视并制定出一套新的适合自身未来发展的战略,进而重新展开战略布局。随着我国石油需求的持续增长,在未来四川石油产业或将迎来更多的发展机会,因此在未来的发展中具备极大的潜力。在世界能源变革潮流和大产业发展态势之下,石油行业只有积极应对随即出现的挑战,对国内乃至国际的碳达峰、碳中和发展态势进行精准和深入研判,寻找"双碳"背景下的转型和变革,才能最终实现高质量高效益的发展。

第五节 四川省水电产业发展状况

电力是经济社会发展的基础能源,是现代工业的基础原料,也是能源产业的重要组成部分。我国电力行业长期以煤电为主,在国家"双碳"目标背景下,电力结构和格局发生了巨大变化,因此电力行业的绿色低碳转型已成为国家实现"双碳"重要战略目标的重要举措。水电和风电都是可再生的清洁能源,环境效益良好,当前中国已形成以火力发电为主,水电、风电、太阳能及核能发电共同发展的格局。四川省是我国重要的能源基地,水电资源丰富,水电装机容量均位于全国的第一位。除此之外,四川省作为"西电东送""北电南送"的主要源头,是我国水电资源最富集的省份之一。2019年，四川省全社会发电量达到3.05万亿千瓦·时，占全国全社会用电量的15%左右。截至2020年底，全省已建成并投产的水电站共计381座。

能源结构优化是实现"双碳"目标的重要途径。随着我国经济社会的持续快速发展，能源消费量持续增长，导致能源生产和消费活动中二氧化碳排放强度不断增加，资源环境约束日益趋紧，能源结构调整和产业绿色转型升级迫在眉睫。水电作为一种可再生能源，是一种清洁高效的能源，在实现"双碳"目标过程中起着极其重要的作用。水电可以将当地丰沛的水资源转化为清洁能源，进一步提升发电效率。2022年12月1日，四川省人民政府印发的《四川省电源电网发展规划（2022—2025年）》提出，要强化水力发电主体支撑地位，推进以金沙江、雅砻江、大渡河"三江"为重点的水电开发，到2025年，建成省调机组季以上调节能力水库电站达40座、装机容量2392万千瓦，全省水电装机容量达到10600万千瓦，年均增长4.3%，占到全省电力装机总量的77.8%。可以预见，随着此发展规划的全面实施，四川省的水电资源将会得到进一步的开发与利用，从而进一步发挥水电在实现"双碳"目标中的重要作用，提升水电在能源领域的战略地位。

一、水电产业发展现状

（一）水电产业政策环境

四川省水电产业的未来发展将在推动"双碳"目标实现的进程中发挥巨大作用。习近平总书记在四川考察时再度强调，要科学规划交涉新型能源体系，促进水风光氢天然气等多能互补发展，这为新时代能源绿色低碳转型升级和推动能源体系高质量发展指明了未来前进方向和根本遵循。近年来，四川省政府相继出台《四川省能源发展"十四五"规划实施方案》等一系列政策文件，明确提出要加快推动水电产业的科学有序发展，统筹

发挥水电站在防洪、蓄水保供等方面的综合作用。2020年12月,国家发展改革委发布《关于加快推进水电消纳产业示范区建设的通知》,其中提到"到2025年,建成10个左右水电产业消纳产业示范区"的目标。作为我国西电东送、北电南送战略通道的重要组成部分和四川电力能源供应的重要支撑,四川省水电产业已经步入高质量发展的新阶段。四川省政府强调,大力提高电力系统综合调节能力,加快灵活调节电源建设,引导电力用户参与虚拟发电厂,实现峰谷转换,大力推进智能电网建设,保障电网安全。四川省"十四五"能源发展规划中提出,统筹推进电源建设,提高配电网智能化水平。当前,四川省水电资源开发利用还不够充分,水电产业仍然面临大量的技术及资金问题。但是,在四川省政策的大力支持下,四川省水电产业将取得更好的发展。

(二)水电资源禀赋

四川省是我国水电大省,水电资源十分丰富,但存在时空分布不均的特点。四川地处长江上游,境内共有大小河流约1400条,湖泊1000余个,冰川约200余条,大部分河流分布在长江北岸,除丰富的地表水之外,还有大量的地下水资源可供开采使用,这些河流为四川省提供了丰富的水力资源,为水电能源的发展奠定了坚实的基础。四川省水资源总量共计约3489.7亿立方米,水电资源技术可开发量约1.48亿千瓦,占全国总量的21.2%,是我国西电东送项目的重要输出端。2021年四川省平均降水量为1004.94毫米,折合降水总量为4884.24亿立方米,相较2020年减少50.35毫米。2022年由于夏季高温天气的影响,平均降水量为844.7毫米,较以往年份下降12%。其中大型水电站主要分布在雅砻江、金沙江、大渡河、嘉陵江等流域。

四川省水电资源的分布具有以下几个特征。第一,金沙江是四川省最重要的水电资源基地之一,被誉为"天然的电厂",金沙江发源于青藏高原,横贯四川省境内。沿河地区有许多大型水电站,如白鹤滩水电站、向家坝水电站、乌东德水电站、瀑布沟水电站等，这些水电站的建设有效促进了当地社会经济的发展。值得一提的是，随着技术的不断创新和进步及水电工程的不断创新，金沙江上建设的水电站的发电能力也在不断增强，水电资源的利用效率得到进一步提升。第二，四川省的水电资源在全省各个地区均有分布，但分布极不均衡。除了金沙江水电站之外，四川省还有其他重要的水电站，如三峡水电站、雅砻江水电站、康定水电站、二滩水电站等，这些水电站分布在四川境内的不同河流周围，为所在地提供了稳定的电力供给，推动当地社会经济的迅速发展。第三，四川省水电资源还具有季节性的分布特征，极易受气候条件和水文条件的影响，因此四川省水电资源的产量在不同季节可能存在较大的差异。具体而言，在雨季和融雪期，河流水位上涨，水电产能相对较高；而在旱季和冬季，河流水位下降，水电产能相对而言也就较低。为了避免出现这种问题，四川省采取了一系列措施如引流灌溉工程、坝式发电基地建设等，以应对水电资源供应因季节性因素而产生的波动。总体而言，四川省的水电产业在未来的发展中仍表现出巨大的发展潜力和发展优势，借助此得天独厚的水力资源，四川省的水电产业将迎来更广阔的发展前景。

（三）水电生产状况

四川省的发电结构严重依赖水电，2021年四川省电力生产量为4182.3亿千瓦·时，其中水力发电量为3531.4亿千瓦·时，年末水力发电装机容量达8947万千瓦。2022年四川省电力总生产量达到4530.3亿千瓦·时，增速十分明显，总发电量中百分之八十以上依靠水力发电。从数据上来看，四川省的水能实力也是不容小觑。电力消费方面，2021年四川省全社会用电量达到3274.81亿千瓦·时，相比2020年增长14.3%。2022年夏天四川省用电量猛增，创下单月售电量最高纪录。2022年四川省全社会用电量为3447亿千瓦·时，位于西部地区第一位。2021年四川省发电总量达4530.33亿千瓦·时，发电总量位于全国第六位，占比5.58%。四川也

"双碳"目标与四川省能源绿色发展

是西电东送项目的重要输出大省,根据数据统计,截至2021年四川省已累计向外省输送水电达1.35亿千瓦·时,具备庞大的外送规模。但四川省存在发电体系不完备的问题,其中水力发电占比过高,且极其容易受高温天气的影响导致发电量不足,因此要进一步推动风电、核电行业的快速发展。根据《四川省"十四五"能源发展规划》,到2025年,全省水电装机容量将达到4200万千瓦以上,年新增水电装机容量达到800万千瓦以上。预计到2025年底,四川省水电总装机容量将达到4850万千瓦左右。

(四)水电产业市场状况

2022年,"双碳"目标的实施对于我国能源产业带来了新的挑战和机遇。四川省的水电产业市场在"双碳"目标下也面临一系列的调整和转型。首先,"双碳"目标的提出要求大力减少碳排放并且积极推动绿色低碳发展。在这一大背景之下,四川省的水电产业或将发挥出更加重要的作用。水电作为一种清洁能源,相较于传统的燃煤发电能够在很大程度上降低对于大气环境的污染,因此被视为实现低碳经济的重要手段之一。大量的河流和湖泊资源为四川省提供了得天独厚的水力资源,十分有利于水电产业的发展。"双碳"目标要求增加清洁能源在能源结构中的占比,四川省的电力结构也会随之发生一定调整,传统的燃煤发电将逐渐被替代,可再生能源的比例将会增加。在这一转型过程中,水电作为最主要的可再生能源之一,将扮演着非常重要的角色,预计在未来将会有更多的水电发电项目得以实施,水电在整个能源结构中的比重将大幅度提升。

截至2021年底,四川水力发电装机容量达8947万千瓦,水力发电总量达3531.4亿千瓦·时,均位居全国第一。在基础设施建设方面,据《四川省电源电网发展规划(2022—2025)》,到2025年,省内将基本建成具备较强抗风险能力的新型电力系统,除此之外,还要新增投产气电装机容量850万千瓦以上,保障电力的持续供应,进一步提升电力服务的水平,优化电源结构,健全电网管理机制,提供充足可靠的电力支持。

在"双碳"目标的推动之下，预计四川省水电产业未来的发展趋势主要体现在以下几个方面：一是水电装机规模将持续处于增长状态；二是清洁能源在我省的能源占比将逐步提高；三是四川省新能源产业将迎来快速发展，市场前景广阔。随着"双碳"目标的推进，水电产业也将面临更多的技术创新需求，提升水电发电效率，优化水电站的运营管理，开发新型水电发电技术都将成为水电行业未来的重点发展方向。除此之外，"双碳"目标的实施也将为水电产业市场带来更多的融资机会和贷款支持，绿色金融政策和支持措施的加强将为水电项目未来的运行和发展提供强有力的保障，这将有助于弥补水电项目建设和扩容所需的巨额资金需求，为水电产业的持续发展注入新的活力。然而，要实现水电产业的绿色发展并不是一帆风顺的，在建设水电相关项目的同时也要加强对于生态环境的保护，由于水电项目建设有可能对当地生态环境造成一定影响，在未来的水电项目规划、设计、实施和运营中，必须首先考虑这一影响程度，严格遵循环境要求，在确保生态环境可持续的基础之上进行项目的后续工作。

二、水电产业发展机遇与挑战

水电是四川省能源结构中的重要组成部分，对促进全省能源转型，实现"双碳"目标具有重要意义。要实现碳达峰、碳中和目标，就需要进行能源结构调整和能源技术革命，而其中最关键和最核心的一个环节就是对化石能源的逐步替代[57]。当前，我国可再生能源发电技术已经取得了较大进展，水电作为可再生能源发电技术中最具代表性和最成熟的技术之一，在清洁低碳、安全高效方面具有无可比拟的优势。"十四五"期间，四川省水电产业迎来"大基地、大电网、大开发"的发展要求，但同时也面临传统水电和清洁能源发展不均衡、电网安全稳定运行和水电消纳压力增大等问题。随着我国新一轮电力体制改革的持续推进，市场竞争中电网企业在发电侧与售电侧之间的矛盾将进一步加剧，通过市场化手段解决因送出

困难而导致的"弃水"问题势在必行。同时，随着新能源发电装机占比的逐步提升，加上水电装机建设周期长、投资力度大等特点，对项目建设的资金要求及投资回报周期提出了更高的要求。因此，加快推进水电基地的建设和清洁能源的开发是实现碳达峰、碳中和的必要措施。

"双碳"目标下，未来一段时期，四川省水电产业将面临新一轮的发展机遇。首先，"双碳"目标将倒逼传统能源行业转型升级，推动传统能源向清洁能源、非化石能源转型。其次，新一轮科技革命和产业变革为能源高质量发展带来了新机遇，以清洁低碳、安全高效为特征的新型电力系统建设将为四川省水电产业未来的发展提供重要契机。最后，四川省作为西部大开发战略的核心区域，是国家"一带一路"倡议的重要节点和西部海陆新通道建设的关键区域。随着西部大开发战略的深入推进和国家"一带一路"倡议的不断推进，四川省在西部地区能源安全保障方面将发挥重要作用。国家"双碳"目标的提出，为四川省水电产业发展带来了新的机遇，同时也带来了新的挑战。一方面，水电产业具有明显的碳排放特征，面临更加严格的环境约束；另一方面，四川省水电资源禀赋优势明显，但其开发利用程度仍然有很大提升空间，当前水电产业并未充分发挥出最大价值，需要进一步优化调整和不断探索。

三、未来发展前景

水电产业是四川省能源产业的重要组成部分，是全省实现"双碳"目标的重要支撑。近年来，四川省水电产业发展速度迅猛，但与此同时也存在着资源利用不充分、利用效率低下、水电产业结构不合理等问题。在未来很长一段时间内，四川省将聚焦自身水电产业优势，在金沙江、雅砻江、大渡河、澜沧江等流域重点建成多个千万千瓦级综合能源基地。同时，省内各级政府将加强政策引导和统筹规划，鼓励、支持和引导更多的省内企业参与到大中型水电项目工程的建设中去，通过"走出去"的方式建设水电站。除此之外，四川省将继续加大投资力度以促进"互联网+"、大数据、云计算等新型信息化技术在水电产业中的应用。随着技术的不断进步及经济社会的持续发展，四川省水电产业未来也将迎来更好的发展。在加快推动四川省水电产业高质量发展的同时，也为我国其余省份未来的能源发展转型提供可以借鉴的经验。

在制定四川省水电产业高质量发展对策时，应统筹考虑四川省水电资源禀赋、技术、政策及相关体制机制等方面的现实基础。四川省水电资源禀赋条件较好，已建成的水电站规模居于全国前列，开发利用水平较高。虽然四川省水电产业在发展中还存在一些问题，但其在国家未来能源转型过程中仍然具有不可替代的地位和作用。目前，四川省已经制定了水电"十四五"规划，提出要以"清洁低碳、安全高效"为目标，加快推进水电开发由"资源端"向"生产端"转型升级。下一步，应继续以"双碳"目标为指引，深入分析四川省水电禀赋特征和水电产业发展现状，针对当前存在的各类问题，系统研究解决水电产业高质量发展的核心问题。

第六节 四川省太阳能和风能产业发展状况

能源安全保障和稳定供应事关国计民生，是不可忽视的"国之大者"。近年来，全球能源消耗和气候变化等环境问题日益突出，推动可再生能源的发展和实现"双碳"目标已经成为各国共同的追求。"双碳"目标不仅展现了中国的负责任大国形象，而且也符合中国现阶段高质量发展的内在需要。受"双碳"目标的影响，太阳能和风能产业成为四川省能源转型的重要组成部分。四川省蕴藏煤炭、天然气、水能等丰富的能源资源，除此之外，四川还拥有一定的太阳能资源、风能资源等清洁能源，在可再生能源方面也存在很大的发展空间。四川省的地理环境比较复杂多样，拥有广

阔的山地和高原地区，因此适宜进行太阳能、风能等可再生能源的开发利用。

太阳能、风能等可再生能源与"双碳"目标的关系可以概括为以下几点。一是降低二氧化碳的排放量。可再生能源是清洁能源的代表，其利用过程中不会产生二氧化碳等温室气体，可以有效减少化石能源的利用，从而在一定程度上降低二氧化碳的排放量，为实现"双碳"目标奠定坚实的基础。二是实现能源结构转型。大力发展可再生能源能够改变传统能源结构，从而减少对于化石能源的依赖，提高能源供给的多样性和持续性。太阳能和风能等可再生能源具有分散性和分布广泛性的特点，能够有效避免集中供能所带来的安全隐患。三是推动经济可持续发展。发展可再生能源产业能够带动就业增长，有效提高经济发展质量。在四川省，太阳能、风能等可再生能源的利用开发同时也会吸引大量投资，带动相关产业链的发展，从而推动区域经济持续增长。四是加强能源安全保障。发展可再生能源降低了对进口能源的依赖，提高了能源的自给自足性。

一、太阳能和风能产业发展现状

（一）太阳能和风能产业政策环境

气候变化是全人类面临的共同挑战。从人类发展史来看，每一次重大自然灾害的发生都是对人类生存环境的重大破坏，这也是人类文明进步的代价。面对气候问题带来的一系列挑战，各国必须携手合作、共同应对。作为我国西南地区的能源基地之一，四川省积极贯彻落实国家关于推进可再生能源高质量发展的政策措施，深入推进能源绿色低碳转型发展。建设新型能源体系是一个复杂且有难度的系统性工程，不可能一蹴而就，需要综合考虑能源生产、能源消费、能源技术和能源管理等多类因素，既要科学规划未来全省能源绿色低碳之路，也要统筹协调推进传统能源与新能源融合发展。

四川省地处亚热带和中亚热带气候区域，具备充足的太阳能资源和丰富的风能资源。太阳能资源主要体现在阳光充足、辐射强度稳定等方面，而风能资源主要体现在四川省地形复杂、山地和盆地交错等地理特点。这些特点为四川省发展太阳能和风能资源提供了良好且有利的自然条件。2021年5月，四川省财政厅印发《关于下达可再生能源电价附加补助资金的通知》，明确了可再生能源电价附加补助资金主要是用于支持可再生能源发电项目的建设及未来发展，其中规定，对年可再生能源发电量超过100万千瓦的水电项目，每千瓦·时电补助0.2元；对年可再生能源发电量在10万千瓦以下的光伏、风电项目，每千瓦·时电补助0.1元。2021年6月13日，《四川省"十四五"光伏、风电资源开发若干指导意见》提出，"到2025年底将建成光伏、风电发电装机容量各1000万千瓦以上"。2023年1月5日，四川省发展和改革委员会和四川省能源局印发《四川省能源领域碳达峰实施方案》，明确提出"到2025年，水电、风电、太阳能发电总装机容量将达到1.38亿千瓦以上，清洁能源装机占比达到89%左右"。

（二）太阳能和风能资源禀赋

　　作为西南地区的经济发展大省，四川省具备丰富的太阳能和风能资源，通过发展利用可再生资源，不仅能够满足当地能源需求，还能为实现"双碳"目标作出积极贡献。据测算，全省太阳能资源理论蕴藏量每平方米约为466克标准煤，按照这一数据，是属于国内太阳能资源一类及二类地区，具有较为广阔的发展前景。四川太阳能资源分布极不平衡，主要集中在西部地区，以甘孜州、阿坝州、凉山州和攀枝花市这几个地方最为丰富。就风能资源而言，目前四川省的风能资源分布也比较不均衡且主要集中分布在东北部和西部地区，位于川东北地区的风能资源充足，适宜风能项目的开发利用及风机的建设布局，该地区的都江堰、彭州等地已经建设完成了多个风电场，总装机容量占据四川省总风电装机容量的三分之二。位于四川盆地的风能资源发电资源较弱，年平均风速较低，因此该地

区的风电装机容量也就相对较小。而川西藏南地区风能资源比较丰富，但由于其地势复杂及天气恶劣的原因开发较为困难，该地的装机容量目前比较少。随着环保关注度和可持续发展区域的不断扩大，四川省已经成为全国风电项目开发建设的重点区域之一，未来几年，在"双碳"目标的推动下，四川省风电相关项目的建设将会进一步加快，新建规模以上的风电场数量将不断攀升，风电产业将迎来快速发展时期，并且逐渐在清洁能源领域不断取得新的突破与成长。同时，四川省还将加大对于风能发电相关项目的投资建设力度，积极促进风电与其他清洁能源先进技术的融合发展。

从传统能源向清洁能源的逐步转型升级、水电能源的不断开发利用、可再生能源的持续发展，再到解决面临的一系列挑战和问题，四川省正在努力推动能源结构的优化和转型升级，积极为实现"双碳"目标贡献出自己的力量。

（三）太阳能和风能能源生产状况

四川省拥有丰富的太阳能和风能资源。在过去的几年里，四川省太阳能和风能产量取得了显著的进展。首先，就太阳能发电而言，四川省技术可开发太阳能资源达到8500万千瓦，总量位居全国前列，其中超过七成以上的太阳能资源集中分布在阿坝州、甘孜州、凉山州和攀枝花市这几个地区。就统计数据显示，2019年四川省光伏发电量为19.7亿千瓦·时，2021年达到30亿千瓦·时，国家能源局发布的2021年光伏发电建设运行情况数据显示，截至2021年四川省累计光伏装机量195.9万千瓦，其中集中式光伏装机169.01万千瓦，分布式光伏装机26.9万千瓦。年底光伏装机量达到195.9万千瓦，四川省在太阳能发电领域已取得了比较长足的进展。目前四川省已经建造一大批光伏发电站，利用光伏技术将太阳能有效转化为电能。同时，四川省还在建设各类分布式光伏电站，鼓励居民或者企业利用自身的屋顶或用地进行光伏发电。其次，四川省在风能发电方面也有着可喜的成绩，风能发电是利用风能驱动风力发电机转动，从而产生电能的过程。由于四川地势比较独特，拥有一定的高海拔山区，风速相对较大，适宜发展风能发电。据数据显示，2019年四川省风力发电量为73.2亿千瓦·时，2021年全省风电装机总量达到527.3万千瓦，较2016年底增长3倍多，目前四川省已经建成了多个风电场，通过风力发电技术将风能转化为电能，这意味着四川省在风能发电方面也取得了显著的突破。此外，四川省还积极推广利用生物质能等其他可再生能源。

然而，尽管四川省在太阳能和风能等可再生能源领域已取得了一定的成绩，但仍然存在一些问题和挑战。首先，可再生能源发电的波动性和不稳定性仍然是一个亟待解决的问题。太阳能和风能的利用很大程度上受到气候等自然条件的限制，造成了能源供应的不稳定性。为了解决这一问题，四川省应进一步推进储能技术的研究及应用，将多余的电能储存起来并在需要时释放，从而提升能源利用效率，也可以保障能源供应的稳定性。其次，四川省在可再生能源发电的装机规模上仍然有很大的提升空间。虽然太阳能和风能发电量有所增长，但其与传统能源相比，仍然存在一定的差距。因此，四川省应进一步加大对于可再生能源项目的投资和建设力度，进一步扩大可再生能源在能源结构中的占比。除此之外，四川省还应加强技术改革和创新，通过引进先进的设备和技术，使可再生能源的发展实现进一步降本增效，推动其未来可持续发展。

（四）太阳能和风能产业市场状况

四川省以其得天独厚的气候条件和丰富的自然资源为太阳能和风能产业的发展提供了发展契机。首先，太阳能市场的发展取得了令人瞩目的成就。四川省的日照时间和光照强度都相对较高，适宜太阳能发电。2021年四川省太阳能发电总装机容量达到169万千瓦，截至2022年底，四川省光伏累计装机容量为198.2万千瓦。同时，政府采取的一系列鼓励支持政策如太阳能上网价格补贴、税收减免等也积极促进了太阳能资源的发展。四川省在太阳能发电领域还进行了创新探索，例如利用水面建设浮光伏发电站，也进一步提高了太阳能发电效率。其次，四川风能市场的发展也呈现出良好的态势。四川省的地形复杂多样，山脉众多，这也为风能产业的发展提供了很大的地理位置优势。2021年，全省风电装机总容量为527.3万千瓦。在风电技术方面，四川省积极引进和推广了国内外先进的风力发电设备和技术，切实提升了风能的利用效率。除此之外，政府还加大了对于风能企业的支持力度，鼓励企业参与投资兴建风电场，并为其提供了相应的政策扶持。

二、太阳能和风能产业发展机遇与挑战

近年来，"双碳"目标的提出为可再生能源的未来发展提供了巨大的机遇及挑战，作为能源转型的关键领域之一，四川省太阳能和风能等可再生能源在"双碳"目标下面临独特的机遇和挑战。首先，太阳能和风能等可再生能源的发展机遇不可忽视。四川省作为中国西部地区经济发展的重要引擎，拥有得天独厚的气候条件和丰富的自然资源。过去几年，四川省已经取得了显著的太阳能和风能装机容量的增长趋势，这也为可再生能源的开发奠定了良好的基础。其次，随着科技的不断进步和经验的进一步积累，太阳能和风能等可再生能源的成本持续降低，竞争力也进而提升。"双碳"目标的提出也将进一步激发政府和企业的积极性，从而加大对太阳能等可再生能源的投资和支持力度，促进可再生能源的大力发展。同时，可再生能源的发展也将带动相关产业链的发展，实现共同进步，创造出更多的就业机会和经济增长点。随着"双碳"目标的提出和可再生能源的重要性日益凸显，四川省太阳能和风能等可再生能源在未来的发展前景备受关注。

"双碳"目标下太阳能和风能等可再生能源的未来发展也面临一系列挑战和困难。首先是技术挑战，尽管太阳能和风能等可再生能源的技术相对而言已经比较成熟，但仍存在一定的问题，比如储能技术、发电效率和

设备可靠性等方面的挑战。要想解决这些挑战，就需要加大对技术研发和创新的投入，进而提高技术水平和产业竞争力[58]。其次是经济挑战，尽管可再生能源的成本在不断降低，但其与传统能源相比而言还存在较大的差距，因此政府和企业需要制定更加精准的产业政策，降低成本以提升可再生能源在市场中的竞争力。最后是政策挑战，"双碳"目标的实施需要完善的政策法规和长期的政策支持，政府需要加大对可再生能源的政策支持力度，制定更加明确和操作性更强的政策措施，为相关企业创造稳定和可持续的经营环境[59]。四川省在能源转型升级方面同时也还面临一些挑战。首先，四川省现有能源基础设施建设仍然不足，需要加大投资力度。其次，人才储备和技术创新方面亦需要进一步提升，以有效推动能源转型的实施。最后，能源转型是一个漫长的过程，在这一过程中，环境保护和生态修复也是极其重要的任务，要加强环境监管，确保能源开发利用的可持续性。

三、未来发展前景

作为中国西南地区的重要省份，四川省具备丰富的太阳能和风能等可再生能源，使其在实现"双碳"目标的过程中发挥可再生能源具备巨大的潜力。

首先，四川省拥有得天独厚的太阳能资源，该地区的阳光强度较大且日照时间普遍较长，因此太阳能资源的利用潜力是极大的，在未来可再生能源的发展中，四川省可以抓住这个不错的契机，加大对于太阳能发电项目的投资及建设。其次，四川省还具备比较丰富的风能资源，尤其是川西高原地区，地势较高且风速较大，适宜发展风能发电。因此，在未来发展中加大对风能项目的建设无疑也是一个不错的投资方向。除了技术手段创新之外，政策支持也是促进可再生能源未来发展不可或缺的关键性因素。综上所述，"双碳"目标下四川省太阳能和风能等可再生能源未来的发展

前景是非常广阔的,通过加大太阳能和风能相关项目的建设、创新技术研发、给予相关政策支持并加强宣传和教育,其发展潜力会逐渐全部开发出来。"双碳"目标作为当前国内重要的战略目标之一,未来四川省将大力推动布局可再生能源市场,将以清洁能源、光伏锂电等绿色经济产业作为发展主体,扩大绿色低碳产品发展,促进传统能源改造重复利用,重点关注社会节能环保项目,早日实现传统能源绿色低碳转型,确保碳中和、碳达峰目标的稳定实施。

第七节 四川省能源产业发展的 SWOT 分析

一、能源产业发展的优势(S)

(一)自然资源富裕,开发潜力巨大

四川省位于我国西南腹地、长江上游,面积为 48.6 万平方千米,占据了我国总面积的 5.1%,居全国第五位,自然资源十分丰富。

四川省煤炭种类齐全,从总量上来看并不丰富,居全国第 14 位,统计的查明煤炭储量仅仅约为我国总储量的 0.73%,但是资源潜力不小,在四川省煤田地质局开展的自然资源部"煤炭资源潜力评价"项目成果中,预测地下 2000 米以浅尚有煤炭资源量 259 亿吨,并且随着勘查程度提升,资源量可能还会有增加。

四川省天然气资源总量丰富,高达 7.1851 万亿立方米,约占全国天然气资源总量的 19%。主要分布在南部、中部、川东北及西北区域,而天然气储量达到上千亿立方米的大规模气田,大多是于近十余年间探明的,其中有龙王庙气藏组、新场气田、龙泉驿洛带气区、元坝气田、普光气田等。但仍然存在天然气资源尚未被全部发现的情况,因此全省天然气的开发使用率还需要进一步提升,发展的潜力还很大。

四川省水能资源理论蕴藏量高至 1.43 亿千瓦，占我国总量的 21.2%，仅仅低于西藏，其中技术可开发量 1.03 亿千瓦，占我国总量的 27.2%；经济可开发量 7611.2 万千瓦，占我国总量的 31.9%；都在我国排名第一，是我国规模最高的水电开发和西电东送基地。

四川省生物质总量丰富，开发潜力巨大，每年可以用来开发和利用的人畜粪便量为 3148.53 万吨、薪柴量为 1189.03 万吨、秸秆量为 4212.24 万吨、沼气量为 10 亿立方米左右。此外，风能、太阳能、地热能等清洁能源储量也较为丰富。按照太阳辐射量每平方米不低于 5000 兆焦，日照时数不低于 2000 小时的可利用土地（荒地、沙地及沙化、板结草地等闲置性土地）面积及每平方千米 3 万千瓦装机规模估算，四川省太阳能的理论可开发量约为 1.05 亿千瓦，其中实际可开发量高达 4300 万千瓦左右，考虑太阳能分布式并网光伏发电和热利用等，全省太阳能资源实际可开发总量折合成标煤超过 2100 万吨。根据全省现有测风塔观测资料和全球风能资源探测图，据统计风功率等级超过 2 级的省域面积为四川省总面积的 2% 左右，根据初步测算四川省范围内风能资源的理论开发量在 4850 万千瓦左右，其中实际可开发量超过 2000 万千瓦。中国地质调查局统计得出，四川省的地热资源十分丰富，可以进行开发利用的储量在我国排名第三位，其中位于龙泉山和华蓥山之间的盆地区域，地热资源相对比较聚集，热水储量大于 13.9 万亿立方米，热能折合成标煤可达到 470 亿吨；而川西高原区域的炉霍—康定地热带、德格—巴塘—乡城地热带、甘孜—理塘地热带有着丰富的中高温地热资源，进行地热发电的潜力比较大，仅康定地区的潜力就可以高达 150 兆瓦以上。

（二）能源企业众多，发展动力十足

长期以来，四川省充分挖掘自身自然资源潜力，以富足的矿产资源和较为完善的锂材料生产产业链为基础，以各级政府相关法规政策为支撑，吸引了一批从事能源生产、汽车生产、动力电池及储能系统研发等产业的优质公

司到四川省落地发展,公司数量呈现出飞速上涨的势头。从天眼查的数量来看,截至2022年,在四川注册的企业状态为在业、存续、迁入、迁出的能源相关企业数量高达8万余家。另外,随着低碳工作的稳步推进,四川省不仅大力进行天然气、水电等清洁能源的勘探开发与利用,也对光伏、生物质能、氢能、页岩气、风能、地热能等新能源进行大力开发利用,均得到飞速发展,根据天眼查的数据来看,在四川省注册的企业状态为在业、存续、迁入、迁出的新能源相关企业数量有近6万家,其中2019年间四川省新能源相关企业的注册增速近30%,在政府政策法规的不断发力下,2020年间增速增加至50%左右。此外,世界排名前10位的晶硅光伏公司目前已经有5个通过直接或参股方式在四川省乐山市落户,已形成11.3万吨硅料、32吉瓦拉棒切方、10吉瓦切片生产能力,全省发电设备的产量已经连续多年排世界首位,并且目前在大力建设我国规模最大的动力电池基地。

(三)能源供给多样,用能空间巨大

四川省长期致力于构建一个多元化清洁能源供应体系,并在政府陆续出台发布的各项政策法规的大力加持下,大力发掘新能源可开发利用的潜力,多类新能源实现了从无到有的历史性突破。根据四川省统计的历年数据来看,从2014年开始,四川省先后多了风能、煤层气、生物柴油、生物质能、太阳能、页岩气、垃圾等七种新能源,完成了四川省能源从传统化石能源供给到新能源供给的变革转型,为四川省较高的用能需求给予了强有力支撑。

四川省用能空间巨大,主要表现在以下几个方面。一是全省经济实力持续壮大。2018年四川省的GDP第一次达到4万余亿元,并在2021年跨入5万亿元的历史性新台阶,GDP高达53850.8亿元,多年来常居我国经济总量排名的第6位,2017—2021年间GDP年均增长7.1%,增速比全国(6.0%)高1.1个百分点。二是常住人口总量逐渐提高。2021年,全省统计的常住人口数量为8372万人,同2020年末相比多了1万人。其中,在

城镇居住的人口数量为4840.7万人，在乡村居住的人口数量为3531.3万人。常住人口城镇化率增长到了57.8%，同2020年末相比较增加了1.1个百分点。年末全省户籍所在地在川的人口数量为9094.5万人，同2020年末相比较多了12.9万人。三是交通运输行业发展迅猛。统计数据显示，到2021年末，四川省民用汽车拥有量为1382万辆，同2020年末相比增加了7个百分点。其中私家车数量为1218万辆，增加了6.8个百分点，且在2021年末高速公路的建成里程达8608千米。未来在充分考虑经济中高速增长促进能源需求稳步提升、城乡一体化发展促进农村用能潜力有效释放、交通运输行业发展促进能源供给多样化等综合因素后，四川省能源需求仍将保持刚性增长，在未来市场开拓中具有后发优势。

（四）人才资源丰富，智力支撑强劲

近年来，四川省拟定发布了一系列政策措施，大力实施人才强省战略，持续强化创新发展人才培养，得到了各职能部门及全社会的积极响应，知识能力建设不断推进。根据第四次经济普查最新数据分析可知，从专科及以上学历人员数上看，全省五大现代产业专科及以上学历人员数为58.8万人，其中能源化工业专科及以上学历人员数为5.4万人，占五大产业单位专科及以上学历人员总数的比重为9.1%。另外，截至2021年末全省普通高校数量共计134所；普通本（专）科招生人数为60.4万人，同2020年相比增加了2.4个百分点；在校生人数为192.1万人，同2020年相比增加了6.7个百分点；毕业生人数为45.2万人，同2020年相比增加了4.3个百分点；研究生培养单位共计36个，总共招收了研究生5.1万人，在校生人数为14.7万人，毕业生人数为3.6万人。

二、能源产业发展的劣势（W）

（一）配套机制不健全，有待继续完善

在电力体制改革和油气体制改革下，四川省作为水电大省、天然气大

省、清洁能源示范省，继续不断完善健全能源市场体系，立足能源产品的市场属性，发挥市场对资源的基础性调节作用，推进能源价格市场化，建立多元化发展的市场主体，逐步完善市场化交易规则、准入制度的建设，培育完善、规范运营的能源市场交易机构，加快和完善能源市场交易机制，促进市场主体多元化竞争。但是能源涉及面广，种类繁多，四川省在能源方面的政策没有形成一个系统性的框架，统一管理，统一协调不足，容易出现多头管理的乱象。而对于一个成熟的产业领域来讲，应当从规划、投资、建造等方面出发，形成一套完整的管理制度。当前，四川省的能源产业发展涉及市场监督管理、科技服务、国土资源、发改委、财政、环保、税务、经信委等多个政府职能部门的多方面，各行业之间、各部门之间的管理还未形成统一的协调制度，使得四川省对能源产业发展的扶持工作没有得到理想成效，现在已经发布并在实施的部分政策缺乏协调、衔接、实施反馈及后续效果评价，特别是在财税、金融等方面政策的扶持力度还显得尤为不够。另外，四川省尚未建立天然气储备、电力调峰成本补偿及相应价格机制，能源储备能力提升面临较大困难。

（二）新能源起步较晚，缺乏显著竞争优势

四川省新能源产业起步较晚，但是经过多年努力在新能源开发利用方面已取得了丰硕成果，但是竞争优势还不够突出。目前全省新能源资源分布远离负荷中心，并不断向偏远、复杂、艰苦地区延伸，受施工条件、设备运输、材料采购及土地征用等各方面因素限制，导致新能源资源开发成本仍然普遍较高。相比内陆其他地区，风电单位千瓦开发成本高20%以上；太阳能发电（不包含"光伏""领跑者"基地）单位千瓦开发成本高约25%，在现有市场条件和行业政策下，考虑竞争性配置、丰水期平价上网、补贴政策退坡等因素，项目收益率普遍追近企业投资红线，企业投资积极性不高，新能源开发竞争优势不再明显，面临降低发电成本、优化发展规模、提高运行质量等严峻挑战。另外，随着全省新能源开发的不断深入，面临的技术瓶颈也不断凸显。全省风电开发已经步入规模化发展，开发重点也逐步转向超高海拔、低风速区域，分步式风电也刚刚起步，对风电机组产品技术、精细化全阶段设计、整体智慧运营方案等方面都提出了更高的要求，现有技术仍存在一定差距。太阳能发电发展迅速，"光伏+"综合开发利用需求不断增加，但存在发电系统整体效率不高、电能质量较差等诸多问题。

（三）高端人才仍欠缺，核心技术相对落后

四川省拥有丰富的人才资源，有非常巨大的潜力和活力，但是能源领域内的高端技术研发、技术管理方面的复合型高端人才大量缺乏，人才素质无法满足实际需要。虽然四川省辖区有包含四川大学、四川农业大学、西南交通大学、西南财经大学、西南石油大学、电子科技大学等在内的诸多国内知名高等院校，但是到目前为止以高等院校、科研院所为依托、以项目为载体、以人才为纽带的利益共同体还有待建立，并且四川省关于人才引进的政策还不完备，通道还没有打通，同我国东部地区的部分发达省份相比，出台的人才政策存在兑现路径不清晰和激励政策力度较低等问题。另外，四川省能源产业中存在重规模投产轻自主创新的问题，科技研发投入相对不够，且基本上都是进行技术方面的研究，对于基础性创新研究投入的资金占比相对较低，使得四川省能源产业关键核心技术的攻关后劲不够，核心技术水平同我国发达省份和发达国家相比较具有一定差距。最后，"双碳"目标确立以来，从中央到地方都纷纷对碳排放、碳管理、碳监测、碳披露做出要求，这直接导致了对"双碳"相关人才的需求激增，而四川省现在的就业市场与人才培养机制还不完全适合低碳经济迅速发展的需要，还存在人才市场对绿色低碳高端技术人才挖掘认识不够、产教结合与产才率较小、缺乏职业规划等问题，还需进一步培养和引进能熟练掌握和运用当前国际低碳通用工具的专门人才。

（四）社会环境趋严紧，制约因素日益增多

天然气勘探开发及管道建设项目与城乡规划发展的矛盾突出，建设项目实施难度加大。国家对生态红线、永久基本农田保护政策更加严格，天然气勘探开发用地、用水等需求量急剧增加，保障难度加大，审批周期长。征地拆迁难度大、资源地居民不合理诉求多等因素影响重点产能建设项目进度，其中川南页岩气和安岳地区震旦系等主力上产区块建设中当地居民堵路、阻碍施工等事件频发，导致工程进展缓慢。另外，四川盆地内气藏广泛分布，且普遍含硫、含水，环保风险较高，盆地内人口密集、工农业发达，自然环境敏感复杂，随着油气生产上产节奏快、工作量大、高风险交叉作业频繁，钻井岩屑、气田水、压裂返排液等污染治理体量大，安全环保风险管控难度加大。新"两法"实施，提高了油气开发的安全环保标准，对过去一些传统的开采工艺、建设模式和管理方式造成了较大的冲击。

（五）民生工程待完善，群众服务存在短板

四川省长期以来在惠民利民工程中多点发力，抢抓国家政策机遇，提高民生服务力度，增进能源民生福祉，取得显著成果，人民生产生活用能便利度和保障力度得到进一步提高。全省城乡电网建设效果显著，截至 2020 年，四川省农村电网的供电可靠率高达 99.8%、电压合格率达到 99.6%；全省范围内 88 个贫困县农村的用电设施设备进一步完善，电力网架建设基础比较弱的 19 个县的电网建设也取得了很大的提高，与主电网连接度水平较低的 15 个县的电网建设获得全面增强，甘孜州、阿坝州与凉山州的偏远地区也全部完成供电全覆盖且都满足我国关于农村电网供电的标准制度。但是配电网建设仍然存在不平衡问题，一些地域的电网供区、高原区域、偏远山区的配电网建设进程还比较落后，供电可靠性水平还需要得到不断增强。有些乡镇的电力营商服务水平还比较低，市场主体与居民群众的满意度、幸福感有待提高。另外，天然气在农村的普及率同

城市相比还有比较大的差距，燃气管网体系建设也还有待进一步完善。

三、能源产业发展的机遇（O）

（一）数字化时代的到来为数字能源提供新的机遇

伴随着智能化科技的不断发展，数字化概念正在慢慢延展到各行业领域，最终数字科技将融入整个能源产业链中，从能源生产到能源输送，最终到能源消费者。全球可再生能源机构的常务董事菲利普·沃勒曾说过，"能源转型与数字化有着千丝万缕的联系。"比如数字技术能够有助于解决风能与太阳能发电产生的波动现象，而由太阳能、风能等可再生能源进行的电力生产在电力供应体系中可比拟为一个"虚拟发电厂"，和火电等传统发电厂相同提供可靠的供电，但是这个过程需要以大量高质量的数据作为支撑，因为复杂算法的实现一点是基于大数据的。另外，数字技术为电力进行微交易提供了机遇，同时数字技术让太阳能、风能、生物质能等清洁能源深入到其他部门，结果部门间的耦合进一步降低市场对于化石能源的需要。而且在2021年下半年川渝产业发展规划、政策中，也多次提及建设世界级电子信息产业集群，做优做强5G、人工智能、量子科技、区块链、大数据/云计算、物联网等新兴产业，进一步推动新技术、新模式、新业态的技术创新和扩大应用。数字技术强有力地推动了企业发展的新业态、新模式进程，已演变成了经济社会发展中的重要推动力之一。聚焦油气勘探开发上游，面对生存与挑战，数字化转型也成为各大公司应对油价剧烈波动与能源转型、实现高质量发展的重要战略选择。

（二）低碳经济的发展为能源转型加速提供新的动能

随着全球气候的变暖，以低耗能、低污染为优势的低碳经济已然成为全世界关注的焦点。美国、英国、德国、日本等发达国家大力实施以高能效、低排放为根本的"低碳革命"，且大力调整产业、科技、能源、贸易等领域的政策法规，以占领"低碳经济"发展的先机。2006年，我国也向世界各国宣布要走低碳经济的发展道路，为实现这一目标，陆续出台了各项法律法规，如《水污染防治法》《大气污染防治法》《循环经济法》《节约能源法》等。生态环境部部长、中国环境与发展国际合作委员会中方执行副主席黄润秋在中国环境与发展国际合作委员会2022年年会上表示，绿色低碳经济转型是各国实现可持续发展的必由之路，须顺应当代科技革命和产业布局趋势，以创新为驱动，推进经济、能源、产业结构转型升级。同日本、美国、德国、英国等诸多发达国家相比较，这些国家完全实现了工业化和城镇化，二氧化碳排放量已经达到最大值抑或是接近最大值，而我国发展低碳经济的起步明显晚了许多，绿色低碳之路还有一段很漫长的路要走。未来低碳经济的大力推进，将为能源转型加速提供新动能，逐渐提高可再生能源消费占比，大幅度减少温室气体与污染物的产生量，稳步实现碳达峰、碳中和目标。

（三）配套政策的加码为绿色能源发展激发新的活力

2023年，美国宣布豁免东南亚四国光伏组件2年进口关税，我国也推出支持新能源发展的政策组合拳，光伏赛道迎多重利好。2023年5月30日，国家发改委、国家能源局发布《关于促进新时代新能源高质量发展的实施方案》，确定2030年风光发电总装机容量目标、2025年屋顶光伏覆盖目标，并推动新能源项目纳入REITs试点支持范围之后，国家发改委、国家能源局等九部门在6月1日联合发布《"十四五"可再生能源发展规划》，对光伏发电量的相关表述是"实现翻倍"。中钢经济研究院首席研究员表示，无论是美国豁免东南亚四国光伏组件进口关税，还是国内《"十四五"可再生能源发展规划》等政策出台，对中国的光伏产业都是利好，给国内光伏企业打开了内需和外需的窗口。在2023年5月7日，四川省发展改革委、四川省能源局印发《四川省"十四五"可再生能源发展规划》，明确提出"十四五"期间，全省将新增可再生能源装机（包括水电、风电、光伏发电、农林生物质发电、垃圾发电、地热发电）超过4100

万千瓦，到 2025 年，全省可再生能源装机总量预计近 1.3 亿千瓦。受益于这一系列政策的陆续加持，四川省新能源产业发展迎来良好机遇，未来发展持续向好。

（四）科技水平的提高为能源产业发展提供新的保障

四川省能源产业紧紧围绕绿色低碳发展，聚焦国家清洁能源示范省和全国优质清洁能源基地打造工程，在能源革命领域持续发力，奋力抢占科技制高点，科技水平得到持续提高，创新活力竞相迸发，通过全面加强、系统建设、持续推进，四川省在煤、电、油、气等能源领域科技水平实现了从量的积累向质的飞跃、从点的突破向系统提升，部分领域从"跟跑""并跑"向"领跑"转变，科技水平的提高为能源产业持续健康发展供了坚强保障。我国首台完全自主知识产权 F 级 50 兆瓦重型燃机已经完成满负荷运行试验，助力我国自主燃机产业实现历史性跨越。代表全世界最高水平的百万千瓦级水电机组研制成功并于白鹤滩水电站投用。"华龙一号"在核燃料自主化、关键材料工程化等方面取得重大进步，具备三代核电机组批量化建设能力。页岩气勘探开发主体配套技术和 3500 米以浅页岩气开发工艺路径及技术体系基本形成，部分关键工艺和装备实现国产化。急倾斜、薄煤层综采及成套装备技术实现国内领先。

四、能源产业发展的挑战

（一）能源消费体量大对"双碳"目标带来的挑战

伴随我国社会经济的不断发展，能源、经济、环境三者之间的矛盾也在不断激化，受到社会各界和各级政府的强烈关注，为进一步减少二氧化碳排放量，我国政府向世界给出了"双碳"目标，这代表着我们国家作为世界上最大的发展中国家，碳强度的降幅将是全世界最高的，且是众多国家中花费最短时间完成从碳达峰到碳中和的。四川省作为我国长江黄河上游的重要生态屏障，正在加速度建成我国优质清洁能源基地和国家清洁

能源示范省,助力国家"双碳"目标早日实现、展现绿色发展新担当,是其义不容辞的责任与义务。而化石能源消费产生的二氧化碳在我国碳排放中的占比约达85%,是推进绿色低碳高质量发展的主战场,其关键就是实现能源转型,而能源转型需要同时向减少碳排放、增加碳清除两个方向发力。随着四川省工业化和城镇化的快速推进,"十四五"期间,四川省能源消费量还将保持较快增长,合理控制能源消费增长存在较大挑战。"十四五"将是我国实现碳达峰的关键期、窗口期,如何在保障能源安全的前提下有效合理控制化石能源消费,对于"双碳"目标实现,具有重要意义。

(二)新能源并网需求对电力系统灵活性带来的挑战

随着碳达峰、碳中和目标的提出,新能源及相关产业将得到进一步发展,在我国能源产业领域中的地位和作用越来越重要。四川省发改委、四川省能源局联合印发《四川省"十四五"可再生能源发展规划》,明确四川省"十四五"期间新增风电装机规模约为600万千瓦,光伏发电装机规模约为1000万千瓦,生物质发电装机规模约为74万千瓦;至2025年底,风电装机规模达到1000万千瓦左右,光伏发电装机规模达到1200万千瓦左右,生物质发电装机规模达到175万千瓦左右,地热能发电装机规模达到3万千瓦。但是目前四川省风能、太阳能、氢能等新能源的整体规划布局和电网发展规划的协调性还有待进一步提高,某些发电厂有抢占资源和乱建的现象,导致全省电网统筹规划处于被动局面,使得电网资源浪费。同时,风能、太阳能、生物质能等新能源发电有随机性与波动性,大规模新能源接入将影响电网规划及安全运行,很大程度上增加了电力市场调峰需求规模和调峰的频数,给电力系统调峰增加了挑战。另外,四川省内部分地区网架薄弱,输送能力不足,新能源项目并网相对困难,而向省外的通道大多是用来输送水电,电网建设尚不能满足新能源电力向外输送的需要,并且由于送出线路长、线损高,新能源发电年等效利用小时数偏低,导致外送电价优势不明显，受端市场消纳困难。

（三）清洁能源季节性波动对能源供应保障带来的挑战

四川省能源资源储量丰富，主要以水能、煤炭和天然气为主，水能资源约占75%，煤炭资源约占23.5%，天然气及石油资源约占1.5%。其中水能理论蕴藏量占全国1/5，天然气储存量占全国近1/5。同时四川省也是能源消费大省，且存在着能源结构性矛盾、季节性矛盾等问题，进入用能高峰期时，能源供给稳定性脆弱，主要表现在四川省的水电、风电、光伏供应方面。四川既是水电资源大省，也是水电送出大省，是目前我国规模最大的水电开发与西电东送基地，全省84%的电力都来自水，火电仅仅占了13%，而水电虽然是清洁能源，但发电存在很大的波动性，江河中的水流存在丰水期和枯水期，并且呈现出每年季节性的交替变化。水力发电丰水期发电多，枯水期发电少，每年6到10月份是丰水期，其他时间是枯水期，四川很多水电站枯水期发电能力不到丰水期的一半，具备季及以上调节能力的水库电站装机规模在水电总装机规模中的占比不到40%，调节能力不够，丰枯矛盾突出。另外，风电、光伏都呈现季节性波动的特征，这些能源发电是即发即用，不像煤炭等传统能源，可以存在仓库里，就会造成当发电能力大的时候会出现弃水、弃风、弃光的现象，发电能力小的时候，又不够用，会给电网带来很大的压力。因此，四川省电力供需形势和保供工作具有明显的特殊性，主要体现在年发电"丰裕枯缺"、日发电"峰缺谷弃"、自然灾害多发频发，四川电力供需形势总体呈现"夏季缺电力，冬季缺电量""枯期保外购，全年保火电、保安全"的特征。

（四）能源快速发展对技术变革带来的挑战

四川省能源产业的发展正在从主要依赖要素驱动向更深程度依赖创新驱动转移，前沿领域核心技术的突破与交叉融合，催生了新经济、新业态、新模式的不断涌现。储能、新材料、高效用电设备、新能源、电动汽车等绿色低碳产业快速发展，能源系统体系正在发生巨大变化，信息化、数字化与智能化进度不断加快。但是能源产业的关键核心技术"瓶颈"阻碍了能源产业的进一步发展，风电机组产品技术、精细化全阶段设计、整体智慧运营方案等方面的问题还有待深入探索实践，光伏发电系统整体效率不高、电能质量较差、分布式光伏技术创新和推广难、太阳能光热发电关键技术研究及工程实践严重缺乏等诸多问题还有待进一步解决，氢能、煤炭清洁高效利用和节能减排、储能、智能电网等能源产业领域的核心技术还有待展开深入研发，化石能源中碳基分子转变为化学品和新材料方面还需进一步科技研发和攻关，深层天然气高效勘探、绿色气田开发、智能化天然气工程技术、天然气开发技术与装备、非常规及难采天然气开采技术、油气下游炼化技术与装备等技术领域"卡脖子"技术与"短板"装备还有待进一步创新。

第四章 四川省能源产业碳排放现状

党的二十大报告指出，要牢固树立和践行绿水青山就是金山银山的理念，建立健全绿色低碳循环发展的经济体系，这既是促进人与自然和谐共生、构建生态文明体系的重要内涵，也是践行人类命运共同体的有效方式，为此四川省将全面推进国家优质清洁能源基地建设和深化国家清洁能源示范省建设作为主要工作任务。但是受技术水平、发展程度、能源结构、产业结构等多种因素的综合影响，全省经济发展特征表现出粗放、高碳，故深入探索四川省能源产业碳排放情况及影响因素驱动力，认识全省当前的碳排放水平、把握改革发展关键环节，对找到四川省低碳发展政策着力点具有显著作用。

第一节 测算方法的选择

本部分研究所涉及碳排放量特指全省在生产或消费过程中所消费的化石能源燃烧导致的二氧化碳的排放量，采用《2006 IPCC 国家温室气体清单指南》提及的二氧化碳估算方法：

$$C=\sum_{i=1}^{5}(E_i \cdot F_i \cdot K) \qquad (4-1)$$

式中 C——二氧化碳排放总量，万吨；

i——表示能源消费类型，包括煤炭、石油、天然气、一次电力、其他能源；

E_i——第 i 类能源的消费量，万吨标准煤；

F_i——第 i 类能源的碳排放系数，万吨/万吨标准煤，本研究采用国家发改委能源研究所提供的碳排放系数（表4-1）；

K——固定一个单位的碳所吸纳的二氧化碳的量（K=44/12）。

表4-1 各类能源消费的碳排放系数　　单位：万吨/万吨标准煤

数据来源	煤炭	石油	天然气	一次电力	其他能源
美国能源情报署（EIA）	0.702	0.478	0.389	0	0
日本能源经济研究所（IEEJ）	0.756	0.586	0.449	0	0
中国国家发改委能源研究所（ERI）	0.7476	0.5825	0.4435	0	0

第二节　能源消费碳排放现状

一、碳排放趋势与特征

根据公式（4-1）及《四川能源统计年鉴》整理的四川省2005—2020年的能源消费二氧化碳排放数据，见表4-2。

"十一五"和"十二五"前期，随着四川省经济总量和人口总量的不断增长，能源消费总量也在不断增长，从而导致了能源消费碳排放量的不断增加。2005年四川省能源消费碳排放总量仅为21003.7万吨，2013年增长至36930.5万吨，增长率高达75.83%。但是，在"十二五"后期开始，随着在全省大范围内积极开展节能减排工作，能源消费碳排放量得到有效抑制，到2020年能源消费碳排放量下降至29339.67万吨，同2013年相比下降了20.55%，减排效果显著，但是同发达国家相比，仍处于较高水平。

表 4-2 2005—2020 年四川省能源消费二氧化碳排放量　　　单位：万吨

年份	煤炭消费产生的碳排放量	石油消费产生的碳排放量	天然气消费产生的碳排放量	能源消费碳排放总量
2005	16966.99	2100.57	1936.14	21003.70
2006	18211.52	2593.54	2294.30	23099.37
2007	20347.90	3025.26	2425.58	25798.74
2008	21188.72	3526.75	2356.16	27071.62
2009	23759.69	4071.30	2746.54	30577.53
2010	25401.25	4655.77	3790.53	33847.55
2011	24097.02	5628.15	3351.69	33076.87
2012	26424.56	6073.86	3308.27	35806.70
2013	26197.49	7525.57	3207.43	36930.50
2014	23300.35	8394.08	3572.30	35266.74
2015	20666.65	9302.56	3697.96	33667.17
2016	17448.96	7610.10	4383.10	29442.16
2017	16680.35	7927.36	4677.28	29284.99
2018	16078.06	7861.33	5125.94	29065.33
2019	16134.90	8290.96	5508.99	29934.86
2020	15704.07	7965.74	5669.86	29339.67

四川省能源消费碳排放总量和能源消费总量的变化趋势基本上保持一致，这在很大程度上是由于长期以煤炭为主的能源消费结构没有发生根本性的转变。从各化石能源消费产生的碳排放量来看，煤炭消费产生的碳排放量占主导地位，占到总排放量的 68.00%；石油消费产生的碳排放量次之，占总排放量的 19.98%；天然气消费虽然呈现出快速增长，但是其碳排放系数较小，消费产生的碳排放量最小，只占到总排放量的 12.02%。其中，煤炭消费产生的碳排放量和碳排放总量变化趋势相同，呈现出先上升后下降的趋势，到 2020 年煤炭消费产生的碳排放量为 15704.07 万吨，同 2005 年相比，变化幅度较小，但是占比却从 80.78% 下降到了 53.53%，

减少了 27.25 个百分点；石油消费产生的碳排放量整体呈现出增长趋势，2020 年排放量达到 7965.74 万吨，同 2005 年相比增长了三倍有余，占比更是从 2005 年的 10% 上升至 27.15%，提高了 17.15 个百分点；天然气消费产生的碳排放量也呈现出持续增长趋势，到 2020 年排放量达到 5669.86 万吨，占比从 2005 年的 9.22% 扩张到 19.32%，增加了 10.1 个百分点，如图 4-1 所示。

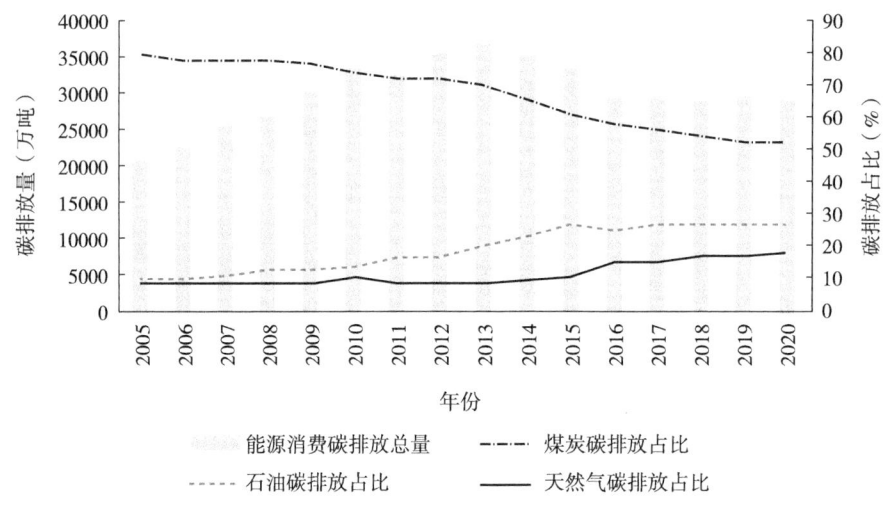

图 4-1 2005—2020 年四川省不同能源消费二氧化碳排放量

二、碳排放强度

碳强度指一个国家或者地区在一定的时间内单位 GDP 的增长所带来的二氧化碳排放量，主要用来反映这个国家或者地区的经济发展对二氧化碳排放量的依赖程度，计算公式为：

$$碳强度 = 碳排放总量 / GDP \qquad (4-2)$$

把四川省的相关数据代入式（4-2）中计算得出 2005—2020 年四川省每年的碳强度数值，如图 4-2 所示。从碳强度来看，除个别年份外，2005—2020 年间四川省的碳强度整体呈现出下降的趋势，这在一定程度上肯定了近年来四川省碳减排工作取得的显著成效,同时说明四川省经济发展对碳排放的依赖程度正在逐年降低。2020年碳强度下降率为6.5%,而GDP增长率为4.8%,碳强度下降率高于GDP增长率,但是并不能参考何建坤等[15]的研究成果说明四川省已经实现绝对意义上的低碳发展。2020年初新冠疫情的暴发,给我国各地社会经济发展带来了沉重的打击,经济发展受到抑制,但是随着新冠疫情得到有效控制,各地复工复产,经济得到有效恢复,到2021年四川省GDP增长率上涨至8.2%,仍未实现真正意义上的低碳经济。

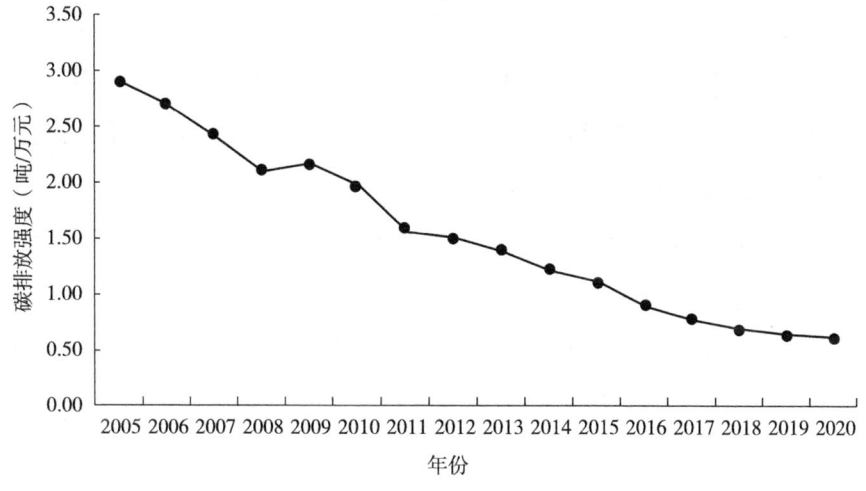

图4-2 2005—2020年四川省碳排放强度

第三节 能源消费碳排放影响因素分析

一、LMDI因素分解法

LMDI因素分解法是众多指数分解法中一个比较常用的方法,指数分解法一般是先建立一个整体的方程式,这个等式方程的建立一般由所要探讨的研究对象来决定[60]。在这个方程之中，研究对象往往需要被分解成几个要进行分析的影响因素，再通过恰当的分解方法分析探索研究对象受到分析因素的影响作用大小。通常使用的两个分解方法是 Lasperyers 指数法和 Divisia 指数法，而 LMDI 因素分解法其实是在对 Divisia 指数法进行优化后产生的一种分解方法，国内外专家学者在将这种方法和另外的分解方法进行对比后发现，利用 LMDI 因素分解方法在展开具体分析的时候有着较多优势。一般表现为以下几点：第一，LMDI 因素分解法需要的数据是属于宏观层面的，所要获得的数据的难度系数不是特别大；第二，LMDI 因素分解法能够彻底分解需要研究的对象，且分解出来的结果不会产生任何无法解释的残差项；第三，LMDI 因素分解法在使用过程中，如果出现有零值，可以用一个非常小的数字（如 10^{-10} 或 10^{-20} 等）对数据中出现的零值进行替代，这种替换解决了计算过程中部分数值不能为零的问题且不会影响分解结果的准确性。

根据 Ang 的统计分析，在进行因素分解分析时运用 LMDI 因素分解法的论文占比已经从 2010 年的 50% 上涨到 2014 年的 76%，可见 LMDI 因素分解法因其优越性得到了广大研究学者的认同。因此，本文选取 LMDI 因素分解法对四川省碳排放影响因素进行研究。

二、碳排放影响因素分解模型构建

（一）碳排放总量扩展分解模型

依据 LMDI 因素分解法的基本思路，碳排放总量可以分解为如下几个部分：

$$CO_2 = \sum_i CO_{2i} = \sum_i \left(\frac{CO_{2i}}{PE_i} \cdot \frac{PE_i}{PE} \right) \cdot PE \qquad (4-3)$$

式中　i——能源类型；

　　　CO_2——二氧化碳排放总量；

CO_{2i}——第 i 类能源消耗产生的二氧化碳量；

PE_i——第 i 类能源的消费量；

PE——能源消费总量。

令 $f_i = \dfrac{CO_{2i}}{PE_i}$，则 $e_i = \dfrac{PE_i}{PE}$

$$CO_2 = \sum_i (f_i \cdot e_i) \cdot PE \qquad (4-4)$$

LMDI 因素分解法包含乘积分解和加法分解两个方法，这两个方法最后的分解结论是一样的，接下来利用加法分解的方法对式（4-4）进行分解，设基期二氧化碳排放总量为 CO_2^0，T 期二氧化碳排放总量为 CO_2^T。第 T 期相对于基期的碳排放变化值 ΔCO_2 表示为：

$$\begin{aligned}\Delta CO_2 &= CO_2^T - CO_2^0 = \left(\sum_i f_i^T \cdot e_i^T \cdot PE^T\right) - \left(\sum_i f_i^0 \cdot e_i^0 \cdot PE^0\right) \\ &= \Delta C_{f_i} + \Delta C_{e_i} + \Delta C_{PE}\end{aligned} \qquad (4-5)$$

其中

$$\Delta C_{f_i} = \sum_i \frac{CO_{2i}^T - CO_{2i}^0}{\ln CO_{2i}^T - \ln CO_{2i}^0} \ln \frac{f_i^T}{f_i^0} \qquad (4-6)$$

$$\Delta C_{e_i} = \sum_i \frac{CO_{2i}^T - CO_{2i}^0}{\ln CO_{2i}^T - \ln CO_{2i}^0} \ln \frac{e_i^T}{e_i^0} \qquad (4-7)$$

$$\Delta C_{PE} = \sum_i \frac{CO_{2i}^T - CO_{2i}^0}{\ln CO_{2i}^T - \ln CO_{2i}^0} \ln \frac{PE^T}{PE^0} \qquad (4-8)$$

式中 ΔC_{f_i}、ΔC_{e_i}、ΔC_{PE} 分别表示能源碳排放系数效应、能源消费结构效应、能源消费总量效应，由于各类能源的碳排放系数一般情况下是维持不变的，所以 $\Delta C_{f_i} = 0$，不予以考虑。

(二)能源消费总量扩展分解模型

基于四川省能源消费现状将能源消费总量划分为生产性能源消费总量和生活性能源消费总量两个组成,即

$$PE = PE_s + PE_m \tag{4-9}$$

式中 PE_s——表示生产性能源消费总量

PE_m——表示生活性能源消费总量。

1. 生产性能源消费总量扩展分解模型

依据LMDI因素分解法的基本思路,生产性能源消费总量可以分解为如下几个部分:

$$PE_s = \sum_j PE_{sj} = \sum_j \left(\frac{PE_{sj}}{GDP_j} \cdot \frac{GDP_j}{GDP} \cdot GDP \right) \tag{4-10}$$

式中 PE_{sj}——表示第j产业的能源消费量;

GDP_j——表示第j产业增加值;

GDP——表示地区生产总值。

令 $t_j = \dfrac{PE_{sj}}{GDP_j}$,则 $h_j = \dfrac{GDP_j}{GDP}$

$$PE_s = \left(\sum_j t_j \cdot h_j \cdot GDP \right) \tag{4-11}$$

使用LMDI因素分解方法的加法分解法,对式(4-11)进行分解,设基期生产性能源消费总量为 PE_s^0,T期生产性能源消费总量为 PE_s^T。第T期相对于基期的生产性能源消费总量变化值 ΔPE_s 表示为:

$$\begin{aligned} \Delta PE_s &= \left(\sum_j t_j^T \cdot h_j^T \cdot GDP^T \right) - \left(\sum_j t_j^0 \cdot h_j^0 \cdot GDP^0 \right) \\ &= \Delta E_{st_j} + \Delta E_{sh_j} + \Delta E_{sGDP} \end{aligned} \tag{4-12}$$

其中

$$\Delta E_{st_j} = \sum_j \frac{PE_{s_j}^T - PE_{s_j}^0}{\ln PE_{s_j}^T - \ln PE_{s_j}^0} \ln \frac{t_j^T}{t_j^0} \quad (4-13)$$

$$\Delta E_{sh_j} = \sum_j \frac{PE_{s_j}^T - PE_{s_j}^0}{\ln PE_{s_j}^T - \ln PE_{s_j}^0} \ln \frac{h_j^T}{h_j^0} \quad (4-14)$$

$$\Delta E_{sGDP} = \sum_j \frac{PE_{s_j}^T - PE_{s_j}^0}{\ln PE_{s_j}^T - \ln PE_{s_j}^0} \ln \frac{GDP^T}{GDP^0} \quad (4-15)$$

式中 ΔE_{st_j}、ΔE_{sh_j}、ΔE_{sGDP} 分别表示能源消费强度效应、三次产业结构效应、地区经济发展效应。

2. 生活性能源消费总量扩展分解模型

依据 LMDI 因素分解法的基本思路，生活性能源消费总量可以分解为如下几个部分：

$$PE_m = \frac{PE_m}{POP} \cdot POP \quad (4-16)$$

式中 POP——人口规模。

令 $m_r = \frac{PE_m}{POP}$，则

$$PE_m = m_r \cdot POP \quad (4-17)$$

使用 LMDI 因素分解方法的加法分解法，对式（4-17）进行分解，设基期生活性能源消费总量为 PE_m^0，T 期生活性能源消费总量为 PE_m^T。第 T 期相对于基期的生活性能源消费总量变化值 ΔPE_m 表示为：

$$\Delta PE_m = (m_r^T \cdot POP^T) - (m_r^0 \cdot POP^0) = \Delta E_{m_r} + \Delta E_{POP} \quad (4-18)$$

其中

$$\Delta E_{m_r} = \frac{PE_m{}^T - PE_m{}^0}{\ln PE_m{}^T - \ln PE_m{}^0} \ln \frac{m_r{}^T}{m_r{}^0} \qquad (4-19)$$

$$\Delta E_{POP} = \frac{PE_m{}^T - PE_m{}^0}{\ln PE_m{}^T - \ln PE_m{}^0} \ln \frac{POP^T}{POP^0} \qquad (4-20)$$

式中 ΔE_{m_r}、ΔE_{POP} 分别表示生活能耗强度效应和人口规模效应。

三、碳排放影响因素的作用机制

通过分析可知四川省能源消费碳排放总量直接受能源消费总量和能源消费结构的影响，而能源消费总量受地区经济发展、三次产业结构、能源消费强度、人口规模和生活能耗强度的影响，因此不难得出四川省能源消费碳排放总量受到能源消费结构、地区经济发展、三次产业结构、能源消费强度、人口规模和生活能耗强度的影响。

能源消费结构之所以会对碳排放产生影响，是因为等量的不同能源在使用后产生的二氧化碳量是不相等的。在能源消费总量不变的情况下，如果将能源消费总量中煤炭和石油的消费比例减小，相应地提高天然气和非化石能源的消费比例，二氧化碳排放总量将会得到降低，反之，总碳排放量将会增加。鉴于此，冯相昭等指出，降低煤炭、石油等高碳能源在能源消耗总量中的比重，是降低国家碳排放，控制碳排放量的有效碳减排路径选择。

能源消费强度之所以会对碳排放量的多少产生影响，主要是因为在维持创造同等经济总量的情况下，能源消费强度低的时候，将消费比较少的能源，达到节能的效果，从而实现二氧化碳排放总量的减小。齐志新等通过深入研究后，表明技术进步是我国降低能源消费强度，提高能源利用效率的决定路径，可以通过加大科技投入来提高科技进步水平，从而促进能源消费强度降低，最终实现减少碳排放的目标。

三次产业结构之所以能够对碳排放量产生影响，主要是因为三次产业的能耗特点不尽相同，当一个国家或者地区的经济发展到一定程度的时候，产业构成从以高耗能的第二产业居多慢慢向低耗能的第三产业转变，实现产业结构的低耗能化转变，减少能源消费总量，从而在一定程度上抑制碳排放。郭朝先使用 LMDI 因素分解方法对我国产业结构改变对碳排放造成的影响展开研究，结果表明，在 2012 年我国的产业结构变化推动了碳排放量的增加，但是到 2020 年以后的产业结构改变转变为抑制碳排放。

地区经济发展对碳排放的影响通常体现在经济的不断发展必然将加大生产力度，引起能源消耗水平不断提高，能源消费总量得到增加，使得二氧化碳排放总量也随之增多。贺红兵通过使用 VAR 模型对经济发展与碳排放的相关关系展开探讨后提出，2010 年同 2005 年相比较，由于经济发展带来的碳排放量增多了 73%，同时科学技术进步对能源消费强度的降低有着很大的促进效用，在五年时间内因为能源消费强度的降低，使得碳排放量降低了 35%。

人口规模对碳排放量产生的作用是明显的，通常情况下，随着人口总量不断增加，越来越多的能源将会被使用掉，导致二氧化碳的排放量逐渐增多，给环境和能源消耗带来更大的压力。郭文等的研究结论显示，我国人口总数增加，促进了我国碳排放量的增加，但是促进效果在人口不发生激增的情况下不明显。

生活能耗强度对碳排放的影响也是显而易见的，在人口规模等条件不变的情况下，随着生活能耗强度不断增加，生活性能源消费总量也会随之增加，伴随而来的是由于能源消费总量增加造成更多二氧化碳的排放。贺仁飞等基于我国 30 个省、市及自治区的数据，对生活能耗强度和碳排放之间的关系进行研究后，提出两者之间有着长期均衡的关系，随着生活能耗强度的增加，生活能耗碳排放量增加，从而导致能源消耗碳排放总量增加，而生活能耗强度主要受人均 GDP 的影响。

四、碳排放影响因素分解结果分析

将四川省 2005—2020 年历史数据带入前面建立的分解模型,计算得出四川省能源消费碳排放总量的 LMDI 分解结果见表 4-3、如图 4-3 所示。

表 4-3　2005—2020 年四川省能源消费碳排放总量的 LMDI 分解结果

年份	碳排放变化量(万吨)	能源消费结构效应		能源消费总量效应	
		变化量(万吨)	贡献率(%)	变化量(万吨)	贡献率(%)
2005—2006	2095.67	15.04	0.72	2080.63	99.28
2006—2007	2699.38	493.20	18.27	2206.17	81.73
2007—2008	1272.88	−403.41	−31.69	1676.29	131.69
2008—2009	3505.91	1351.85	38.56	2154.06	61.44
2009—2010	3270.02	315.45	9.65	2954.57	90.35
2010—2011	−770.68	−3983.31	516.86	3212.63	−416.86
2011—2012	2729.83	1227.33	44.96	1502.51	55.04
2012—2013	1123.80	−495.22	−44.07	1619.02	144.07
2013—2014	−1663.76	1184.13	−71.17	−2847.90	171.17
2014—2015	−1599.57	−1615.91	101.02	16.35	−1.02
2015—2016	−4225.01	−2380.22	56.34	−1844.79	43.66
2016—2017	−157.17	−888.61	565.38	731.45	−465.39
2017—2018	−219.66	−1243.93	566.30	1024.27	−466.30
2018—2019	869.52	−397.86	−45.76	1267.38	145.76
2019—2020	−595.19	−1153.37	193.78	558.18	−93.78
2005—2020	8335.98	−7974.85	−95.67	16310.83	195.67

2005—2020 年间,四川省能源消费活动导致的二氧化碳排放量增长了 8335.98 万吨。其中能源消费总量增长是促进四川省能源消费碳排放量增长的直接原因,增加了碳排放量 16310.83 万吨,而能源消费结构则是抑制四川省能源消费碳排放量增长核心要素,减少了碳排放量 7974.85 万吨,可见四川省节能减排工作也是取得了一定成绩。

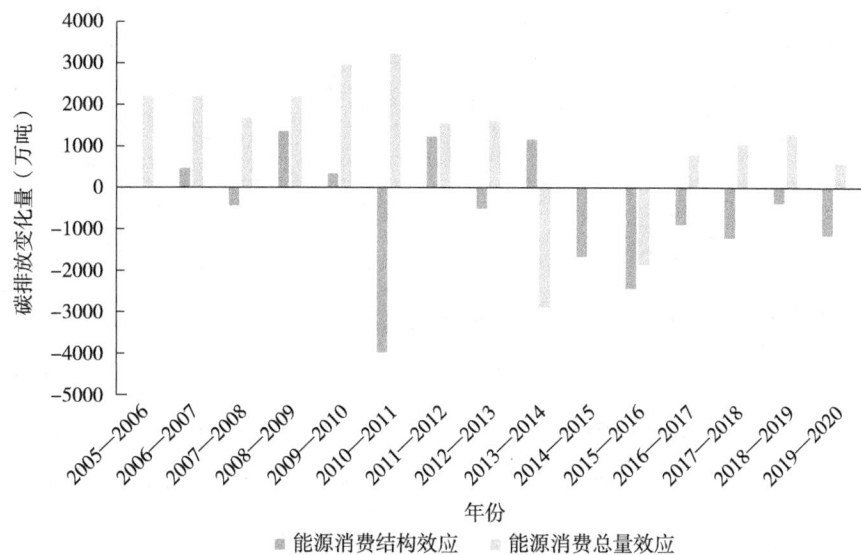

图 4-3　2005—2020 年四川省能源消费碳排放总量的 LMDI 分解结果

通过构建的能源消费因素分解模型对四川省能源消费的驱动因素进行完全分解，影响因素包括能源消费强度、三次产业结构、地区经济发展、人口规模和生活能耗强度，分解结果见表 4-4 和如图 4-4 所示。

表 4-4　2005—2020 年四川省能源消费总量的 LMDI 分解结果

	年份	能源消费总量变化	能源消费强度	三次产业结构	地区经济发展	人口规模	生活能耗强度
能源消费总量变化量（万吨标准煤）	2005—2006	1170.35	-958.84	363.35	1797.21	-8.18	-23.19
	2006—2007	1227.69	-1636.17	119.36	2609.39	-8.3	143.41
	2007—2008	930.82	-2089.41	370.08	2432.9	2.41	214.84
	2008—2009	1176.73	-726.85	389.19	1471.41	11.04	31.94
	2009—2010	1570.65	-1855.49	304.48	2917.43	-35.17	239.4
	2010—2011	1803.8	-1656.02	-105.42	3312.36	5.35	247.53
	2011—2012	879.11	-1467.65	-133.93	2253.79	6.52	220.38
	2012—2013	937.01	-1079.94	8.65	1891.25	7.94	109.11
	2013—2014	-1633.66	-2292.37	-400.81	1560.11	9.16	-509.75

129

续表

	年份	能源消费总量变化	能源消费强度	三次产业结构	地区经济发展	人口规模	生活能耗强度
能源消费总量变化量（万吨标准煤）	2014—2015	9.43	−510.98	−467.78	861.31	16.06	110.82
	2015—2016	−1132.27	−2163.36	−717.23	1480.59	16.7	251.03
	2016—2017	473.16	−1390.01	−508.69	2185.88	12.52	173.46
	2017—2018	687.21	−1398.05	−227.17	2058.74	11.34	242.35
	2018—2019	874.41	−484.12	−99.29	1335.99	11.28	110.55
	2019—2020	395.3	−303.45	−310.63	833.56	7.85	167.97
	2005—2020	9369.76	−20012.71	−1415.83	29001.92	66.53	1729.85
贡献率（%）	2006—2007	100.00	−81.93	31.05	153.56	−0.70	−1.98
	2007—2008	100.00	−133.27	9.72	212.54	−0.68	11.68
	2008—2009	100.00	−224.47	39.76	261.37	0.26	23.08
	2009—2010	100.00	−61.77	33.07	125.04	0.94	2.71
	2010—2011	100.00	−118.14	19.39	185.75	−2.24	15.24
	2011—2012	100.00	−91.81	−5.84	183.63	0.30	13.72
	2012—2013	100.00	−166.95	−15.23	256.37	0.74	25.07
	2013—2014	100.00	−115.25	0.92	201.84	0.85	11.64
	2014—2015	100.00	140.32	24.53	−95.50	−0.56	31.20
	2015—2016	100.00	−5418.66	−4960.55	9133.72	170.31	1175.19
	2016—2017	100.00	191.06	63.34	−130.76	−1.47	−22.17
	2017—2018	100.00	−293.77	−107.51	461.97	2.65	36.66
	2018—2019	100.00	−203.44	−33.06	299.58	1.65	35.27
	2019—2020	100.00	−55.37	−11.36	152.79	1.29	12.64
	2005—2020	100.00	−76.76	−78.58	210.87	1.99	42.49

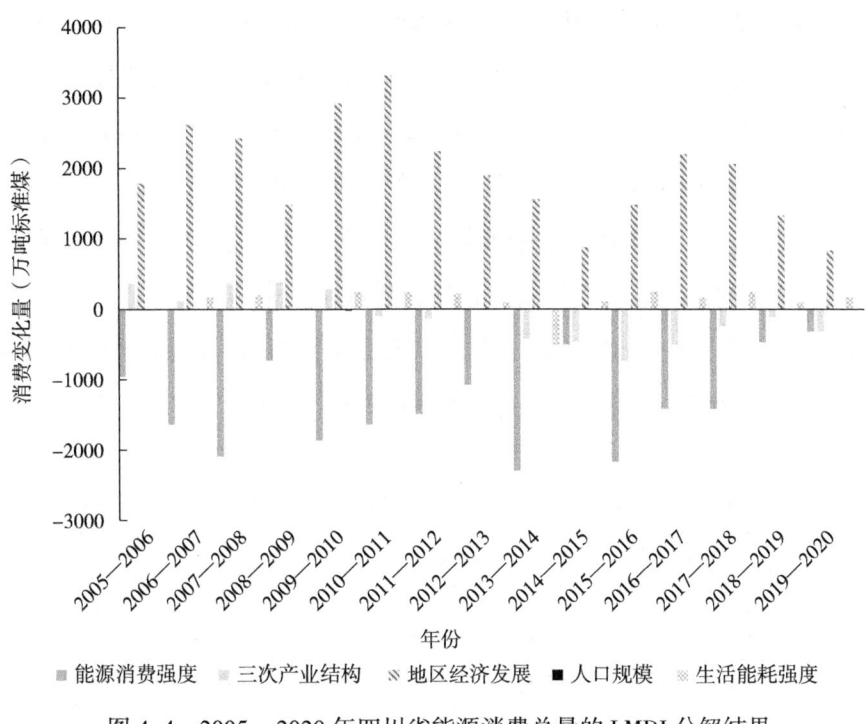

图 4–4　2005—2020 年四川省能源消费总量的 LMDI 分解结果

由表 4-4 可以看出，2005—2020 年间，能源消费强度效应、三次产业结构效应、地区经济发展效应、人口规模效应和生活能耗强度效应对四川省能源消费分别贡献了 −20012.71 万吨标准煤、−1415.83 万吨标准煤、29001.92 万吨标准煤、66.53 万吨标准煤和 1729.85 万吨标准煤，贡献率分别为 −76.76%、−78.58%、210.87%、1.99% 和 42.49%。其中，对四川省能源消费总量影响最大的是地区经济发展效应，其次是能源消费强度效应和三次产业结构效应，然后是生活能耗强度效应，最后是人口规模效应。对四川省 2005—2020 年能源消费总量起抑制作用的是能源消费强度效应和三次产业结构效应，起促进作用的是地区经济发展效应、人口规模效应和生活能耗强度效应，但是人口规模效应的作用较小。

由四川省能源消费碳排放总量和能源消费总量分解结果，对四川省能源消费碳排放总量的驱动因素进行深入研究，得出能源消费结构、能源消费强度、三次产业结构、地区经济发展、人口规模和生活能耗强度这六个主要因素对四川省能源消费碳排放总量的影响作用（表4-5、图4-5）。2005—2020年间，促进四川省能源消费碳排放量的影响因素有地区经济发展效应、人口规模效应和生活能耗强度效应，贡献率分别为600.64%、1.28%和35.20%，其中人口规模变化对能源消费碳排放量的影响相对较小；抑制四川省能源消费碳排放量的影响因素有能源消费结构效应、能源消费强度效应和三次产业结构效应，贡献率分别为–95.67%、–414.82%和–26.63%。

表4-5 2005—2020年四川省能源消费碳排放总量的LMDI详细分解结果

	年份	碳排放变化	能源消费结构	能源消费强度	三次产业结构	地区经济	人口规模	生活能耗强度
碳排放变化量（万吨）	2005—2006	2095.67	15.04	–1704.59	645.96	3195.04	–14.54	–41.23
	2006—2007	2699.38	493.2	–2940.21	214.49	4689.09	–14.91	257.71
	2007—2008	1272.88	–403.41	–3762.71	666.46	4381.29	4.35	386.9
	2008—2009	3505.91	1351.85	–1330.55	712.43	2693.5	20.2	58.47
	2009—2010	3270.02	315.45	–3490.38	572.77	5488	–66.15	450.34
	2010—2011	–770.68	–3983.31	–2949.43	–187.76	5899.45	9.52	440.85
	2011—2012	2729.83	1227.33	–2508.39	–228.9	3852	11.14	376.65
	2012—2013	1123.8	–495.22	–1866	14.94	3267.83	13.73	188.53
	2013—2014	–1663.76	1184.13	–3996.21	–698.71	2719.68	15.97	–888.63
	2014—2015	–1599.57	–1615.91	–885.43	–810.56	1492.47	27.83	192.04
	2015—2016	–4225.01	–2380.22	–3524.7	–1168.57	2412.28	27.21	409
	2016—2017	–157.17	–888.61	–2148.78	–786.37	3379.09	19.36	268.14
	2017—2018	–219.66	–1243.93	–2083.76	–338.59	3068.5	16.91	361.21
	2018—2019	869.52	–397.86	–701.69	–143.91	1936.41	16.34	160.24
	2019—2020	–595.19	–1153.37	–428.47	–438.61	1177	11.08	237.18
	2005—2020	8335.98	–7974.85	–34838.04	–2464.67	50486.42	115.81	3011.32
	2005—2020	16671.95	–15949.69	–69159.34	–4439.6	100138.05	213.85	5868.72

续表

	年份	碳排放变化	能源消费结构	能源消费强度	三次产业结构	地区经济	人口规模	生活能耗强度
贡献率（%）	2005—2006	100.00	0.72	−81.34	30.82	152.46	−0.69	−1.97
	2006—2007	100.00	18.27	−108.92	7.95	173.71	−0.55	9.55
	2007—2008	100.00	−31.69	−295.61	52.36	344.20	0.34	30.40
	2008—2009	100.00	38.56	−37.95	20.32	76.83	0.58	1.67
	2009—2010	100.00	9.65	−106.74	17.52	167.83	−2.02	13.77
	2010—2011	100.00	516.86	382.70	24.36	−765.49	−1.24	−57.20
	2011—2012	100.00	44.96	−91.89	−8.39	141.11	0.41	13.80
	2012—2013	100.00	−44.07	−166.04	1.33	290.78	1.22	16.78
	2013—2014	100.00	−71.17	240.19	42.00	−163.47	−0.96	53.41
	2014—2015	100.00	101.02	55.35	50.67	−93.30	−1.74	−12.01
	2015—2016	100.00	56.34	83.42	27.66	−57.10	−0.64	−9.68
	2016—2017	100.00	565.38	1367.17	500.33	−2149.96	−12.32	−170.61
	2017—2018	100.00	566.30	948.63	154.14	−1396.93	−7.70	−164.44
	2018—2019	100.00	−45.76	−80.70	−16.55	222.70	1.88	18.43
	2019—2020	100.00	193.78	71.99	73.69	−197.75	−1.86	−39.85
	2005—2020	100.00	−95.67	−417.92	−29.57	605.64	1.39	36.12
	2005—2020	100.00	−95.67	−414.82	−26.63	600.64	1.28	35.20

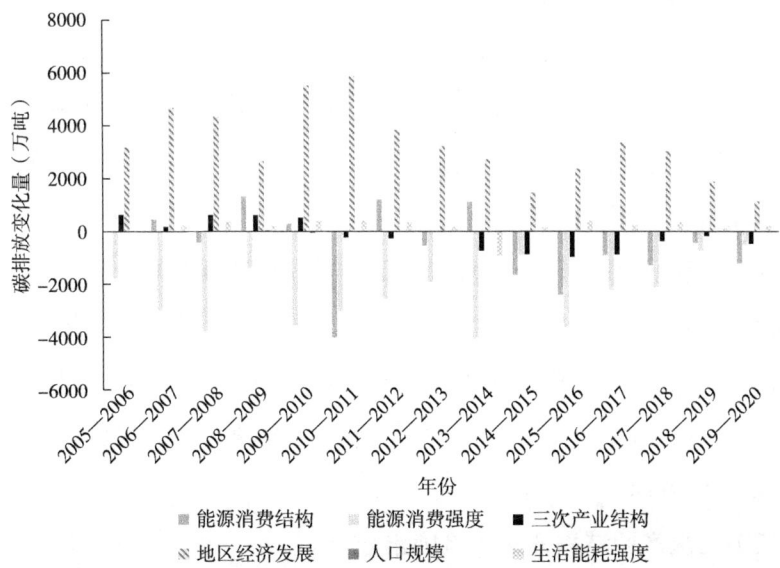

图 4-5　2005—2020 年四川省能源消费碳排放总量的 LMDI 详细分解结果

五、碳排放影响因素实证分析

（一）能源结构效应影响因素分析

随着四川省经济的不断发展，全省能源消费总量逐步增长，但在有序推进电能、天然气等清洁能源替代煤炭、石油等传统石化燃料后，能源消费结构逐渐向着绿色低碳优化，煤炭消费占比不断下降，天然气、一次电力、其他非化石能源的消费占比不断上升，全省能源消费正在按着"压煤、控油、保电、增气、促新"的方向发展。2005—2020年期间，四川省能源消费结构调整对能源消费碳排放总量变化的贡献率达到了–95.67%，对碳排放的增长起到了抑制作用，但是同能源消费强度效应和地区经济发展效应对碳排放变化带来的影响相比，作用相对较小。可见，能源消费结构的低碳化发展能够有效降低全省能源消费碳排放量，但是这种减排路径的潜力在很大程度上受到全省能源市场和新型能源技术的制约。四川省应加快能源消费结构调整节奏，在促进化石能源清洁化利用的同时，逐步提高非化石能源的替代比例。

（二）能源消费强度效应影响因素分析

随着全省节能减排工作的持续推进，能源消费强度成了抑制四川省能源消费碳排放量增长的重要驱动力，2005—2020年间能源消费强度提高给四川省能源消费碳排放带来了69159.34万吨的减排量。其中，第一产业和第三产业能源消费强度对能源消费碳排放量的影响较小，第二产业能源利用效率提高是抑制全省碳排放量增长的主要因素。近年来，随着四川省经济的不断发展，第三产业增加值逐渐增加，因此，第三产业能源消费强度控制将成为四川省单位GDP能耗降低和能源消费二氧化碳排放得到控制的主要工作方向。

（三）三次产业结构效应影响因素分析

从整体来看，四川省三次产业结构调整对四川省能源消费碳排放量的影响相对较小，贡献率仅为 –26.23%。其中，第一产业增加值占比降低，因此对能源消费碳排放的影响较小。近年来，伴随着第二产业增加值占比的逐年下降，二次产业结构对能源消费碳排放量从最初的促进作用转变成了抑制作用，而第三产业由于增加值占比的持续增长，促进了四川省能源消费碳排放量的增加。虽然 2005—2020 年间，四川省三次产业结构调整对四川省能源消费碳排放量的抑制作用同能源消费强度相比不明显，二氧化碳减排量仅为 4439.6 万吨，但是随着传统行业技术逐渐进步，高新行业快速发展，未来四川省的三次产业结构将会对四川省能源消费碳排放逐渐产生越来越明显的抑制效应。因此，对四川省三次产业结构进行调整对于全省能源消费碳排放控制有着重要意义。

（四）地区经济发展效应影响因素分析

2005—2020 年期间，四川省 GDP 的增长是促进全省能源消费碳排放量增长的最大驱动力，贡献率高达 600.64%，远大于其他任何一个驱动因素的贡献。历年来，四川省始终把提高位势能级和综合竞争力作为最迫切任务，发挥自身优势特色，抢抓重大战略机遇，经济总量持续壮大，并在近年来连跨三个万亿台阶，2015 年全省 GDP 达到 3 万亿元，2018 年超过 4 万亿元，2021 年突破 5 万亿元，达到 53850.8 亿元，在全国排位稳居第 6 位。未来，地区经济增长仍将继续成为四川省能源消费碳排放的最大增长点。为减缓碳排放增长速度，可从转变经济发展方式着手，逐步摆脱传统高能耗、高污染的经济发展模式，大力发展低碳经济、绿色循环经济，顺应世界潮流，走清洁低碳发展道路。

（五）人口规模效应影响因素分析

人口增长增加了能源需求，而能源需求的增长自然带来了能源消费碳排放总量的增加，2005—2020 年间，四川省人口规模变化促进了能源消费二氧化碳排放的增长共计为 213.85 万吨，贡献率仅为 1.28%，对全省能源消费碳排放增加的促进作用相对较小。未来，人口规模持续扩张带来的能源消费将带动全省能源消费碳排放的持续增加，合理控制四川省人口规模增长速度，可以有效减缓四川省居民生活能源需求增长速率，从而有效控制生活能源消费导致的碳排放总量。

（六）生活能耗强度效应影响因素分析

生活能耗强度呈现不断提高的趋势，这主要是由于随着生活水平的不断提高，电器及私人汽车使用数量的增长在一定程度上带来了能源消费的增长。2005—2020年期间，生活能耗强度效应对四川省能源消费碳排放增长的总贡献度为35.2%，整体而言促进了四川省的能源消费碳排放量。如果其他因素保持不变，降低生活能耗强度有助于减少碳排放，反之亦然。因此，加强节能宣传，提升居民节能意识，鼓励居民使用节能电器、发展可再生能源汽车，是未来实现碳减排的重要内容。

（七）碳排放贡献率

如图4-6所示，四川省能源消费碳排放影响因素排序为：地区经济发展效应（600.64%）＞能源消费强度效应（-414.82%）＞能源消费结构

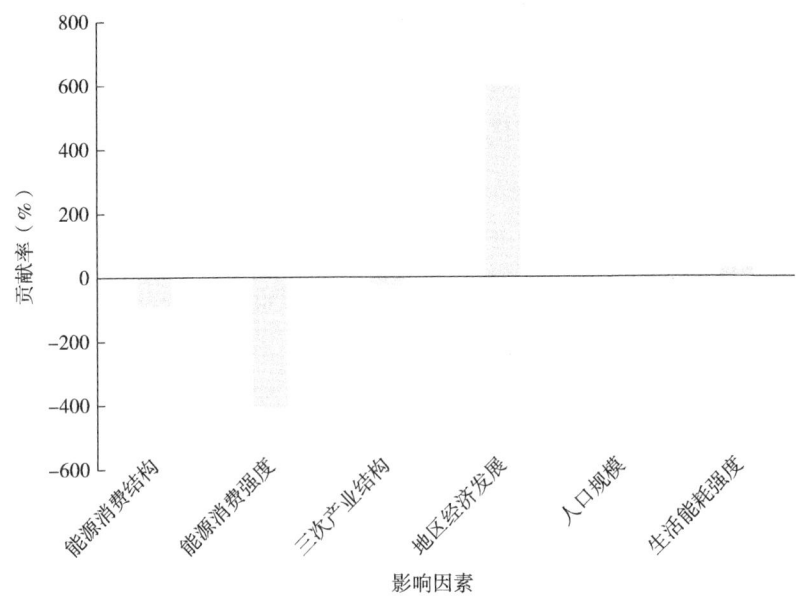

图4-6　2005—2020年四川省能源消费碳排放影响因素贡献率

效应（-95.67%）＞生活能耗强度效应（35.20%）＞三次产业结构效应（-26.63%）＞人口规模效应（0.59%）；其中地区经济发展、生活能耗强度变化、人口规模增长对四川省能源消费碳排放量的增长起到促进作用。而能源消费强度下降、能源消费结构优化和三次产业结构调整会给四川省能源消费碳排放量带来抑制作用。未来，四川省碳减排工作可以考虑从调整三次产业结构、降低能源消费强度、优化能源消费结构方面着手。

第五章 基于系统动力学的四川省能源消费碳排放预测

推进"双碳"工作是破解资源环境突出问题、实现可持续发展的迫切需要，也是顺应技术进步趋势、推动经济结构转型升级的现实需要，而良好的政策氛围是进行"双碳"治理的根本保障，且科学、切实的政策指导源自合理的碳排放预测。从经济发展和碳排放相协同的角度出发，探究四川省未来碳排放演化轨迹，准确把握四川省能源清洁低碳转型的最优情景和能源消费碳减排的最优路径，有利于西部地区乃至全国低碳发展蓝图的绘制，对在西部形成高质量发展的重要增长，以及自下而上全面推动落实国家自主贡献目标的省域行动非常重要。

第一节 系统动力学模型概述

一、系统动力学的定义和特征

系统动力学（System Dynamics，SD）是一种依靠计算机进行模拟仿真的方法。它针对系统复杂的动态反馈性，通过对其结构和功能进行分析，研究并解决系统问题。通过对系统内部众多因素形成的各种反馈环进行研究，对与系统有关的数据和情报进行搜集整理，并对其进行仿真预测，因此也被称为"战略与策略实验室"[61]。该方法由美国麻省理工学院福瑞斯特（Jay W. Forrester）教授首创，适用于定量地研究多重反馈、高阶次、非线性、复杂时变系统的研究和分析。目前，这一技术已被广泛地应用于自然科学和社会科学的各个领域。由于系统内部的行为与机制之间存在着互相依存的关系，系统动力学正是通过对这一关系的梳理来分析系统变化的因果关系，即系统结构。系统结构被视为一个复杂的网络，它由互相影响互相制约的各个要素构成，在系统动力学中，这些构成系统结构的要素主要包括"状态变量"（Level）、"速率变量"（Flow）和"辅助变量"（Auxiliary）等。基于对运筹学的概况总结，系统动力学逐渐发展为能够适应当今社会管理系统的一门学科。一方面，它以具体的现实情况为依据，从整体的角度为社会系统寻找优化其行为的手段和方法，从而为抽象的规划建设提出建议；另一方面，它并非简单的依靠数学推算得出结论，而是在对系统进行实际观测后，利用具体的观测数据构建一个长期的动态仿真模型，运用计算机模拟技术分析出系统行为的发展趋势，从而为系统行为的未来发展提供建设性的参考意见。总而言之，"系统动力学是以计算机模拟技术为手段，模拟研究动态的社会系统行为的方法"。系统动力学特征如下。

（1）开放的系统为其主要研究对象，分为生命系统和非生命系统。这一方法被广泛应用于分析复杂而缺少数据信息的系统问题。同时，灵敏度分析和信息反复性检验，通过对其系统进行反复调试，确保其稳健性、可操作性和合理性。

（2）在系统动力学中，其研究对象被划分为相互联系相互影响的多个子系统。从整体出发，代替过去只考虑单一要素的研究视角，对各个子系统之间可能存在的动态因果关系进行分析研究，梳理其复杂的联动关系，解决其巨型系统问题。

（3）系统动力学采用定性与定量相结合的研究方法，将结构、功能和历史的方法统一起来，它主要利用计算机模拟技术构建动态仿真模型，这一过程包括创建系统方程式及绘制系统流图。之后运行模型进行仿真试验

和有效性检验,如果该模型通过检验,则能够制定科学的决策和建议。

(4)在对未来的预测上,系统动力学强调的是提供具有长期效力的发展策略,而非对未来发展趋势和具体情况的精准预测,因此它是一种有条件的预测工具。

二、系统动力学的建模步骤

系统动力学主要通过系统分析、定性和定量相结合、计算机仿真技术的方法对复杂系统问题进行政策分析,以解决实际问题,其建模过程主要包括以下五个基本步骤。

(一)系统辨识

系统辨识是应用系统动力学解决问题的第一步,其主要任务在于分析问题,剖析原因。在开始建模之前,应该先调查收集有关系统的情况和统计数据,明确建模需要解决的问题,然后确定系统边界、内生变量、外生变量与输入量,最后确定系统行为的参考模式。

(二)系统结构分析

系统结构分析的主要任务在于处理系统信息,分析系统的反馈机制。完成系统辨识以后,利用现有的理论知识分析系统内部的反馈机制,划分系统的层次与子块,然后分析系统变量之间的关系,构建系统的因果关系图。

(三)模型构建

模型构建是把因果关系图转换成可以用计算机模拟的系统流图和数学方程式。首先根据系统各要素之间的关系,设定系统中各变量的类型,并建立变量之间的数量关系,然后利用统计学方法确定与估计参数。

(四)模型检验

模型构建完成后,需要对模型进行真实性、有效性和可信度的测试检验。主要包括直观检验,即对所建模型与实际系统的对照分析;结构检验即验证模型的稳定性;历史检验即判断所建模型是否有效;灵敏度检验即检查模型是否对变量变动具有敏感性。

(五)模型模拟与政策分析

通过调整系统参数进行情景设置,对不同的政策实施情况进行仿真分析,寻找解决问题的途径。

第二节 能源消费碳排放预测系统动力学模型构建

一、系统动力学模型构建原则与系统分析

(一)模型构建原则

在进行能源消费碳排放预测的研究时必须将其看作一个复合的巨型系统,该系统又可以划分为经济社会子系统、能源子系统和环境子系统,因而对能源消费碳排放预测的研究也必然会受到各子系统中相关因素的影响,并且各因素之间又相互关联[62]。因此,在构建系统模型之前必须依据LMDI影响因素分析结果对各子系统中的影响因素进行整理和分析。首先,能源是对四川省能源消费碳排放量产生直接影响的关键因素,其中,能源因素包括能源消费总量、能源消费结构、能源消费强度、能源碳排放系数等;其次,环境系统中的因素可细分为碳排放总量、各类能源消费碳排放量等;再次,经济社会方面的因素通常包括经济结构、经济发展情况、常住人口数量等。综上所述,系统模型的构建应遵循如下原则。

1. 因果关系原则

利用相应的专业软件,可依据系统动力学中各变量间的因果反馈关系绘制出因果关系图,以此为基础可为系统动力学模型(SD模型)绘制出最终的流程图。由此可见,SD模型能够将各个子系统模块整合在一起正是基于变量之间的因果关系,使其最终形成一个相互影响的整体。

2. 协调性原则

鉴于经济社会与能源、环境三者之间存在相互促进、相互制约的关系，要控制四川省能源消费碳排放量需要依靠整个系统的全面均衡发展，因此在构建系统模型时，需要综合全面地考虑所有能够对系统协调发展产生影响的变量。

3. 动态性原则

在系统动力学中，无论是系统还是所有的变量都是动态的，会根据研究时间的尺度不同而发生变化，而作为系统研究的对象，能源消费碳排放量也具有动态性，其中的各个指标也会在不同的研究时段呈现出不同的数值和状态。因此，需要用动态的思维方式研究系统模型流程图的动态变化与系统变量的动态行为，从而使整个研究更加综合全面。

4. 整体代表性原则

需要选取那些具有代表性的能够反映系统特征的变量作为系统变量，这样能够使得分析计算后得到的研究结果更加明确深入，也更具实践意义。

5. 科学客观性原则

理论联系实际，将定性方法与定量方法相统一，通过实地调研或查阅统计资料获得各指标数据，分别测算各子系统内的指标，再将计算结果进行综合分析，从而使研究结果更具科学性和客观性。

（二）系统分析

由于四川省能源消费碳排放受到全省系统内部诸如人口数量、经济总量、经济结构、能源消费量等多种因素的相互作用，因而形成了复杂的庞大系统，因此在对其未来发展趋势进行仿真方案的设计时，需要从经济社会发展、生态环境保护等多个领域进行全面、科学的考虑。根据前文对四川省能源产业发展现状与能源消费碳排放现状及其影响因素的分析，本书将四川省能源消费碳排放系统划分为经济社会子系统、能源子系统、环境子系统三个子系统，以便更好地分析系统内各要素之间的反馈作用和联动关系及系统的结构层次。

1. 经济社会子系统

根据第四章的分析可知，经济发展与三次产业结构的变化会影响四川省的能源消费二氧化碳排放量，而三次产业增加值占比主要取决于三次产业固定资产投资占比，另外科技进步水平是影响三次产业增加值能耗的一个重要因素，是改变能源利用效率的直接原因，而科技进步在很大程度上依赖于科技投入。另外，居民日常生活也是导致能源消费的一大直接因素，但是变化对能源消费二氧化碳排放的影响不是特别显著。因此，本子系统将常住人口数量、GDP确定为状态变量，并通过调节及控制GDP的增长速度、三次产业固定资产投资和科技投入，对相关变量的变化进行调节。故经济社会子系统中的变量包含三次产业增加值、GDP、人口总量、GDP增长率、常住人口数量、常住人口增长率等。

2. 能源子系统

根据第四章的分析可知，四川省能源消费总量包括生活性能源消费总量和生产性能源消费总量，生活性能源消费总量由人口总数和生活能耗强度这两个要素共同决定，生产性能源消费总量由三次产业增加值和三次产业能源消费强度共同决定，而能源消费总量的变化会直接影响到二氧化碳排放总量。因此，能源子系统中的变量包含生活性能源消费总量、三次产业能源消费强度、三次产业能源消费量等。

3. 环境子系统

根据第四章的分析可知，能源消费结构的变化会对二氧化碳排放量产生影响，故在环境子系统中的变量确定为煤炭消费占比、石油消费占比、天然气消费占比、一次电力消费占比、其他能源消费占比、煤炭碳排放系数、石油碳排放系数、天然气碳排放系数、煤炭消费产生的碳排放量、石油消费产生的碳排放量、天然气消费产生的碳排放量、碳排放总量、碳强度等。

二、系统动力学模型构建

(一) 绘制因果关系图

1. 碳减排方向与措施

通过第四章对四川省能源消费碳排放影响因素的分析可知，影响四川省能源消费碳排放的因素主要包括能源消费结构、地区经济发展、三次产业结构、能源消费强度、人口规模和生活能耗强度等。其中，地区经济总量的增加是导致四川省能源消费碳排放量增加的主要因素，其次是居民生活能耗强度的提高，最后是常住人口数量的增加。而对碳排放起到抑制作用的主要因素是三次产业能源消费强度的降低（指随着科学技术的进步，传统高能耗产业技术得到更新换代，单位产值能耗随着降低），其次是能源消费结构的优化（指煤炭在能源消费总量中的占比逐年下降，天然气、一次电力、其他能源在能源消费总量中的占比逐年增加），最后是三次产业结构效应的优化（即包含通信产业、商业、金融业、教育产业、公共服务等在内的低能耗第三产业快速发展，使得第三产业增加值在 GDP 中的占比逐年上升，而以建筑、工业为主要业务的第二产业增加值占比随之降低）。因此，根据各影响因素对四川省能源消费碳排放变化的总贡献率，在保证全省经济持续增长的前提条件下，对四川省能源消费碳减排提出了以下对策与建议。

第一，提高能源效率、降低能源消费强度是二氧化碳减排的有效途径。尽管四川省三次产业能源消费强度近年来不断下降，但是同发达国家和我国发达地区相比，其能源利用效率仍然处于较低水平，具有很大的提升空间。为此，政府部门应该重视提升技术水平，加强省内外、国际间交流合作，加大科技投入，从而缓解二氧化碳排放。

第二，四川省正处于从工业化中期迈入工业化后期的过渡阶段，三次产业结构调整已然成为既保持经济增长又减少能源消费二氧化碳排放的不二选择。决策者应该采取相对温和的工业发展战略，在加快淘汰落后产能的同时，努力发展第三产业。

第三，在以煤炭和石油为主的能源消费结构短期内无法迅速改变的前提条件下，加快发展水电、光伏、风电、氢能等非化石能源是缓解能源消费二氧化碳排放的不错选择。

2. 因果关系图和主要反馈回路

依据上述分析，在保持经济增长的前提下，针对影响能源消费碳排放的主要因素及相应的碳减排措施，构建了四川省能源消费碳排放因果关系（图5-1）。

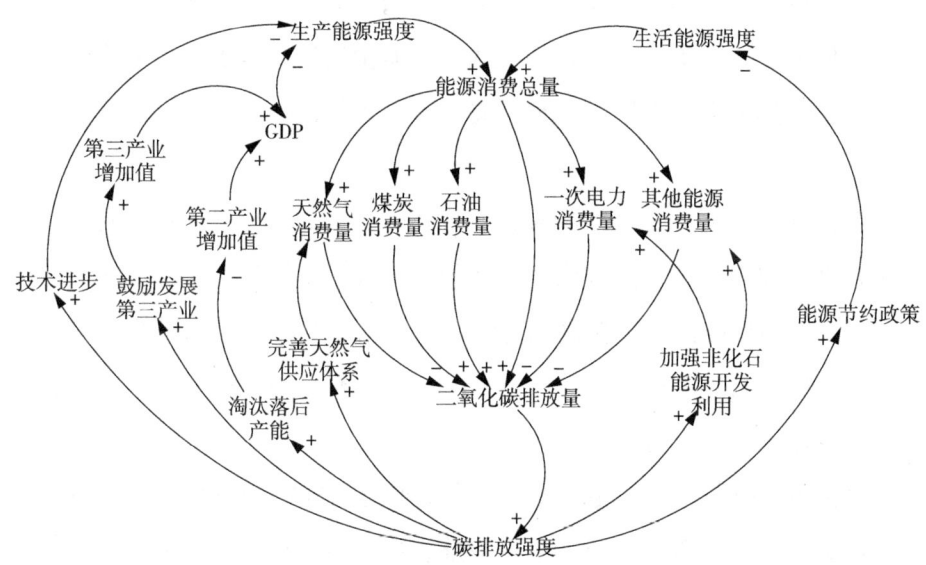

图 5-1　四川省能源消费碳排放因果关系图

如图5-1所示，系统共包含以下6条负向反馈回路，从而保证了系统的稳定性。

回路1：技术进步→生产能源强度→能源消费总量→二氧化碳排放量

→碳排放强度→技术进步。当技术进步加强时,三次产业生产能源强度会相应降低,从而使能源消费量减少,二氧化碳排放量减少,碳排放强度降低,此时碳减排压力减小,技术进步动力降低。

回路2:鼓励发展第三产业→第三产业增加值→GDP→生产能源强度→能源消费总量→二氧化碳排放量→碳排放强度→鼓励发展第三产业。鼓励发展第三产业后,第三产业增加值会显著增加,GDP随之增加,三次产业生产能源强度会相应降低,从而使能源消费量减少,二氧化碳排放量减少,碳排放强度降低,此时碳减排压力减小,发展第三产业的鼓励政策随之减弱。

回路3:淘汰落后产能→第二产业增加值→GDP→能源消费总量→二氧化碳排放量→碳排放强度→淘汰落后产能。淘汰落后产能会导致第二产业增加值的降低,GDP随之降低,从而使能源消费量减少,二氧化碳排放量减少,碳排放强度降低,此时碳减排压力减小,企业淘汰落后产能的压力随之减小。

回路4:完善天然气供应体系→天然气消费量→二氧化碳排放量→碳排放强度→完善天然气供应体系。完善天然气供应体系,从而增加天然气供应量,此时碳排放系数较高的煤炭、石油消费量将会相对减少,从而使得二氧化碳排放量减少,碳排放强度降低,此时碳减排压力减小,天然气供应体系建设速度会随之放缓。

回路5:加强非化石能源开发利用→非化石能源消费量(一次电力消费量或其他能源消费量)→二氧化碳排放量→碳排放强度→加强非化石能源开发利用。加强非化石能源开发利用,水电、风电、光伏、氢能等非化石能源消费量得到显著增加,而化石能源消费量减少,从而使得二氧化碳排放量减少,碳排放强度降低,此时碳减排压力减小,非化石能源开发利用力度降低。

回路6:能源节约政策→生活能源强度→能源消费总量→二氧化碳排

放量→碳排放强度→能源节约政策。在居民生活领域推行能源节约政策后，生活能耗强度会有所下降，从而使能源消费量减少，二氧化碳排放量减少，碳排放强度降低，此时碳减排压力减小，节能政策推广力度降低。

（二）建立模型

根据因果关系图和反馈回路，将其转化为能源消费碳排放系统存量流量图，如图5-2所示，进而确定各因子之间的速率变量和状态方程。模型模拟区间为2005—2060年，时间间隔为DT=1年。系统的模拟分为两个阶段。第一阶段为2005—2020年，主要进行模型调试和对相关系统参数的确定。第二阶段为2021—2060年，主要进行系统模拟和相对应的政策分析。模型分为三个子模块，包括经济社会子模块、能源子模块和环境子模块。

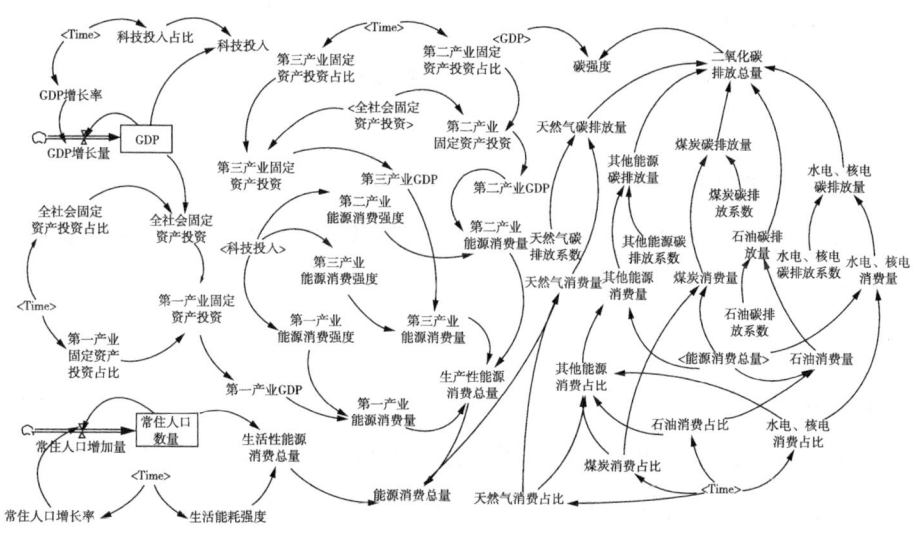

图5-2　四川省能源消费碳排放系统存量流量图

（三）数据来源

研究系统边界中的空间边界限定为四川省辖区内下辖18个地级市，105个县。模型预测所需的数据来自《四川省统计年鉴（2006—2021）》

《四川省国民经济和社会发展统计公报(2005—2020)》《中国能源统计年鉴(2006—2021)》和《中国统计年鉴(2006—2021)》,而部分无法从统计年鉴、公报等文献中获得的数据,将通过使用MATLAB软件、SPSSPRO软件等工具进行分析求得。

(四)确定变量及状态方程

1.模型变量及状态方程

模型中的变量主要包括状态变量、速率变量和辅助变量。

(1)状态变量。

状态变量包括L1:地区生产总值(即GDP);L2:常住人口数量。各状态变量方程表示为:

L1:GDP = INTEG(GDP,7195.88)

单位:亿元

L2:常住人口数量 = INTEG(人口增加量,8212)

单位:万人

(2)速率变量。

速率变量包括R1:GDP增长率;R2:常住人口增长率,速率变量以表函数的形式给出。

R1:GDP增长率 = WITHLOOKUP(Time,([(2005,0)-(2060,1)],(2005,0.128),(2006,0.1805),(2007,0.2434),(2008,0.2077),(2009,0.1124),(2010,0.2138),(2011,0.2221),(2012,0.1364),(2013,0.1085),(2014,0.0895),(2015,0.0502),(2016,0.0922),(2017,0.1438),(2018,0.1318),(2019,0.0807),(2020,0.0482),(2060,0.0177)))

单位:Dmnl

R2:常住人口增长率 = WITHLOOKUP(Time,([(2005,-0.1)-(2060,0.1)],(2005,0.0151),(2006,-0.0052),(2007,-0.0051),(2008,0.0014),(2009,0.0058),(2010,-0.0171),(2011,0.0024),(2012,0.0026),(2013,

0.003),(2014,0.0037),(2015,0.007),(2016,0.0067),(2017,0.0046),(2018,0.0039),(2019,0.0036),(2020,0.0024),(2060,0.0022)))

单位：Dmnl

（3）辅助变量。

辅助变量主要包括 A1：GDP 增加量；A2：常住人口增加量；A3：人均 GDP；A4：生活能耗强度；A5：生活性能源消费总量；A6：全社会固定资产投资；A7：科技投入占比；A8：科技投入；A9：第一产业固定资产投资；A10：第一产业 GDP；A11：第一产业能源消费强度；A12：第一产业能源消费量；A13：第二产业固定资产投资；A14：第二产业 GDP；A15：第二产业能源消费强度；A16：第二产业能源消费量；A17：第三产业固定资产投资；A18：第三产业 GDP；A19：第三产业能源消费强度；A20：第三产业能源消费量；A21：生产性能源消费总量；A22：能源消费总量；A23：天然气消费占比；A24：天然气消费量；A25：天然气碳排放系数；A26：天然气碳排放量；A27：煤炭消费占比；A28：煤炭消费量；A29：煤炭碳排放系数；A30：煤炭碳排放量；A31：石油消费占比；A32：石油消费量；A33：石油碳排放系数；A34：石油碳排放量；A35：一次电力消费占比；A36：一次电力消费量；A37：一次电力碳排放系数；A38：一次电力碳排放量；A39：其他能源消费占比；A40：其他能源消费量；A41：其他能源碳排放系数；A42：其他能源碳排放量；A43：二氧化碳排放总量；A44：碳强度；A45：第一产业固定资产投资占比；A46：第二产业固定资产投资占比；A47：第三产业固定资产投资占比。各变量计算方法及单位如下。

A1：GDP 增加量 =GDP × GDP 增长率

单位：亿元

A2：常住人口增加量 = 常住人口数量 × 常住人口增长率

单位：万人

A3：人均 GDP=GDP÷常住人口数量

单位：万元/人

A4：生活能耗强度 =0.1938× 人均 GDP$^{0.3866}$

单位：万吨/万人

A5：生活性能源消费总量 = 生活能耗强度 × 常住人口数量

单位：万吨标准煤

A6：全社会固定资产投资 =0.7605×GDP−610.87

单位：亿元

A7：科技投入占比 =WITHLOOKUP（Time,（[（2005,0）−（2060,1）],（2005,0.0134）,（2006,0.0127）,（2007,0.0132）,（2008,0.0127）,（2009,0.0151）,（2010,0.0157）,（2011,0.014）,（2012,0.0147）,（2013,0.0151）,（2014,0.0156）,（2015,0.0166）,（2016,0.0169）,（2017,0.0168）,（2018,0.0172）,（2019,0.0188）,（2020,0.0217）,（2060,0.0156）））

单位：Dmnl

A8：科技投入 = 科技投入占比 ×GDP

单位：亿元

A9：第一产业固定资产投资 = 第一产业固定资产投资占比 × 全社会固定资产投资

单位：亿元

A10：第一产业 GDP=179.42× 第一产业固定资产投资 $^{0.4472}$

单位：亿元

A11：第一产业能源消费强度 =1.2599× 科技投入 $^{-0.429}$

单位：万吨/亿元

A12：第一产业能源消费量 = 第一产业能源消费强度 × 第一产业 GDP

单位：万吨标准煤

A13：第二产业固定资产投资＝第二产业固定资产投资占比×全社会固定资产投资

单位：亿元

A14：第二产业 GDP=1.7927×第二产业固定资产投资+282.78

单位：亿元

A15：第二产业能源消费强度=43.158×科技投入$^{-0.595}$

单位：万吨/亿元

A16：第二产业能源消费量＝第二产业能源消费强度×第二产业 GDP

单位：万吨标准煤

A17：第三产业固定资产投资＝第三产业固定资产投资占比×全社会固定资产投资

单位：亿元

A18：第三产业 GDP=3.513×第三产业固定资产投资$^{0.8611}$

单位：亿元

A19：第三产业能源消费强度=4.4364×科技投入$^{-0.483}$

单位：万吨/亿元

A20：第三产业能源消费量＝第三产业能源消费强度×第三产业 GDP

单位：万吨标准煤

A21：生产性能源消费总量＝第一产业能源消费量+第二产业能源消费量+第三产业能源消费量

单位：万吨标准煤

A22：能源消费总量＝生产性能源消费总量+生活性能源消费总量

单位：万吨标准煤

A23：天然气消费占比＝WITHLOOKUP（Time,（[（2005,0）-（2060,1）],（2005,0.1008),（2006,0.1086),（2007,0.1049),（2008,0.0957),（2009,0.1035),（2010,0.1303),（2011,0.1046),（2012,0.0989),（2013,

0.0917），（2014，0.1105），（2015，0.1143），（2016，0.1437），（2017，0.1496），（2018，0.1583），（2019，0.1629），（2020，0.1646），（2060，0.2187）））

单位：Dmnl

A24：天然气消费量 = 天然气消费占比 × 能源消费总量

单位：万吨标准煤

A25：天然气碳排放系数 =0.4435

单位：万吨/万吨标准煤

A26：天然气碳排放量 = 天然气碳排放系数 × 天然气消费量 × 44/12

单位：万吨

A27：煤炭消费占比 =WITHLOOKUP（Time，（[（2005,0）-（2060,1）]，（2005，0.5238），（2006，0.5116），（2007，0.5222），（2008，0.5104），（2009，0.531），（2010，0.5179），（2011，0.4463），（2012，0.4685），（2013，0.4443），（2014，0.4276），（2015，0.3791），（2016，0.3394），（2017，0.3165），（2018，0.2945），（2019，0.2831），（2020，0.2704），（2060，0.0995）））

单位：Dmnl

A28：煤炭消费量 = 煤炭消费占比 × 能源消费总量

单位：万吨标准煤

A29：煤炭碳排放系数 =0.7476

单位：万吨/万吨标准煤

A30：煤炭碳排放量 = 煤炭消费量 × 煤炭碳排放系数 × 44/12

单位：万吨

A31：石油消费占比 =WITHLOOKUP（Time，（[（2005，0）-（2060，1）]，（2005，0.0832），（2006，0.0935），（2007，0.0996），（2008，0.109），（2009，0.1168），（2010，0.1218），（2011，0.1338），（2012，0.1382），（2013，0.1638），（2014，0.1977），（2015，0.219），（2016，0.19），（2017，0.193），（2018，0.1848），（2019，0.1867），（2020，0.176），（2060，0.2962）））

单位：Dmnl

A32：石油消费量 = 石油消费占比 × 能源消费总量

单位：万吨标准煤

A33：石油碳排放系数 =0.5825

单位：万吨 / 万吨标准煤

A34：石油碳排放量 = 石油消费量 × 石油碳排放系数 ×44/12

单位：万吨

A35：一次电力消费占比 =WITHLOOKUP（Time,（[（2005,0）-（2060,1）]，（2005，0.2922），（2006，0.2863），（2007，0.2732），（2008，0.2849），（2009，0.2487），（2010，0.2285），（2011，0.2748），（2012，0.2638），（2013，0.2577），（2014，0.237），（2015，0.2579），（2016，0.3065），（2017，0.3149），（2018，0.3336），（2019，0.339），（2020，0.3645），（2060，0.3461）））

单位：Dmnl

A36：一次电力消费量 = 一次电力消费占比 × 能源消费总量

单位：万吨标准煤

A37：一次电力碳排放系数 =0

单位：万吨 / 万吨标准煤

A38：一次电力碳排放量 = 一次电力消费量 × 一次电力碳排放系数 × 44/12

单位：万吨

A39：其他能源消费占比 =1– 天然气消费占比 – 一次电力消费占比 – 煤炭消费占比 – 石油消费占比

单位：Dmnl

A40：其他能源消费量 = 其他能源消费占比 × 能源消费总量

单位：万吨标准煤

A41：其他能源碳排放系数 =0

单位：万吨/万吨标准煤

A42：其他能源碳排放量 = 其他能源消费量 × 其他能源碳排放系数 × 44/12

单位：万吨

A43：二氧化碳排放总量 = 煤炭碳排放量 + 石油碳排放量 + 天然气碳排放量 + 一次电力碳排放量 + 其他能源碳排放量

单位：万吨

A44：碳强度 = 二氧化碳排放总量 ÷ GDP

单位：万吨/亿元

A45：第一产业固定资产投资占比 =WITHLOOKUP(Time,（[（2005,0）-（2060，1）],（2005，0.0303），（2006，0.0316），（2007，0.0331），（2008，0.0371），（2009，0.0436），（2010，0.0369），（2011，0.0185），（2012，0.0256），（2013，0.0317），（2014，0.0319），（2015，0.0386），（2016，0.0448），（2017，0.0488），（2018，0.0375），（2019，0.0362），（2020，0.0446），（2060，0.0458）））

单位：Dmnl

A46：第二产业固定资产投资占比 =WITHLOOKUP（Time,（[（2005，0）-（2060，0.5）],（2005，0.3756），（2006，0.3923），（2007，0.4182），（2008，0.41184），（2009，0.3818），（2010，0.3805），（2011，0.3824），（2012，0.363），（2013，0.339），（2014，0.3065），（2015，0.2881），（2016，0.283），（2017，0.2895），（2018，0.2596），（2019，0.2519），（2020，0.2537），（2060，0.2439）））

单位：Dmnl

A47：第三产业固定资产投资占比 =1- 第一产业固定资产投资占比 - 第二产业固定资产投资占比

单位：Dmnl

2. 变量说明

（1）能源消费结构。

首先运用灰色系统理论，建立各类能源消费量的灰色预测模型 GM，对 2060 年四川省各类能源消费量进行模拟和预测，从而得出四川省 2060 年能源消费结构，其余 2021—2059 年的消费占比由 Vensim PLE 软件所带函数 WITHLOOKUP 自动生成。

灰色系统的模型 GM(m, h) 是以灰色模块概念为基础，以微分拟合法为核心的建模方法。模型参数中 m 为模型微分方程的阶数，h 为参与建模的序列个数。而微分方程阶数越大，计算越复杂，精度提高也未必明显。因此，为了方便计算，通常采用 GM(1,1) 作为预测模型。本研究涉及的数据是等间隔序列数据，预测模型如下：

设某系统特征量为等间隔序列，观测数列为

$$\boldsymbol{x}^{(0)}(t)=[x^{(0)}(1), x^{(0)}(2), \cdots, x^{(0)}(n)] \tag{5-1}$$

对式（5-1）作一次累加生成，得

$$\boldsymbol{x}^{(1)}(t)=[x^{(1)}(1), x^{(1)}(2), \cdots, x^{(1)}(n)] \tag{5-2}$$

对式（5-2）可建立一阶线性微分方程，称为模型的白化方程：

$$\frac{\mathrm{d}\boldsymbol{x}^{(1)}(t)}{\mathrm{d}t}+a\boldsymbol{x}^{(1)}(t)=\boldsymbol{u} \tag{5-3}$$

式（5-3）中，a 用来控制系统发展态势的大小，称为发展系数；u 用来反映资料变化的关系，称为灰色作用量；$\boldsymbol{x}^{(1)}(t)$ 为原始数据序列 $\boldsymbol{x}^{(0)}(t)$ 的一次累加生成序列，即

$$\boldsymbol{x}^{(1)}(t)=\sum_{i=1}^{t}\boldsymbol{x}^{(0)}(i), \ t\in N \tag{5-4}$$

根据最小二乘法原理，GM(1,1) 模型中的参数向量为

$$\boldsymbol{a}=[a,u]^{\mathrm{T}}=(\boldsymbol{B}^{\mathrm{T}}\boldsymbol{B})^{-1}\boldsymbol{B}^{\mathrm{T}}\boldsymbol{Y}_n \tag{5-5}$$

解式（5-3），其中 $x^{(1)}(1)=x^{(0)}(1)$ 为初值，得

$$x^{(1)}(t)=\left[x^{(0)}(1)-\frac{u}{a}\right]\mathrm{e}^{-at}+\frac{u}{a}, \ t\in N \quad (5-6)$$

根据式（5-6）得到模型的预测值后，再进行累减生成，即可还原出 $x^{(0)}(t)$ 的预测值：

$$\hat{x}^{(0)}(t)=x^{(1)}(t)-x^{(1)}(t-1) \quad (5-7)$$

GM(1,1)模型的精度检验一般采用残差、后验差、关联度等方法。本研究采用后验差法进行GM(1,1)模型的精度检验。后验差法是按残差统计特征进行精度检验，以各点预测误差 $e^{(0)}(t)$ 为基础，检验后验差比值 C 的大小，从而评定模型的精度。后验差比值 C 按下式计算：

$$e^{(0)}(t)=x^{(0)}(t)-\hat{x}^{(0)}(t) \quad (5-8)$$

$$C=s_2/s_1 \quad (5-9)$$

式中　s_1——原始数列的标准差；

　　　s_0——残差数列的标准差。

后验差比值 C 越小预测模型越好，C 值小于0.35则模型精度高，C 值小于0.5说明模型精度合格，C 值小于0.65说明模型精度基本合格，如果 C 值大于0.65，则说明模型精度不合格。

将2005—2020年四川省各类能源消费量作为原始数据预测各类能源消费量，建立灰色预测模型GM(1,1)前，需要对各能源时间序列数据进行级比检验。若通过级比检验，则说明该序列适合构建灰色模型，若不通过级比检验，则对序列进行"平移转换"，从而使得新序列满足级比值检验。若所有的级比值都位于区间（$\mathrm{e}^{-2/(n+1)}$，$\mathrm{e}^{2/(n+1)}$）内，说明数据适合模型构建。各类能源消费量级比检验结果见表5-1至表5-5。

第五章 基于系统动力学的四川省能源消费碳排放预测

表 5-1 煤炭消费量级比检验结果表

索引项	原始值	级比值	平移转换后序列值	平移转换后级比值
2005	6189.62	—	15829.62	—
2006	6643.631	0.932	16283.631	0.972
2007	7422.99	0.895	17062.99	0.954
2008	7729.723	0.96	17369.723	0.982
2009	8667.625	0.892	18307.625	0.949
2010	9266.471	0.935	18906.471	0.968
2011	8790.682	1.054	18430.682	1.026
2012	9639.779	0.912	19279.779	0.956
2013	9556.943	1.009	19196.943	1.004
2014	8500.057	1.124	18140.057	1.058
2015	7539.273	1.127	17179.273	1.056
2016	6365.445	1.184	16005.445	1.073
2017	6085.054	1.046	15725.054	1.018
2018	5865.335	1.037	15505.335	1.014
2019	5886.072	0.996	15526.072	0.999
2020	5728.903	1.027	15368.903	1.01

表 5-2 石油消费量级比检验结果表

索引项	原始值	级比值	平移转换后序列值	平移转换后级比值
2005	983.49	—	5339.49	—
2006	1214.301	0.81	5570.301	0.959
2007	1416.432	0.857	5772.432	0.965
2008	1651.23	0.858	6007.23	0.961
2009	1906.188	0.866	6262.188	0.959
2010	2179.838	0.874	6535.838	0.958
2011	2635.109	0.827	6991.109	0.935
2012	2843.79	0.927	7199.79	0.971
2013	3523.482	0.807	7879.482	0.914

续表

索引项	原始值	级比值	平移转换后序列值	平移转换后级比值
2014	3930.12	0.897	8286.12	0.951
2015	4355.47	0.902	8711.47	0.951
2016	3563.059	1.222	7919.059	1.1
2017	3711.601	0.96	8067.601	0.982
2018	3680.687	1.008	8036.687	1.004
2019	3881.84	0.948	8237.84	0.976
2020	3729.569	1.041	8085.569	1.019

表 5-3 天然气消费量级比检验结果表

索引项	原始值	级比值	平移转换后序列值	平移转换后级比值
2005	1190.616	—	4677.616	—
2006	1410.864	0.844	4897.864	0.955
2007	1491.595	0.946	4978.595	0.984
2008	1448.902	1.029	4935.902	1.009
2009	1688.967	0.858	5175.967	0.954
2010	2330.958	0.725	5817.958	0.89
2011	2061.101	1.131	5548.101	1.049
2012	2034.4	1.013	5521.4	1.005
2013	1972.39	1.031	5459.39	1.011
2014	2196.761	0.898	5683.761	0.961
2015	2274.034	0.966	5761.034	0.987
2016	2695.358	0.844	6182.358	0.932
2017	2876.26	0.937	6363.26	0.972
2018	3152.164	0.912	6639.164	0.958
2019	3387.718	0.93	6874.718	0.966
2020	3486.644	0.972	6973.644	0.986

表 5-4 一次电力消费量级比检验结果表

索引项	原始值	级比值	平移转换后序列值	平移转换后级比值
2005	3452.417	—	11175.417	—
2006	3717.699	0.929	11440.699	0.977
2007	3883.18	0.957	11606.18	0.986
2008	4315.215	0.9	12038.215	0.964
2009	4058.968	1.063	11781.968	1.022
2010	4088.368	0.993	11811.368	0.998
2011	5412.926	0.755	13135.926	0.899
2012	5428.295	0.997	13151.295	0.999
2013	5544.114	0.979	13267.114	0.991
2014	4710.263	1.177	12433.263	1.067
2015	5129.045	0.918	12852.045	0.967
2016	5749.175	0.892	13472.175	0.954
2017	6055.889	0.949	13778.889	0.978
2018	6644.927	0.911	14367.927	0.959
2019	7048.633	0.943	14771.633	0.973
2020	7722.206	0.913	15445.206	0.956

表 5-5 其他能源消费量级比检验结果表

索引项	原始值	级比值	平移转换后序列值	平移转换后级比值
2005	0	—	6408	—
2006	0		6408	1
2007	0		6408	1
2008	0		6408	1
2009	0		6408	1
2010	26.19	0	6434.19	0.996
2011	796.37	0.033	7204.37	0.893
2012	628.72	1.267	7036.72	1.024
2013	915.38	0.687	7323.38	0.961

续表

索引项	原始值	级比值	平移转换后序列值	平移转换后级比值
2014	541.46	1.691	6949.46	1.054
2015	590.28	0.917	6998.28	0.993
2016	382.773	1.542	6790.773	1.031
2017	500.17	0.765	6908.17	0.983
2018	573.065	0.873	6981.065	0.99
2019	586.326	0.977	6994.326	0.998
2020	518.577	1.131	6926.577	1.01

四川省各类能源消费量平移转换后序列的所有级比值都位于区间（0.889，1.125）内，说明平移转换后序列适合构建灰色预测模型来测算四川省能源消费量。通过计算得出本研究所构建各类能源消费量灰色预测GM(1,1)模型的发展系数 a、灰色作用量 u 和后验差比值 C，见表5-6。

表5-6 灰色模型构建

序号	能源类别	发展系数 a	灰色作用量 u	后验差比值 C
1	煤炭	0.009	18611.624	0.684
2	石油	−0.027	5766.601	0.181
3	天然气	−0.026	4627.67	0.071
4	一次电力	−0.02	10990.309	0.109
5	其他能源	−0.006	6444.78	0.544

由表5-6可知，煤炭消费量灰色预测模型的后验差比值 C 为0.684，模型精度不合格；石油消费量灰色预测模型的后验差比值 C 为0.181，模型精度高；天然气消费量灰色预测模型的后验差比值 C 为0.071，模型精度高；一次电力消费量灰色预测模型的后验差比值 C 为0.109，模型精度高；其他能源消费量灰色预测模型的后验差比值 C 为0.544，模型精度基

本合格。不难看出，可用 GM(1,1) 模型来预测四川省未来的石油消费量、天然气消费量、一次电力消费量和其他能源消费量，这四类能源 2060 年的消费量见表 5-7。

表 5-7 2060 年四川省石油、天然气、一次电力和其他能源消费量预测值

序列	能源类别	消费量预测值（万吨标准煤）
1	石油	21890.68
2	天然气	15641.21
3	一次电力	24754.51
4	其他能源	2825.88

煤炭消费量预测模型的后验差比值 C 为 0.684，模型精度不合格，不能使用 GM(1,1) 模型进行预测，接下来使用时间序列分析模型预测四川省煤炭消费量。

时间序列分析（ARIMA）模型作为一类常用的随机时间序列模型，是一种精度较高的时间序列短期预测方法。对此模型的分析研究，能够更好地认识时间序列的结构与特征，获得最小方差意义下的最优预测。ARIMA 模型原理具有如下结构的模型称为自回归移动平均模型，即 ARIMA(p,d,q) 模型[26]：

$$\begin{cases} \Phi(L)\Delta^d y_t = c + \Theta(L)\varepsilon_t \\ E(\varepsilon_t)=0 \\ Var(\varepsilon_t)=0 \\ E(\varepsilon_t,\varepsilon_s)=0(s \neq t) \\ E(y_t,\varepsilon_s)=0(\forall s<t) \end{cases} \quad (5-10)$$

式中 L——延迟算子；

$\Delta^d=(1-L)^d$——其中 d 为差分阶数；

y_t——时间序列；

p——自回归多项式阶数；

q——移动平均多项式阶数；

c——常数项；

$\varepsilon_t(t=1,2\cdots)$——高斯白噪声序列；

s 和 t——表示时间序列的不同时刻；

$E(\varepsilon_t)$——t 时刻白噪声序列的均值；

$Var(\varepsilon_t)$——t 时刻白噪声序列的方差；

$E(\varepsilon_t,\varepsilon_s)$——$t$ 与 s 时刻白噪声序列的协方差；

$E(y_t,\varepsilon_s)$——$\{y_t\}$ 序列 t 时刻与白噪声序列 s 时刻的协方差；

$\Phi(L)=1-\phi_1 L-\phi_2 L^2-\cdots-\phi_p L^p$——ARIMA$(p, q)$ 模型自回归系数多项式，其中 $\phi_i(i=1, 2, \cdots, p)$ 为自回归多项式的待估系数；

$\Phi(L)=1+\phi_1 L+\phi_2 L^2+\cdots+\phi_q L^q$——ARIMA$(p, d, q)$ 模型移动平均系数多项式，其中 $\phi_i(i=1, 2, \cdots, q)$ 为模型移动平均多项式的待估系数。将式（5-10）简记为：

$$\Delta^d y_t = \mu + \frac{\Theta(L)}{\Phi(L)}\varepsilon_t \tag{5-11}$$

式中　μ——时间序列 y_t 的均值。

ARIMA(p, d, q) 模型的具体求解步骤如下[27]。

第一步，根据时间序列的散点图或折线图对序列进行初步的平稳性判断，并采用 ADF 单位根对序列的平稳性进行检验。对非平稳的时间序列，进行差分处理，直至成为平稳序列，此时差分的次数即为 ARIMA(p,d,q) 模型中的阶数 d。

第二步，计算时间序列样本的自相关系数和偏自相关系数，并对模型中的 p 和 q 两个参数进行多种组合选择，两个 AIC 和 SC 函数值达到最小的模型为相对最优模型。

第三步，利用最小二乘法对 ARMA(p,q) 模型 $p+q+2$ 个参数进行估计，并进行显著性检验。通常应剔除不显著参数所对应的自变量并重新拟合模型，以构造出结构更精炼的拟合模型。

第四步，检验模型对原时间序列的拟合效果，即检验残差序列是否为白噪声序列。

第五步，根据检验和比较的结果，确定模型，并利用该模型进行预测。

本研究通过使用 SPSSPRO 软件进行煤炭消费量 ARIMA(p,d,q) 模型相关参数计算和消费量的预测，ADF 检验结果见表 5-8 所示。

表 5-8　煤炭消费量 ARMA(p,d,q) 模型 ADF 检验表

变量	差分阶数	t	P	AIC	临界值		
					1%	5%	10%
煤炭消费量	0	−2.623	0.088*	135.114	−4.473	−3.29	−2.772
	1	−2.066	0.258	143.851	−4.012	−3.104	−2.691
	2	−9.817	0.000***	102.368	−4.665	−3.367	−2.803

注：***、* 分别代表 1%、10% 的显著性水平。

由表 5-8 不难看出，在差分为 0 阶时，显著性 P 值为 0.088*，水平上不呈现显著性，不能拒绝原假设，该序列为不平稳的时间序列；在差分为 1 阶时，显著性 P 值为 0.258，水平上不呈现显著性，不能拒绝原假设，该序列为不平稳的时间序列；在差分为 2 阶时，显著性 P 值为 0.000***，水平上呈现显著性，拒绝原假设，该序列为平稳的时间序列。

在对数据平稳化处理与检验后，接下来计算时间序列样本的自相关系数和偏自相关系数的值，并根据自相关系数和偏自相关系数的性质来估计自相关阶数 p 和移动平均阶数 q 的值，以选择适当的 ARMA(p,q) 模型。图 5-3 和图 5-4 为四川省 2005—2020 年煤炭消费量时间序列的二阶差分数据自相关图（ACF）和二阶差分数据偏自相关图（PACF）。系统基于 AIC

和 BIC 信息准则自动寻找最优参数，确定选择 ARIMA(p,d,q) 模型中差分阶数 $d=2$、自相关阶数 $p=0$ 和移动平均阶数 $q=0$，实现 AIC 函数值达到最小。

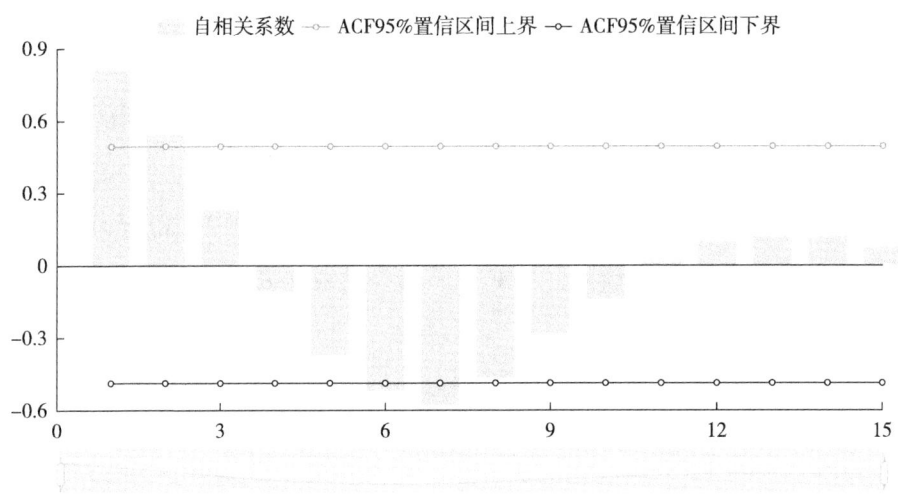

图 5-3　二阶差分数据自相关图（ACF）

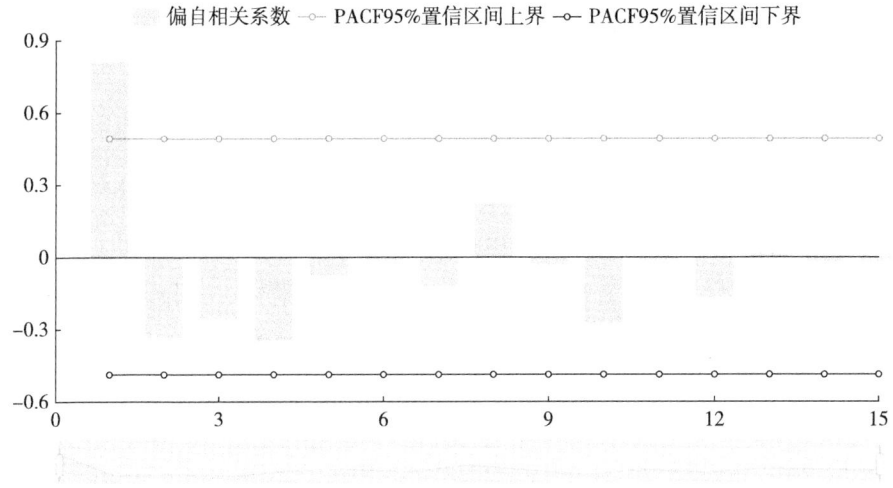

图 5-4　二阶差分数据偏自相关图（PACF）

因此，本研究四川省煤炭消费量 ARIMA(p,d,q) 模型确定为 ARIMA(0,2,0) 模型，相关参数见表 5-9。

第五章 基于系统动力学的四川省能源消费碳排放预测

表 5-9 ADF 检验表

项	符号	值
样本数量	Df Residuals	13
	N	16
Q 统计量	Q6（P 值）	0.411（0.522）
	Q12（P 值）	5.508（0.480）
信息准则	AIC	256.173
	BIC	259.264
拟合优度	R^2	0.828

从表 5-9 的 Q 统计量结果分析可以得到：Q6 在水平上不呈现显著性，不能拒绝模型的残差为白噪声序列的假设，同时模型的拟合优度 R^2 为 0.828，模型表现优秀，模型基本满足要求，可以用来预测四川省煤炭消费量。模型公式如下：

$$y(t) = 7112.506 + 1.373 y(t-1) - 0.539 y(t-2) \tag{5-12}$$

运用以上模型对四川省未来煤炭消费量进行模拟预测，得出 2060 年全省煤炭消费总量为 7112.50 万吨标准煤。

综上所述，通过计算得出 2060 年四川省各类能源消费量和占比见表 5-10。

表 5-10 2060 年四川省各类能源消费量和占比

序号	能源类别	消费量（万吨标准煤）	占比（%）
1	煤炭	7112.5	9.95
2	石油	21182.64	29.62
3	天然气	15641.22	21.87
4	一次电力	24754.51	34.61
5	其他能源	2825.88	3.95

(2)能源强度。

三次产业能源消费强度（即单位增加值能耗）与科技进步密切联系，而科技进步在很大程度上依赖于科技投入，科技投入通过影响节能降耗技术的创新水平，从而影响三次产业的能源消费强度。针对第一产业能源消费强度、第二产业能源消费强度、第三产业能源消费强度等3组输入变量，在Matlab软件中建立各变量随科技投入的变化关系，利用软件中的非线性拟合功能，经多次迭代，选出拟合度最高的拟合曲线，得到最终的回归方程式，见表5-11。长期来看，收入增加是居民生活能耗增加的主要原因，四川省位于我国西部地区，城镇地区1个单位收入对能耗的弹性系数为0.477，收入对能耗的影响显著，而人均收入是人均GDP的重要构成要素，因此针对生活能耗强度这一个输入变量，同样在Matlab软件中建立该变量随人均GDP变化而变化的关系，利用软件中的非线性拟合功能，经多次迭代，选出拟合度最高的拟合曲线，得到最终的回归方程式。

表5-11 模型能源强度回归方程

因变量 y	自变量 x	拟合优度 R^2	拟合方程
第一产业能源消费强度	科技投入	0.9332	$1.2599 \times x^{-0.429}$
第二产业能源消费强度	科技投入	0.9865	$43.158 \times x^{-0.595}$
第三产业能源消费强度	科技投入	0.9575	$4.4364 \times x^{-0.483}$
生活能耗强度	人均GDP	0.9274	$0.1938 \times x^{0.3866}$

由表5-11可知，能源强度拟合方程的拟合优度均大于0.9，表明所构建能源强度拟合方程的拟合度很好，可以通过自变量科技投入计算产业能源消费强度，通过自变量人均GDP计算生活能耗强度。

（3）常住人口增长率。

从刘敬敏等的研究成果中，不难看出在我国全面放开二孩和三孩政策之后，并不会造成人口激增或人口爆炸，人口总量依旧呈现缓慢增长趋势，因此，本研究对2060年常住人口增长率进行预测时，仍旧利用2005—2020年四川省常住人口统计数据，运用灰色系统理论，建立常住人口数量的灰色预测模型GM（1，1），通过SPSSPRO软件测算出2059年和2060年四川省常住人口数量，从而计算得出四川省2060年常住人口增长率，其余年份2021—2059年的常住人口增长率由Vensim PLE软件自带函数WITHLOOKUP自动生成。

将四川省2005—2020年常住人口数量作为原始时间序列数据，预测四川省2059年和2060年常住人口数量，同样使用后验差比值对所建立的灰色预测模型GM（1，1）进行精度检验。在建立常住人口数量灰色预测模型GM（1，1）前，对时间序列进行级比检验。若通过级比检验，则说明该序列适合构建灰色模型，若未通过级比检验，则对序列进行平移转换，从而使得新序列满足级比值检验。通过计算，四川省常住人口级比检验结果见表5-12。

表5-12 四川省常住人口数量级比检验结果表

索引项	原始值	级比值
2005	8212	—
2006	8169	1.005
2007	8127	1.005
2008	8138	0.999
2009	8185	0.994
2010	8045	1.017
2011	8064	0.998
2012	8085	0.997

续表

索引项	原始值	级比值
2013	8109	0.997
2014	8139	0.996
2015	8196	0.993
2016	8251	0.993
2017	8289	0.995
2018	8321	0.996
2019	8351	0.996
2020	8371	0.998

由表5-12分析可以得到，四川省常住人口数量原序列的所有级比值都位于区间（0.889，1.125）内，说明四川省2005—2020年的常住人口数量原序列适合用于构建灰色预测模型来预测四川省常住人口数量。通过计算得出本研究所构建常住人口数量灰色预测GM（1，1）模型的发展系数a、灰色作用量u和后验差比值C见表5-13。

表5-13 常住人口数量灰色预测GM（1，1）模型

发展系数a	灰色作用量u	后验差比值C值
-0.002	8036.57	0.408

由表5-13可知，所构建常住人口数量灰色预测GM（1，1）模型的后验差比值C值为0.408，小于0.5，表明构建模型的精度合格，可以用来预测四川省常住人口数量。通过系列计算得出四川省2059年常住人口数量为9062.925万人，2060年常住人口数量为9082.926万人，因此2060年四川省常住人口增长率为0.22%，2021—2059年常住人口增长率系统自动生成。

(4)全社会固定资产投资和三次产业 GDP。

根据宋丽智的研究成果可知,我国国民经济的高速增长离不开投资的持续增长。改革开放以来,固定资产投资快速稳定增长,一直是我国经济增长的重要拉动因素。在拉动经济增长的消费、投资和净出口"三驾马车"中,投资增长特别是固定资产投资成为近年来我国经济增长的主要动力。而长期以来,我国固定资产投资与 GDP 增长具有双向的格兰杰因果关系,即我国固定资产投资与经济增长存在相互促进作用。因此,针对第一产业 GDP、第二产业 GDP 和第三产业 GDP 等 3 组输入变量,在 Matlab 软件中建立各变量随相应固定资产投资变化而变化的关系;针对全社会固定资产投资这一输入变量,在 Matlab 软件中建立各变量随全省 GDP 变化而变化的关系。利用软件中的非线性拟合功能,经多次迭代,选出拟合度最高的拟合曲线,得到最终的回归方程式,见表 5-14。

表 5-14　模型全社会固定资产投资和三次产业 GDP 回归方程

因变量 y	自变量 x	拟合优度 R^2	拟合方程
全社会固定资产投资	地区生产总值 GDP	0.9414	$0.7605 \times GDP - 610.87$
第一产业 GDP	第一产业固定资产投资	0.9072	$179.42 \times x^{0.4472}$
第二产业 GDP	第二产业固定资产投资	0.9137	$1.7927 \times x + 282.78$
第三产业 GDP	第二产业固定资产投资	0.9599	$3.513 \times x^{0.8611}$

由表 5-14 可知,全社会固定资产投资和三次产业 GDP 拟合方程的拟合优度均大于 0.9,表明所构建全社会固定资产投资和三次产业 GDP 拟合方程的拟合度很好,可以通过自变量地区生产总值 GDP 计算全社会固定资产投资,通过各产业固定资产投资计算各产业 GDP。

（5）GDP 增长率。

首先通过使用 SPSSPRO 软件进行四川省 GDP ARIMA(p,d,q) 模型相关参数计算，从而得出 2059 年和 2060 年的四川省 GDP，进而计算出四川省 2060 年的 GDP 增长率，2021—2059 年的 GDP 增长率则由 Vensim PLE 系统软件自动生成。ADF 检验结果见表 5-15。

表 5-15　四川省 GDP ARIMA（p,d,q）模型 ADF 检验表

变量	差分阶数	t	P	AIC	临界值		
					1%	5%	10%
GDP	0	0.308	0.978	125.573	-4.473	-3.29	-2.772
	1	-1.95	0.309	124.388	-4.473	-3.29	-2.772
	2	-5.804	0.000***	118.277	-4.473	-3.29	-2.772

注：***代表 1% 的显著性水平。

由表 5-15 分析可知，在差分为 0 阶时，显著性 P 值为 0.978，水平上不呈现显著性，不能拒绝原假设，该序列为不平稳的时间序列；在差分为 1 阶时，显著性 P 值为 0.309，水平上不呈现显著性，不能拒绝原假设，该序列为不平稳的时间序列；在差分为 2 阶时，显著性 P 值为 0.000***，水平上呈现显著性，拒绝原假设，该序列为平稳的时间序列。

在对数据平稳化处理与检验后，接下来计算时间序列样本的自相关系数和偏自相关系数的值，并根据自相关系数和偏自相关系数的性质来估计自相关阶数 p 和移动平均阶数 q 的值，以选择适当的 ARMA（p,q）模型。图 5-5 和图 5-6 为四川省 GDP 时间序列的二阶差分数据自相关图（ACF）和二阶差分数据偏自相关图（PACF）。系统基于 AIC 和 BIC 信息准则自动寻找最优参数，确定选择 ARIMA（p,d,q）模型中差分阶数 d=1、自相关阶数 p=0 和移动平均阶数 q=0，实现 AIC 函数值达到最小。

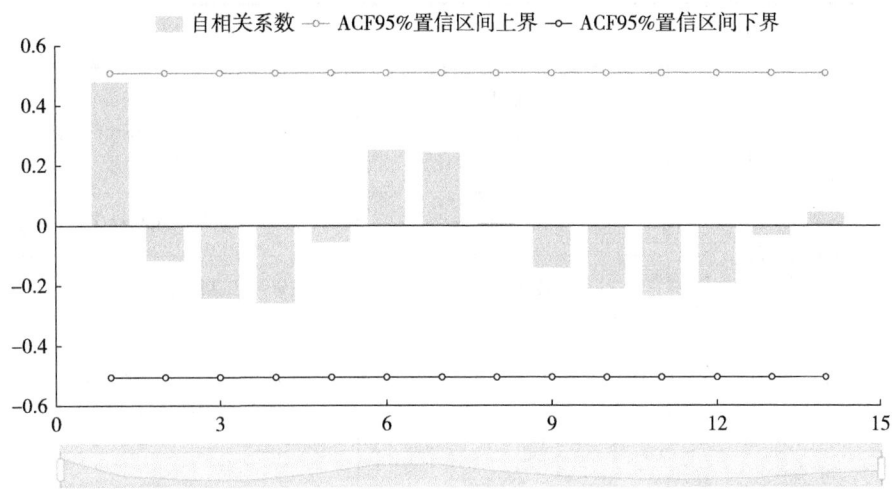

图 5-5　二阶差分数据自相关图（ACF）

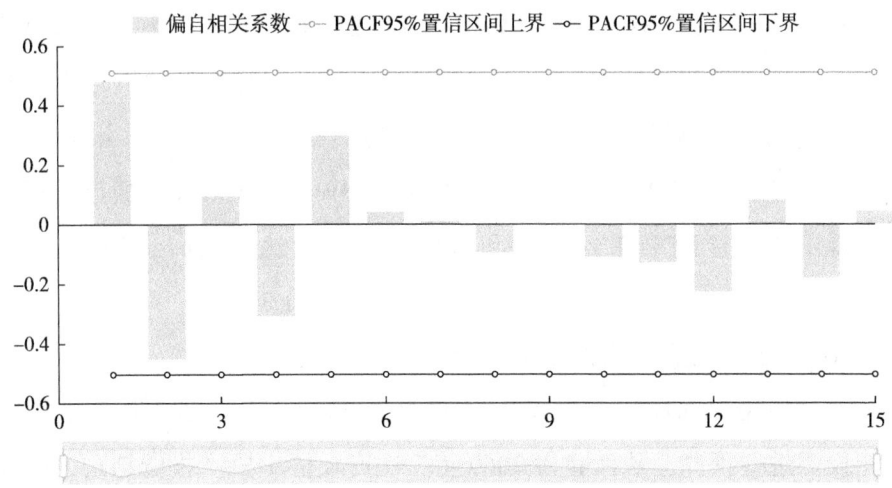

图 5-6　二阶差分数据偏自相关图（PACF）

因此，四川省 GDP ARIMA(p,d,q) 模型确定为 ARIMA(0,1,0) 模型，相关参数见表 5-16。

表 5-16 ADF 检验表

项	符号	值
	Df Residuals	14
样本数量	N	16
Q 统计量	Q6（P 值）	4.213（0.040**）
	Q12（P 值）	9.244（0.160）
信息准则	AIC	256.205
	BIC	257.621
拟合优度	R^2	0.992

注：** 代表 5% 的显著性水平。

从表 5-16 的 Q 统计量结果分析可以得到：Q12 在水平上不呈现显著性，不能拒绝模型的残差为白噪声序列的假设，同时模型的拟合优度 R^2 为 0.992，模型表现优秀，模型基本满足要求，可以用来预测四川省 GDP。因此，通过 SPSSPRO 软件对建立的四川省 GDP ARIMA(p,d,q) 模型进行预测，得出四川省 GDP 在 2059 年和 2060 年分别会达到 156246.248 亿元和 159006.44 亿元，故四川省 2060 年 GDP 增长率为 1.77%。

（6）三次产业固定资产投资结构。

通过使用时间序列分析 ARIMA 模型对 2060 年四川省三次产业固定资产投资进行预测，从而获得 2060 年三次产业固定资产投资结构，同样 2021—2059 年的三次产业固定资产投资占比则由 Vensim PLE 系统软件自动生成。

四川省第一产业固定资产投资 ARIMA(p,d,q) 模型 ADF 检验结果见表 5-17。

表5-17 四川省第一产业固定资产投资 ARIMA(p,d,q) 模型 ADF 检验表

变量	差分阶数	t	P	AIC	临界值		
					1%	5%	10%
第一产业固定资产投资	0	4.162	1.000	100.396	−4.473	−3.29	−2.772
	1	−2.824	0.055*	124.569	−4.473	−3.29	−2.772
	2	−8.117	0.000***	92.543	−4.665	−3.367	−2.803

注：***、* 分别代表 1%、10% 的显著性水平。

由表 5-17 分析可知，在差分为 0 阶时，显著性 P 值为 1.000，水平上不呈现显著性，不能拒绝原假设，该序列为不平稳的时间序列；在差分为 1 阶时，显著性 P 值为 0.055*，水平上不呈现显著性，不能拒绝原假设，该序列为不平稳的时间序列；在差分为 2 阶时，显著性 P 值为 0.000***，水平上呈现显著性，拒绝原假设，该序列为平稳的时间序列。

在对数据平稳化处理与检验后，接下来计算时间序列样本的自相关系数和偏自相关系数的值，并根据自相关系数和偏自相关系数的性质来估计自相关阶数 p 和移动平均阶数 q 的值，以选择适当的 ARMA(p,q) 模型。图 5-7 和图 5-8 为四川省第一产业固定资产投资时间序列的二阶差分数据自相关图（ACF）和二阶差分数据偏自相关图（PACF）。系统基于 AIC 和 BIC 信息准则自动寻找最优参数，确定选择 ARIMA(p,d,q) 模型中差分阶数 $d=1$、自相关阶数 $p=0$ 和移动平均阶数 $q=0$，实现 AIC 函数值达到最小。

因此，四川省第一产业固定资产投资 GDP ARIMA(p,d,q) 模型确定为 ARIMA(0,1,0) 模型，相关参数见表 5-18。

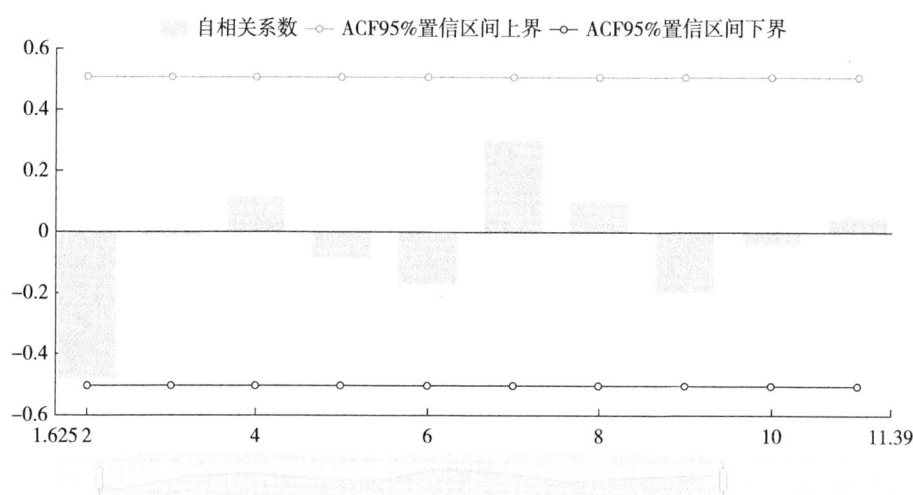

图 5-7 第一产业固定资产投资二阶差分数据自相关图（ACF）

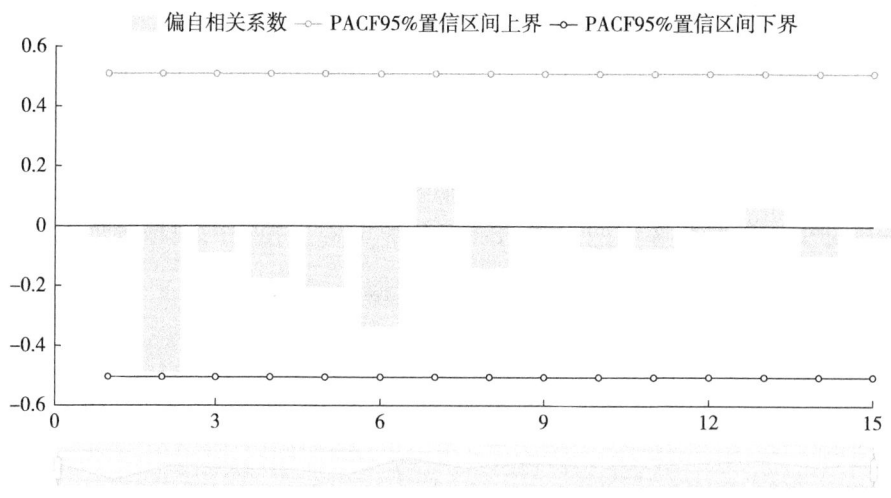

图 5-8 第一产业固定资产投资二阶差分数据偏自相关图（PACF）

表 5-18 第一产业固定资产投资 ARIMA(p,d,q) 模型 ADF 检验表

项	符号	值
	Df Residuals	14
样本数量	N	16
Q 统计量	Q6（P 值）	0.034（0.853）
	Q12（P 值）	6.168（0.405）
信息准则	AIC	207.18
	BIC	208.596
拟合优度	R^2	0.766

从表 5-18 的 Q 统计量结果分析可以得到：Q6 在水平上不呈现显著性，不能拒绝模型的残差为白噪声序列的假设，同时模型的拟合优度 R^2 为 0.766，模型表现较为良好，模型基本满足要求，可以用来预测四川省第一产业固定资产投资。因此，通过 SPSSPRO 软件对建立的四川省 GDP ARIMA(0,1,0) 模型进行预测，得出 2060 年四川省第一产业固定资产投资为 5282.29 亿元。

四川省第二产业固定资产投资 ARIMA(p,d,q) 模型 ADF 检验结果见表 5-19。

表 5-19 四川省第二产业固定资产投资 ARIMA(p,d,q) 模型 ADF 检验表

变量	差分阶数	t	P	AIC	临界值		
					1%	5%	10%
第二产业固定资产投资	0	−2.131	0.232	144.321	−4.138	−3.155	−2.714
	1	−3.785	0.003***	150.908	−4.012	−3.104	−2.691
	2	−3.046	0.031**	133.954	−4.223	−3.189	−2.73

注：***、** 分别代表 1%、5% 的显著性水平。

由表 5-19 分析可知，在差分为 0 阶时，显著性 P 值为 0.232，水平上不呈现显著性，不能拒绝原假设，该序列为不平稳的时间序列；在差分为 1 阶时，显著性 P 值为 0.003***，水平上呈现显著性，拒绝原假设，该序列为平稳的时间序列；在差分为 2 阶时，显著性 P 值为 0.031**，水平上呈现显著性，拒绝原假设，该序列为平稳的时间序列。

在对数据平稳化处理与检验后，接下来计算时间序列样本的自相关系数和偏自相关系数的值，并根据自相关系数和偏自相关系数的性质来估计自相关阶数 p 和移动平均阶数 q 的值，以选择适当的 ARMA(p,q) 模型。图 5-9 和图 5-10 为四川省第二产业固定资产投资时间序列的二阶差分数据自相关图（ACF）和二阶差分数据偏自相关图（PACF）。系统基于 AIC 和 BIC 信息准则自动寻找最优参数，确定选择 ARIMA(p,d,q) 模型中差分阶数 $d=1$、自相关阶数 $p=0$ 和移动平均阶数 $q=0$，实现 AIC 函数值达到最小。

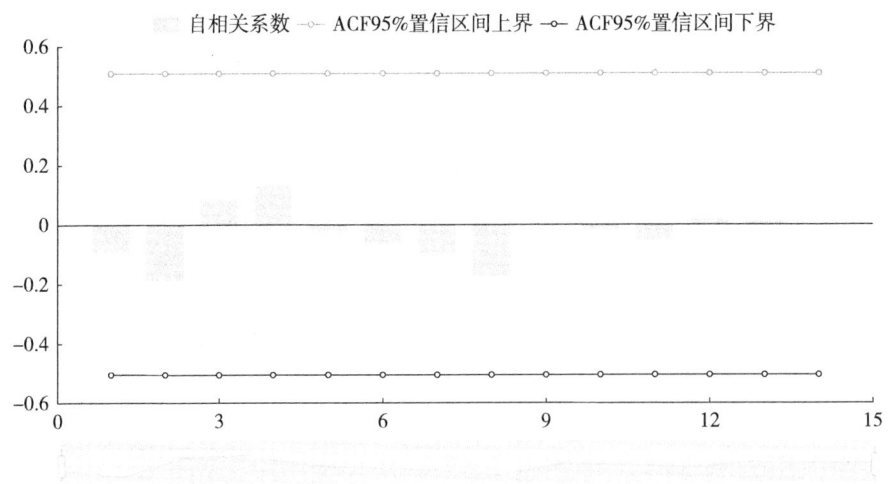

图 5-9　第二产业固定资产投资二阶差分数据自相关图（ACF）

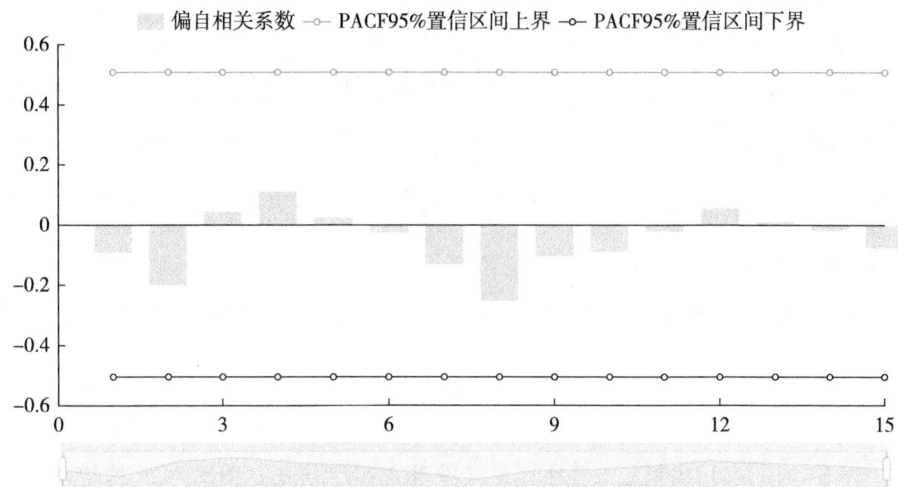

图 5-10　第二产业固定资产投资二阶差分数据偏自相关图（PACF）

因此，四川省第二产业固定资产投资 GDP ARIMA(p,d,q) 模型确定为 ARIMA(0,1,0) 模型，相关参数见表 5-20。

表 5-20　第二产业固定资产投资 ARIMA(p,d,q) 模型 ADF 检验表

项	符号	值
	Df Residuals	14
样本数量	N	16
Q 统计量	Q6（P 值）	0.165（0.684）
	Q12（P 值）	1.583（0.954）
信息准则	AIC	243.766
	BIC	245.182
拟合优度	R^2	0.867

从表 5-20 的 Q 统计量结果分析可以得到：Q6 在水平上不呈现显著性，不能拒绝模型的残差为白噪声序列的假设，同时模型的拟合优度 R^2 为 0.867，模型表现优秀，模型基本满足要求，可以用来预测四川省第二产业固定资产投资。因此，通过 SPSSPRO 软件对建立的四川省 GDP ARIMA(0,1,0) 模型进行预测，得出 2060 年四川省第二产业固定资产投资为 28136.0 亿元。

四川省第三产业固定资产投资 ARIMA(p,d,q) 模型 ADF 检验结果见表 5-21。

表 5-21　四川省第三产业固定资产投资 ARIMA(p,d,q) 模型 ADF 检验表

变量	差分阶数	t	P	AIC	临界值		
					1%	5%	10%
第三产业固定资产投资	0	−1.76	0.401	148.192	−4.473	−3.29	−2.772
	1	−1.77	0.395	155.477	−4.223	−3.189	−2.73
	2	−0.227	0.935	139.928	−4.223	−3.189	−2.73

由表 5-21 分析可知，在差分为 0 阶时，显著性 P 值为 0.401，水平上不呈现显著性，不能拒绝原假设，该序列为不平稳的时间序列；在差分为 1 阶时，显著性 P 值为 0.395，水平上不呈现显著性，不能拒绝原假设，该序列为不平稳的时间序列；在差分为 2 阶时，显著性 P 值为 0.935，水平上不呈现显著性，不能拒绝原假设，该序列为不平稳的时间序列。

在对数据平稳化处理与检验后，接下来计算时间序列样本的自相关系数和偏自相关系数的值，并根据自相关系数和偏自相关系数的性质来估计自相关阶数 p 和移动平均阶数 q 的值，以选择适当的 ARMA(p,q) 模型。图 5-11 和图 5-12 为四川省第三产业固定资产投资时间序列的二阶差分数据自相关图（ACF）和二阶差分数据偏自相关图（PACF）。系统基

于 AIC 和 BIC 信息准则自动寻找最优参数,确定选择 ARIMA(p,d,q) 模型中差分阶数 $d=1$、自相关阶数 $p=0$ 和移动平均阶数 $q=0$,实现 AIC 函数值达到最小。

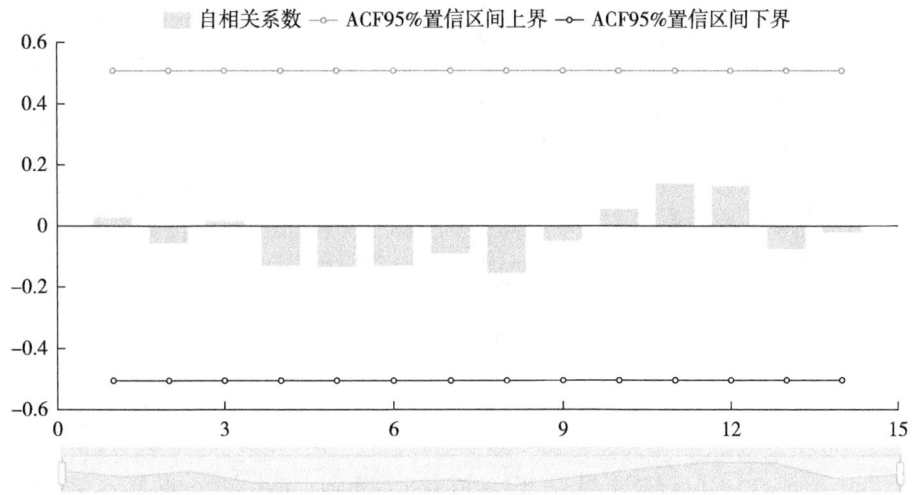

图 5-11 第三产业固定资产投资二阶差分数据自相关图(ACF)

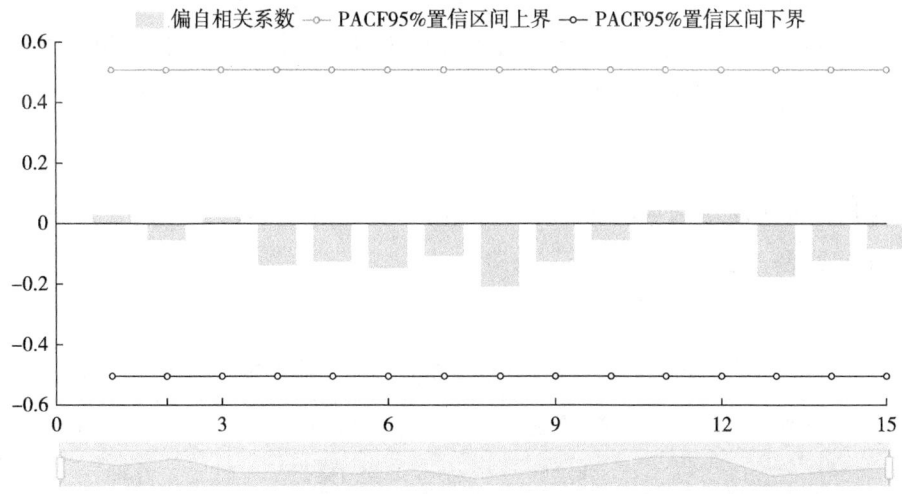

图 5-12 第三产业固定资产投资二阶差分数据偏自相关图(PACF)

因此，四川省第三产业固定资产投资 GDP ARIMA(p,d,q) 模型确定为 ARIMA(0,1,0) 模型，相关参数见表 5-22。

表 5-22　第三产业固定资产投资 ARIMA(p,d,q) 模型 ADF 检验表

项	符号	值
	Df Residuals	14
样本数量	N	16
Q 统计量	Q6（P 值）	0.015（0.904）
	Q12（P 值）	1.493（0.960）
信息准则	AIC	252.628
	BIC	254.044
拟合优度	R^2	0.98

从表 5-22 的 Q 统计量结果分析可以得到：Q6 在水平上不呈现显著性，不能拒绝模型的残差为白噪声序列的假设，同时模型的拟合优度 R^2 为 0.98，模型表现优秀，模型基本满足要求，可以用来预测四川省第三产业固定资产投资。因此，通过 SPSSPRO 软件对建立的四川省 GDP ARIMA(0,1,0) 模型进行预测，得出 2060 年四川省第三产业固定资产投资为 81937.27 亿元。

综上所述，可求得 2060 年四川省三次产业固定资产投资结构的具体情况，见表 5-23。

表 5-23　2060 年四川省三次产业固定资产投资结构

类别	第一产业	第二产业	第三产业
投资额（亿元）	5282.29	28136	81937.27
占比（%）	4.58	24.39	71.03

第三节 系统动力学模型验证

一、直观检验

直观检验指通过对所建模型与实际系统的对照分析,检验系统模型的变量设计、因果关系、流图结构及方程表述是否正确,模型量纲是否一致,模型是否可以有效表达实际研究对象的特征。通过对四川省经济、人口、能源消耗及环境状况的深入分析,并利用实证研究来探索各变量之间的因果关系,确定模型输入变量,最后在不断的调试和运行过程中建立此模型结构。因此所建立的仿真模型能较好地反映四川省能源消费碳排放的内部运作机制。利用 Vensim 软件的编译检错和跟踪功能进行检验,模型运行过程中没有出现病态结果,因此模型的量纲一致,表达正确,所建模型符合要求。

二、结构检验

结构检验主要检查模型是否对变量变动具有敏感性,从而验证模型的稳定性。本研究以 GDP、常住人口总量、能源消费总量、二氧化碳排放量为例,分别设置了仿真步长(DT)为 0.125、0.25、0.5、1 的三种模式进行仿真。运行结果表明,在不同仿真步长条件下,模拟结果的变化趋势保持一致,即模型对所选变量的变化是不敏感的,系统模型具有稳定性。不同步长情况下 2005—2020 年四川省 GDP、常住人口总量、能源消费总量、二氧化碳排放量模拟结果如图 5-13 所示。

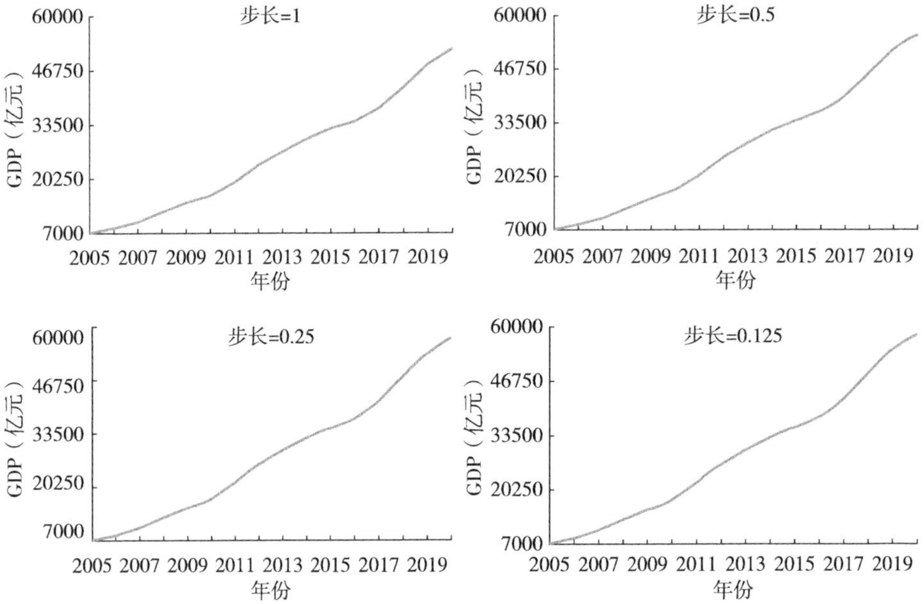

(a) 2005—2020 年四川省 GDP 模拟结果

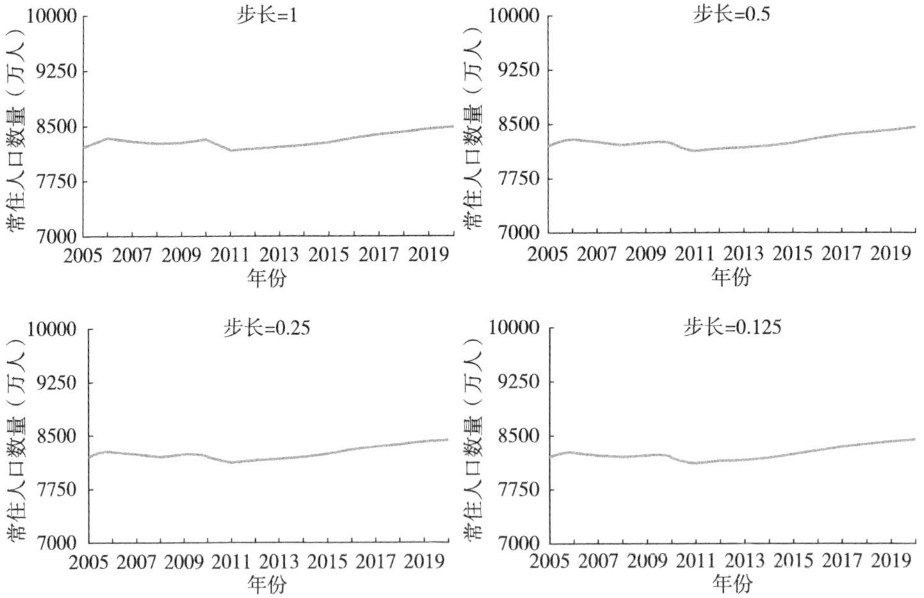

(b) 2005—2020 年四川省常住人口数量模拟结果

图 5-13

第五章 基于系统动力学的四川省能源消费碳排放预测

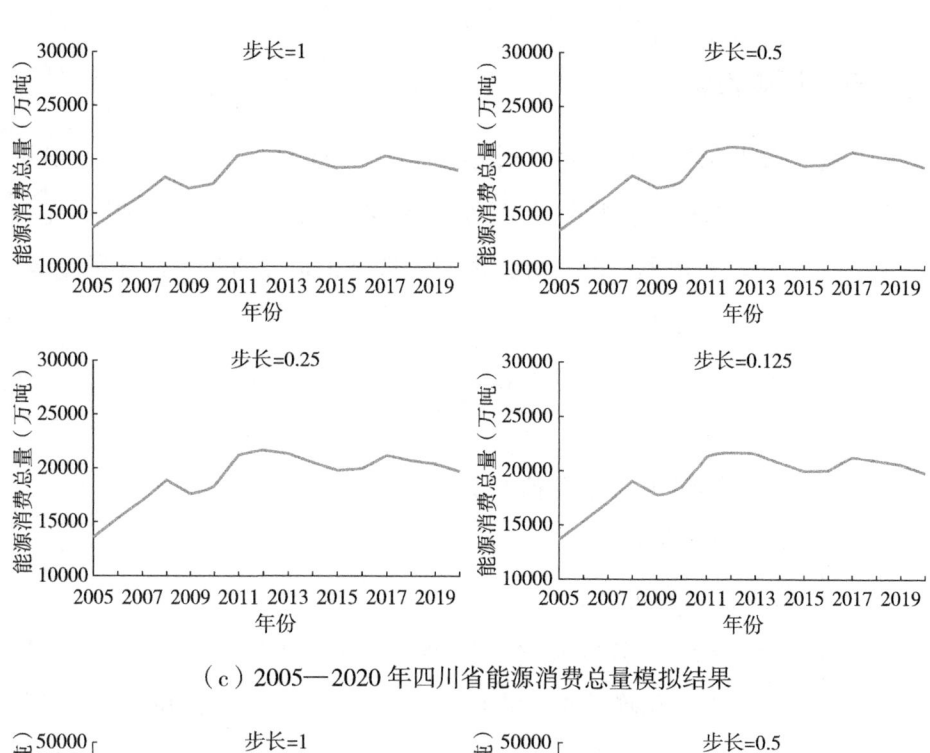

（c）2005—2020年四川省能源消费总量模拟结果

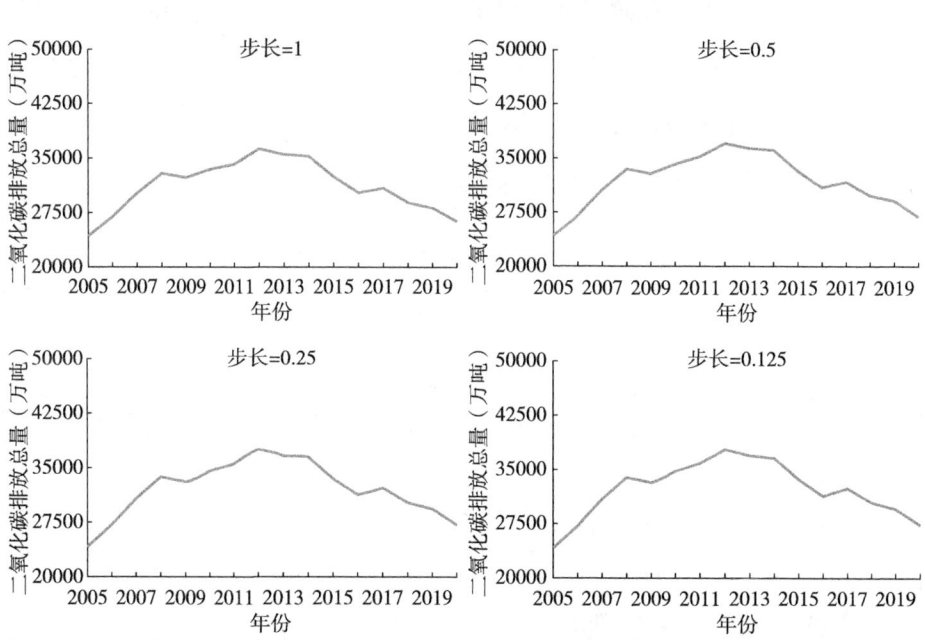

（d）2005—2020年四川省二氧化碳排放总量模拟结果

图 5-13 不同步长下各参数模拟结果

三、历史检验

历史检验即选择某个历史时刻为初始点进行系统仿真，运用历史数据吻合度比对法进行误差检验。变量的相对误差不大于15%，一般则认定该模型的仿真性能和预测精度较好，说明模拟结果可以真实反映实际情景。检验参数分析误差公式为：

$$\varepsilon = \frac{Y'-Y}{Y} \times 100 \quad (5-13)$$

式中　ε——代表模拟值与真实值的误差；

　　　Y'——代表参数模拟值；

　　　Y——代表参数真实值。

表5-24至表5-27分别展示了2005—2020年GDP、常住人口数量、能源消费总量、二氧化碳排放总量4个参数的误差，可以得知四川省能源消费碳排放系统动力学模型的模拟值与参数实际值误差符合15%的系统动力学模型的允许误差，说明系统模拟的结果与真实数值的拟合度较好，所建模型是可行的，能够真实反映实际情景。

表5-24　GDP真实值与模拟值的误差统计表

年份	GDP真实值（亿元）	GDP模拟值（亿元）	相对误差（%）
2005	7195.88	7195.88	0.00
2006	8494.68	8116.95	−4.45
2007	10562.1	9582.06	−9.28
2008	12756.21	11914.3	−6.60
2009	14190.6	14388.9	1.40
2010	17224.78	16006.3	−7.07
2011	21050.87	19428.4	−7.71
2012	23922.41	23743.4	−0.75

续表

年份	GDP真实值（亿元）	GDP模拟值（亿元）	相对误差（%）
2013	26518.02	26982.1	1.75
2014	28891.33	29909.6	3.52
2015	30342.01	32586.5	7.40
2016	33138.48	34222.4	3.27
2017	37905.14	37377.7	−1.39
2018	42902.1	42752.6	−0.35
2019	46363.75	48387.4	4.36
2020	48598.76	52292.2	7.60

表5-25 常住人口数量真实值与模拟值的误差统计表

年份	常住人口数量真实值（万人）	常住人口数量模拟值（万人）	相对误差（%）
2005	8212	8212	0.00
2006	8169	8336	2.04
2007	8127	8292.65	2.04
2008	8138	8250.36	1.38
2009	8185	8261.91	0.94
2010	8045	8309.83	3.29
2011	8064	8167.73	1.29
2012	8085	8187.33	1.27
2013	8109	8208.62	1.23
2014	8139	8233.25	1.16
2015	8196	8263.71	0.83
2016	8251	8321.56	0.86
2017	8289	8377.31	1.07
2018	8321	8415.85	1.14
2019	8351	8448.67	1.17
2020	8371	8479.08	1.29

表 5-26 能源消费总量真实值与模拟值的误差统计表

年份	能源消费总量真实值（万吨标准煤）	能源消费总量模拟值（万吨标准煤）	相对误差（%）
2005	11816.14	13573.7	14.87
2006	12986.50	14924	14.92
2007	14214.20	16192.3	13.92
2008	15145.07	17377	14.74
2009	16321.75	17302.1	6.01
2010	17891.83	17686.4	-1.15
2011	19696.19	20322.6	3.18
2012	20574.98	20797.8	1.08
2013	21512.31	20673.8	-3.90
2014	19878.66	19896	0.09
2015	19888.10	19230.5	-3.31
2016	18755.81	19238.6	2.57
2017	19228.97	20263.3	5.38
2018	19916.18	19822.7	-0.47
2019	20790.59	19615.3	-5.65
2020	21185.90	18977.5	-10.42

表 5-27 二氧化碳排放总量真实值与模拟值的误差统计表

年份	能源消费碳排放总量真实值（万吨）	能源消费碳排放总量模拟值（万吨）	相对误差（%）
2005	21003.70	24126.8	14.87
2006	23099.37	25901	12.13
2007	25798.74	29111.1	12.84
2008	27071.62	30849.5	13.96
2009	30577.53	32413	6.00
2010	33847.55	33457.3	-1.15
2011	33076.87	34127.1	3.18

续表

年份	能源消费碳排放总量真实值（万吨）	能源消费碳排放总量模拟值（万吨）	相对误差（%）
2012	35806.70	36193.4	1.08
2013	36930.50	35494.5	−3.89
2014	35266.74	35297.1	0.09
2015	33667.17	32553.6	−3.31
2016	29442.16	30201.8	2.58
2017	29284.99	30862.6	5.39
2018	29065.33	28929.4	−0.47
2019	29934.86	28240.1	−5.66
2020	29339.67	26279.9	−10.43

第四节 能源消费碳排放系统仿真分析

利用系统仿真软件 Vensim PLE 对初始状态下四川省能源消费碳排放系统动力学模型进行仿真运行，初始状态指不采取进一步政策调控措施，在现有政策条件下，四川省经济社会发展、能源消费等按照现行趋势发展。本研究选择 GDP、常住人口数量、能源消费总量、二氧化碳排放总量、碳排放强度等五个输出结果进行分析。

一、GDP 和常住人口数量

图 5-14 和图 5-15 分别表示在不改变外生调控变量时，四川省 2021—2060 年 GDP 和常住人口数量的变化趋势。到 2060 年，全省 GDP 预计将达到 193816 亿元，是 2020 年的 3.99 倍；常住人口数量为 9296.11 万人，相较 2020 年增长了 925.11 万人。

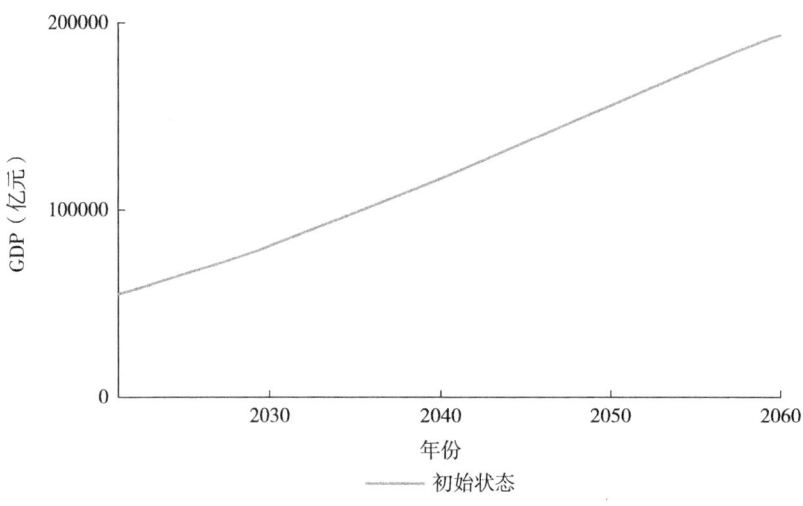

图 5-14　2021—2060 年四川省 GDP 变化趋势

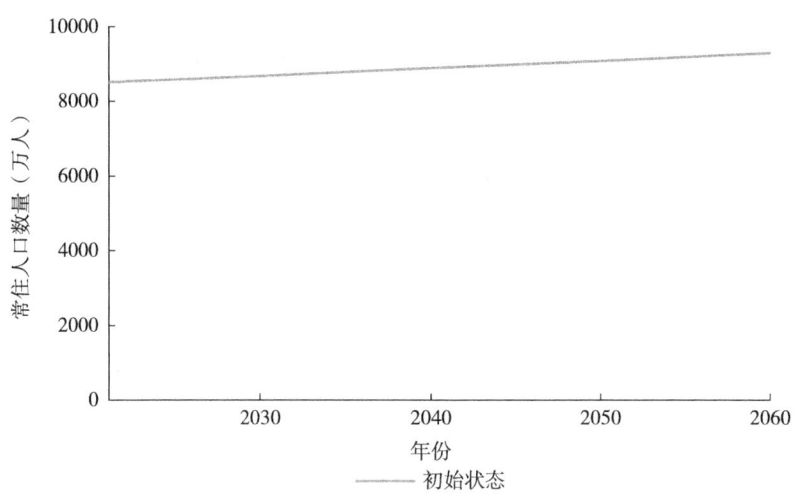

图 5-15　2021—2060 年四川省常住人口数量变化趋势

二、能源消费总量

图 5-16 表示在不改变外生调控变量时，四川省 2021—2060 年能源消费总量的变化趋势。结果表明，随着经济规模的不断扩张和常住人口数量

的增加，能源消费总量持续增长，到 2060 年，全省能源消费总量将高达 36636.9 万吨标准煤，较 2020 年增长了 72.9%。

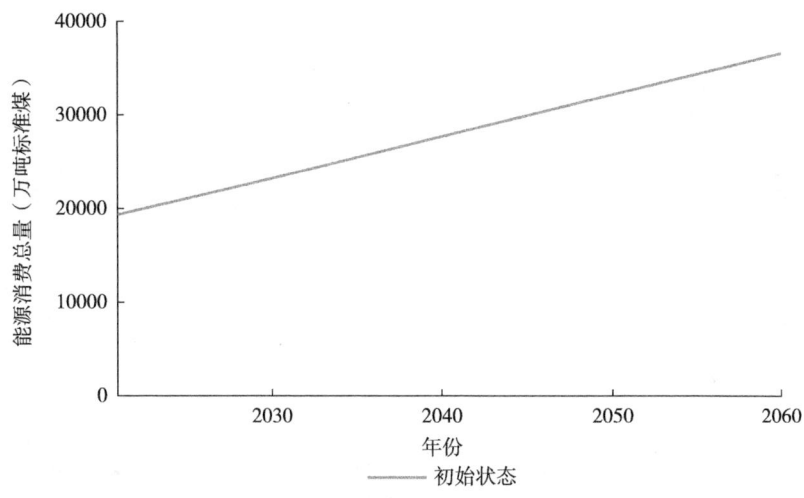

图 5-16　2021—2060 年四川省能源消费总量变化趋势

三、碳排放总量和碳强度

图 5-17 和图 5-18 分别表示在不改变外生调控变量时，四川省 2021—2060 年能源消费二氧化碳排放总量和碳强度的变化趋势，结果表明，随着能源消费总量的不断增长，二氧化碳排放总量也随之增加，到 2060 年，全省能源消费导致的二氧化碳排放量达到 46200.1 万吨，较 2020 年增长了 57.47%，在整个研究期间内碳排放都未实现达峰目标。与此同时，随着全省 GDP 的不断增长和节能减排技术的持续创新，碳强度实现逐年降低，在 2060 年碳强度下降至 0.238 万吨 / 亿元，相比 2020 年减少了 60.27%，但是 2060 年碳强度下降率仅为 0.92%，而 GDP 增长率为 1.77%，大于碳强度下降率，参照何建坤等的研究成果可知，若不进一步进行政策调控，到 2060 年四川省经济不能实现真正意义上的低碳发展。

结果同时表明，在现有政策条件下，到 2060 年四川省不能实现能源消费碳达峰目标。因此，有必要设置不同的碳减排情景，通过调整能源消费结构、三次产业结构、科技投入占比等调控变量，强化相应的碳减排措施，以寻求碳减排的可行路径。

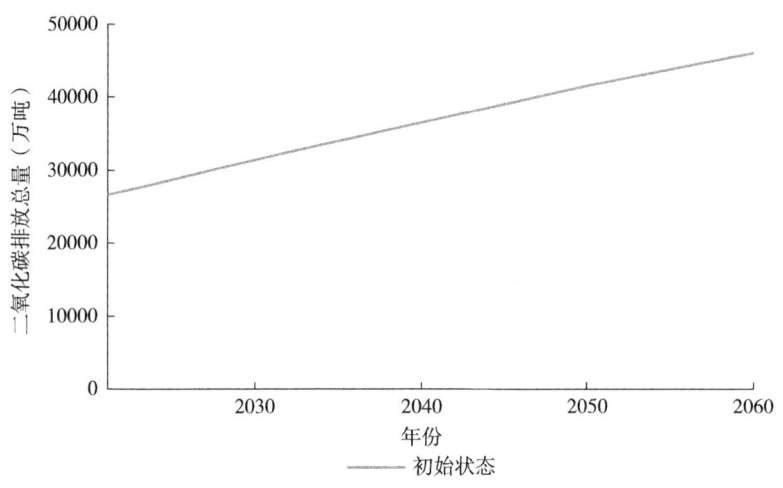

图 5-17　2021—2060 年四川省二氧化碳排放总量变化趋势

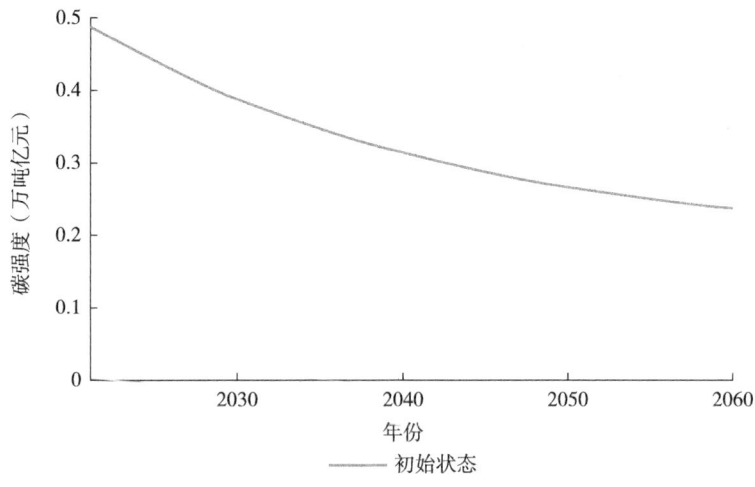

图 5-18　2021—2060 年四川省碳强度变化趋势

第五节　不同政策方案下能源消费碳排放趋势

一、调控变量分析

调控变量的目的在于通过改变影响系统行为的关键因素（三次产业能源消费强度、三次产业 GDP 结构、能源消费结构）并最终影响系统输出结果（二氧化碳排放总量和碳排放强度），因此调控变量的设置既要能够达到调控效果，又不能脱离实际。根据对碳减排方向与措施的分析，本节通过调整模型中的科技投入占比、各类能源消费占比、三次产业固定资产投资占比等变量，模拟其对全省能源消费与碳排放的影响。

当科技投入占比提高时，科技投入总量随之增长，能源利用效率提升政策得到进一步加强，三次产业能源消费强度获得下降，从而降低能源消费总量与二氧化碳排放总量；三次产业固定资产投资占比优化时，淘汰落后产能、鼓励发展第三产业等产业结构调整政策得到加强，从而使第二产业产值在全省 GDP 中的占比降低，而第三产业产值在全省 GDP 中的比重得到提高，能源消费总量与二氧化碳排放量随之降低；能源消费结构改善时，风能、太阳能等非化石能源的开发利用政策得到加强，非化石能源消费量增加，煤炭、石油等化石能源占能源消费总量的比重降低，二氧化碳排放量随之减少。结合中国和四川省能源消费碳排放相关实施方案、规划等政策措施，以及相关研究机构成果，本研究对系统模型中的科技投入占比、能源消费结构、三次产业固定资产投资占比三组变量进行调控设置。

针对科技研发投入占比，近十年来，我国科技研发投入大幅度提高，全社会研发经费从 1.03 万亿元增长到 2.79 万亿元，居世界第二位；研发强度从 1.91% 提高到 2.44%，超过经合组织（OECD）国家的平均水平 2.22%；基础研究经费是十年前的 3.4 倍，达到历史最高值，科技研发投

入占GDP比重达到2.40%，进一步逼近世界前十位（表5-28）。

表5-28 2020年经合组织（OECD）国家科技研发投入占GDP比重情况

序号	国家	比重（%）	排名
1	澳大利亚	1.83	20
2	奥地利	3.2	7
3	比利时	3.48	4
4	加拿大	1.7	23
5	捷克	1.99	18
6	丹麦	2.96	10
7	芬兰	2.94	11
8	法国	2.35	14
9	德国	3.14	9
10	希腊	1.5	27
11	匈牙利	1.61	25
12	冰岛	2.47	12
13	爱尔兰	1.23	33
14	意大利	1.53	26
15	日本	3.26	6
16	韩国	4.81	2
17	卢森堡	1.1	
18	墨西哥	0.3	89
19	荷兰	2.29	15
20	新西兰	1.41	29
21	挪威	2.28	16
22	波兰	1.39	31
23	葡萄牙	1.62	24
24	斯洛伐克	0.91	43

续表

序号	国家	比重（%）	排名
25	西班牙	1.41	30
26	瑞典	3.53	3
27	瑞士	3.15	8
28	土耳其	1.09	39
29	英国	1.71	22
30	美国	3.45	5
31	智利	0.34	84
32	爱沙尼亚	1.79	21
33	以色列	5.44	1
34	斯洛文尼亚	2.15	17

但是我国区域科技发展不平衡突出，东西部投入差六倍，全国有大部分地区，虽然科研投入都不同程度地有所增加，但总体上看增加的幅度还不大，而西部还有少数地区科研投入是负增长，尽管四川省科研投入在GDP中的比重整体呈现出增长趋势，但是仍远低于北京、上海、广东等发达地区。2020年，北京市研发投入2326.6亿元，占当年GDP比重高达6.44%；上海市全社会研发（R&D）经费投入1600亿元，占全市GDP比重达到4.17%；广东省全社会研发（R&D）经费投入3479.9亿元，占当年全省GDP比重为3.14%，而四川省2020年科研投入在GDP中的占比才增加到2.17%，而近15年的平均占比仅为1.56%。因此，设定基准速率发展调控情景下，2060年四川省科研投入占比为1.56%；低速率发展调控情景下，2060年四川省科研投入占比达到经合组织（OECD）国家的平均水平，提高到2.22%；高速率发展调控情景下，2060年四川省科研投入占比提高到2.5%（表5-29）。

表 5-29　科技投入占比调控设置表

调控设置情景	2060年科技投入占比（%）
基准速率发展	1.56
低速率发展	2.22
高速率发展	2.5

针对能源消费结构，在 2021 年 10 月 24 日发布的《中共中央 国务院关于完整准确全面贯彻新发展理念做好碳达峰碳中和工作的意见》提出，到 2060 年建成以非化石能源为主体、安全可持续的能源供应体系，非化石能源消费占比将提升到 80% 以上。而荷兰皇家壳牌公司在 2022 年 1 月 17 日发表的《中国能源体系 2060 碳中和报告》指出，我国至 2060 年整体能源消费结构将转型成以太阳能、风电、核能为主，占近七成，届时石油、煤炭消费占比将被大幅压缩至不足一成，其中石油和煤炭的六成将被拿去用于发电，剩余四成能源将以低碳燃料为主，用于如航空等难以电气化的行业，而我国几乎不使用石油来进行火力发电，航空等难以电气化的行业则是多以石油为主要燃料，故到 2060 年我国煤炭和石油消费总量中煤炭约占 60%，石油约占 40%。

综上所述，对 2060 年四川省能源消费结构进行如下调控。

（1）基准速率发展调控情景下，按照四川省目前发展趋势，对能源消费结构不进行进一步调控。

（2）低速率发展调控情景下，到 2060 年，四川省煤炭和石油消费占比总和降至 10%，其中煤炭占比较基准速率发展下减少 3.95 个百分点，在能源消费总量中的占比为 6%，石油比重较基准速率发展下减少 25.62 个百分点，在能源消费总量中的占比为 4%；太阳能、风电、核能、生物质能、地热能、氢能等非化石能源消费占比提升至 80%，其中核电、水电、风电、水电、以及太阳能发电等一次电力消费占比提高 35.39 个百分点，占到能源消费总量的70%。而生物质能、地热能、氢能等其他能源消费占比提高6.05个百分点，占到能源消费总量的10%；天然气在能源消费总量中的占比同基准速率发展情况相比虽有所下降，但是天然气作为可再生能源的最佳伴侣，是助力可再生能源安全稳定运行的关键，是实现碳中和过程中不可替代的能源，因此其消费占比仍维持较高水平，达到10%，较基准速率发展下减少了11.87个百分点。

（3）高速率发展调控情景下，到2060年，四川省非化石能源消费占比进一步提高，化石能源消费占比降低。四川省是清洁能源大省、生产大省和消费大省，是全国最大的清洁能源生产基地和国家清洁能源示范省，拥有丰富的可再生资源，全省清洁能源发电占比达85%，位居全国第一，太阳能、风能的资源技术可开发量分别达到8500万千瓦和1800万千瓦以上，具有发展新能源产业的先天优势。因此，高速率发展情景下，调控2060年各能源消费占比（表5-30）：石油消费在能源消费总量中的占比仍保持在4%；煤炭消费占比相比低速率发展调控下，减少2个百分点，降至4%；天然气消费占比相比低速率发展调控下，减少2个百分点，降至8%；一次电力消费占比相比低速率发展调控下，增加3个百分点，增加至73%；其他能源消费占比相比低速率发展调控下，增加1个百分点，增加至11%。

表5-30　能源消费结构调控设置表

调控设置情景	2060年煤炭：石油：天然气：一次电力：其他能源消费比
基准速率发展	9.95：29.62：21.87：34.61：3.95
低速率发展	6：4：10：70：10
高速率发展	4：4：8：73：11

针对三次产业固定资产投资占比调控，是以实现三次产业结构转型升级为最终目标。改革开放以来，我国三次产业结构在调整中不断优化，总体呈现由"二一三"向"二三一"，再向"三二一"的演变趋势，变动总体符合产业结构演变的一般规律。未来，我国经济发展进入新时代，转向高质量发展阶段，产业结构将得到进一步转型升级。我国第一产业比重将呈现持续稳步下降的态势，但由于受乡村振兴战略的实施及农产品价格趋升等因素的影响，并且四川省作为我国中西部地区最具代表性的农业大省，农业生产条件优越，粮油、生猪、果蔬、茶叶等主要农产品在全国占有重要地位，优先发展农业农村。对四川省而言，既是重大发展机遇，又是紧迫艰巨任务，要强力推动四川省实现由农业大省向农业强省的历史性跨越，因此在进行三次产业固定资产投资占比调控时，低速率发展情景和高速率发展情景下都不改变四川省现行发展趋势下的比重，到 2060 年同基准速率发展情景一样均为 4.58%。中国特色社会主义进入了新时代，我国经济发展也进入了新时代，经济发展已由高速增长阶段转向高质量发展阶段，服务业得到快速发展，已成为国民经济第一大产业、推动经济发展的主引擎、拉动投资的主领域和利用外资的主渠道，并且伴随着社会分工的日益深化，以及长期积累的优化提升服务业发展的坚实基础，未来我国服务业发展再次迎来了新机遇，科技研发、现代物流、新兴信息技术服务、金融服务、租赁和商务服务、科学研究和技术服务、健康服务等现代服务业加快发展，实现第二产业向第三产业转移，三次产业结构将不断向发达国家趋近，最终实现基本稳定。从 20 世纪 70 年代人均 GDP 突破 5000 美元后，发达国家三次产业结构基本稳定，经济结构调整主要体现在二、三次产业内部，具体表现为第三产业比重不断上升，成为占支配地位的主导型经济，而第二产业的比重在 20 世纪 50 至 60 年代有所扩大，到 70 年代中期开始趋于平稳或下降。截至 2023 年，发达国家第三产业的比重普遍在 70% 左右，一、二产业加起来，也远远不及第三产业，如美国、英国、法国第三产业的比重都在70%以上，德国、意大利、日本都接近70%，韩国稍低一点，但也接近60%。近年来，四川省加快推进经济结构战略性调整和经济转型升级，全省产业结构不断演变优化，虽然到2020年四川省三次产业结构由2019年的10.4∶37.1∶52.5调整为11.4∶36.2∶52.4，但是第三产业占比仍远落后于发达国家，故还需进一步加大第三产业固定资产投资占比，从而提高第三产业产值比重。因此，设定低速率发展情景下，到2060年第三产业固定资产投资比重较基准速率发展情景下提高2个百分点，增加到73.03%，相应的第二产业固定资产投资比重减少2个百分点，降至22.39%；高速率发展情景下，到2060年第三产业固定资产投资比重较基准速率发展情景下提高4个百分点，增加到75.03%，相应的第二产业固定资产投资比重减少4个百分点，降至20.39%（表5-31）。

表5-31 三次产业固定资产投资结构调控设置表

调控设置情景	2060年第一产业固定资产投资额∶第二产业固定资产投资额∶第三产业固定资产投资额比
基准速率发展	4.58∶24.39∶71.03
低速率发展	4.58∶22.39∶73.03
高速率发展	4.58∶20.39∶75.03

二、情景设置

基于以上分析，以当前发展趋势（不改变调控变量）为基准情景，逐步引入各调控变量，设置了四种减排模式下的九种模拟情景，对四川省能源消费碳排放发展系统进行模拟，具体情景设置见表5-32。

表 5-32 四川省能源消费碳排放系统情景设置

发展模式	情景	具体设置		
		科技投入	能源结构	产业结构
基准减排模式	基准情景（BS）	基准	基准	基准
缓慢减排模式	能源强度降低情景（ES）	低	基准	基准
	能源结构改善情景（RS）	基准	低	基准
	产业结构优化情景（IS）	基准	基准	低
强化减排模式	环保情景（RIS）	基准	低	低
	节能情景（EIS）	低	基准	低
	低碳情景（ERS）	低	低	基准
	协调情景（ERIS）	低	低	低
高速减排模式	粗放情景（TS）	高	高	高

（一）基准减排模式

基准减排模式下，只设置了一种情景，即基准情景（BS）。该情景下，保持现有的经济发展趋势不变，不改变调控变量（调控变量取值均为基准速率发展情景下的取值），即在没有新的减排政策实施的情况下，模型所有变量按照既有趋势发展，该情景反映按照现有系统行为的发展规律，四川省未来的能源消费碳排放变化趋势。

（二）缓慢减排模式

缓慢减排模式是在基准减排模式的基础上分别加入单一政策设置，旨在反映各单一政策下，四川省未来的能源消费碳排放变化趋势。该模式下，共设置了能源强度降低情景（ES）、能源结构改善情景（RS）和产业结构优化情景（IS）三种情景。

能源强度降低情景（ES），通过加大科技研发经费，实现低碳技术创新和节能技术装备更新，以提高能源利用效率，科研投入在GDP中的比重调整为2.22%，三次产业结构和能源消费结构变量设置参考基准情景（BS）。该情景旨在探究现有经济发展模式下，四川省加大科研投入政策实施力度对未来能源消费碳排放的影响。与基准情景相比，该情景下四川省全社会科研投入在 GDP 中的占比有所提高。

能源结构改善情景（RS），通过开发利用太阳能、风能、氢能、水能、生物质能等非化石能源的政策措施，提高非化石能源消费量在能源消费总量中占比的同时，降低化石能源消费量在能源消费总量中的比重，煤炭、石油、天然气、一次电力、其他能源消费量的比值调整为 6∶4∶10∶70∶10，三次产业结构和科技投入占比变量设置参考基准情景（BS）。该情景旨在探究四川省在现有发展规律的基础上，加大能源消费结构转型升级政策力度对于未来全省能源消费碳排放的影响。与基准情景（BS）相比，该情景下四川省的能源消费结构有所改善。

产业结构优化情景（IS），在提高第三产业固定资产投资占比的同时，降低第二产业固定资产投资占比，并采取淘汰落后产能、鼓励发展第三产业等措施，将有限的投资用于高质量产业，实现产业结构优化，有效降低能源消费碳排放，推动经济实现可持续发展。该情景下三次产业固定资产投资结构比值调整为 4.58∶22.39∶73.03，能源消费结构和科技投入占比变量设置参考基准情景（BS）。该情景旨在探究四川省在现有的经济发展模式下，进一步优化产业结构对未来能源消费碳排放的影响。与基准情景（BS）相比，该情景下第三产业产值占比有所提高，而第二产业产值占比有所下降。

（三）强化减排模式

强化减排模式是在缓慢减排模式的基础上，新增政策进行组合设置，旨在反映各组合政策下，四川省未来的能源消费碳排放变化趋势。该模式下，共设置了环保情景（RIS）、节能情景（EIS）、低碳情景（ERS）和协调情景（ERIS）四种情景。

环保情景（RIS），提高非化石能源消费量在能源消费总量中占比，将煤炭、石油、天然气、一次电力、其他能源消费量的比值调整为

6∶4∶10∶70∶10的同时，提高第三产业固定资产投资占比，将三次产业固定资产投资结构比值调整为4.58∶22.39∶73.03，其他变量设置参考基准情景（BS）。该情景旨在探究现有经济发展模式下，四川省加大能源消费结构和产业结构转型升级的政策实施力度对未来能源消费碳排放的影响。

节能情景（EIS），加大科技研发经费支出，将科研投入在GDP中的比重调整为2.22%的同时，提高第三产业固定资产投资占比，将三次产业固定资产投资结构比值调整为4.58∶22.39∶73.03，其他变量设置参考基准情景（BS）。该情景旨在探究现有经济发展模式下，四川省加大科研投入和产业结构转型升级的政策实施力度对未来能源消费碳排放的影响。

低碳情景（ERS），加大科技研发经费支出，将科研投入在GDP中的比重调整为2.22%的同时，提高非化石能源消费量在能源消费总量中占比，将煤炭、石油、天然气、一次电力、其他能源消费量的比值调整为6∶4∶10∶70∶10，其他变量设置参考基准情景（BS）。该情景旨在探究现有经济发展模式下，四川省加大科技研发经费投入和能源消费结构转型升级的政策实施力度对未来能源消费碳排放的影响。

协调情景（ERIS），加大科技研发经费支出，将科研投入在GDP中的比重调整为2.22%的同时，提高非化石能源消费量在能源消费总量中占比，将煤炭、石油、天然气、一次电力、其他能源消费量的比值调整为6∶4∶10∶70∶10，而且提高第三产业固定资产投资占比，将三次产业固定资产投资结构比值调整为4.58∶22.39∶73.03，其他变量设置参考基准情景（BS）。该情景旨在探究现有经济发展模式下，四川省加大科研投入、能源消费结构和产业结构转型升级的政策实施力度对未来能源消费碳排放的影响。

（四）高速减排模式

高速减排模式下只设置了一个粗放情景（TS），在协调情景（ERIS）下，进一步加大政策调控力度，科研投入占比、能源消费结构、三次产业固定资产投资占比均选择高速率,即将科研投入在GDP中的比重调整为2.5%的同时,把煤炭、石油、天然气、一次电力、其他能源消费量的比值调整为4∶4∶8∶73∶11,设置三次产业固定资产投资结构比为4.58∶20.39∶75.03,其他变量设置参考基准情景(BS)。该情景旨在探究四川省大力开展产业结构、能源消费、科研投入等综合优化调控政策下能源消费碳排放的变化趋势,并分析四川省在高速减排情景下的碳减排效果。

三、情景分析

基于前文构建的四川省能源消费碳排放系统动力学模型,结合上述设置的四种减排模式下九种情景,分别模拟预测四川省在不同情景方案下能源消费总量、二氧化碳排放总量和碳强度的未来变化趋势,以及二氧化碳排放总量的达峰情况,即达峰时间和达峰值。

(一)能源消费总量

如图5-19所示,随着全省经济的不断发展和常住人口数量的不断增长,在2021—2060年,九种情景下的能源消费总量均呈现出上升趋势,且都没有达到峰值,但是涨幅各不相同。

能源结构改善情景(RS)和基准情景(BS)的能源消费量相同,能源强度降低情景(ES)和低碳情景(ERS)较基准情景(BS)分别下降了15.27%,产业结构优化情景(IS)和环保情景(RIS)较基准情景(BS)分别下降了4.82%,节能情景(EIS)和协调情景(ERIS)较基准情景(BS)分别下降了19.16%,粗放情景(TS)较基准情景(BS)下降了26.99%。这是由于能源消费强度与科研投入力度呈负相关,随着科学技术发展,相关资金投入增加,节能技术得到不断发展,能源消费强度降低,导致能源消费量下降,并且科研投入金额越大,能源消费强度越低,能源消费总量也就越少,而且第二产业单位产值能耗远高于第三产业,在不调控经济总量的情况下,将第二产业产值在全社会GDP中的占比转移到第三产业,也能有效降低能源消费总量。另外,虽然在各情景下能源消费总量均没有实现达峰,但是从年增长率来看,已经逐渐趋于平稳,基准情景(BS)下的增长率最大,也仅为1.15%,粗放情景(TS)下的增长率更是低至0.29%(表5-33)。

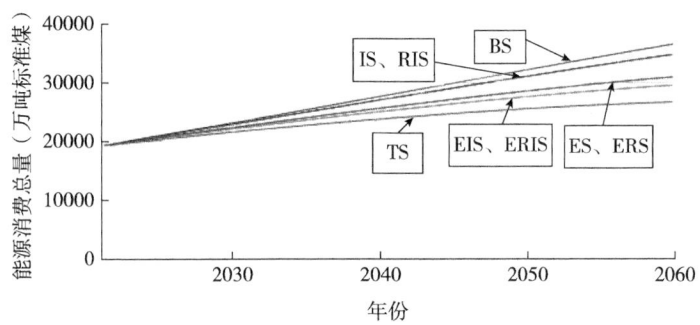

图5-19　2021—2060年不同情景下四川省能源消费总量变化趋势

表5-33　2060年不同情景下四川省能源消费情况

发展模式	情景	能源消费总量（万吨标准煤）	较基准情景下降比率（%）	增长率（%）
基准减排模式	基准情景（BS）	36636.9	0	1.15
缓慢减排模式	能源强度降低情景（ES）	31043.8	15.27	0.66
	能源结构改善情景（RS）	36636.9	0	1.15
	产业结构优化情景（IS）	34872.3	4.82	1.02
强化减排模式	环保情景（RIS）	34872.3	4.82	1.02
	节能情景（EIS）	29618.8	19.16	0.54
	低碳情景（ERS）	31043.8	15.27	0.66
	协调情景（ERIS）	29618.8	19.16	0.54
高速减排模式	粗放情景（TS）	26748.2	26.99	0.29

（二）碳排放总量

如图 5-20 所示，在 2021—2060 年间，四川省在基准情景（BS）、能源强度降低情景（ES）、产业结构优化情景（IS）和节能情景（EIS）四种情景下的能源消费碳排放总量呈现逐年上升趋势，而能源结构改善情景（RS）、环保情景（RIS）、低碳情景（ERS）、协调情景（ERIS）和粗放情景（TS）五种情景下的能源消费碳排放总量呈现逐年下降趋势，不同情景下的碳达峰情况有所不同。

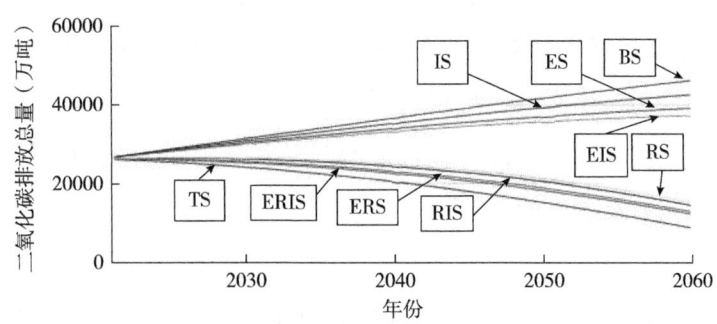

图 5-20 2021—2060 年不同情景下四川省能源消费碳排放总量变化趋势

基准情景（BS）、能源强度降低情景（ES）、产业结构优化情景（IS）和节能情景（EIS）四种情景下的能源消费碳排放在前期均未实现达峰目标，直到 2060 年碳排放总量仍然呈现出上升趋势，而能源结构改善情景（RS）、环保情景（RIS）、低碳情景（ERS）、协调情景（ERIS）和粗放情景（TS）五种情景下的碳排放早已实现达峰目标，系统预测均在 2012 年实现碳达峰，峰值为 36193.4 万吨，而实际计算是在 2013 年实现达峰，达峰时碳排放总量为 36930.50 万吨，满足我国提出的在 2060 年前实现碳排放达峰这一目标。但是同基准情景相比，其他几种减排情景的能源消费碳排放总量均达到不同程度的减排效果，到 2060 年，能源强度降低情景（ES）较基准情景（BS）减少了 15.27%，能源结构改善情景（RS）较基准情景（BS）减少了67.29%，产业结构优化情景（IS）较基准情景（BS）减少了7.80%，环保情景（RIS）较基准情景（BS）减少了68.86%，节能情景（EIS）较基准情景（BS）减少了19.16%，低碳情景（ERS）较基准情景（BS）减少了72.28%，协调情景（ERIS）较基准情景（BS）减少了73.55%，粗放情景（TS）较基准情景（BS）减少了81.17%。可见，不管是加大科技投入力度，还是提高第三产业产值在全社会GDP中的占比，抑或是增加非化石能源消费在能源消费总量中的比重，都能有效降低能源消费碳排放，但是多措并举减排效应更佳。而且通过对比表5-34中各情景下2060年能源消费碳排放总量较基准情景的下降比率，不难发现改善能源消费结构是减少碳排放的很重要的途径之一，非化石能源在能源消费总量中的占比提高，化石能源消费量大幅度下降，直接导致碳排放量的减少，这也是当下重点发展之一。

表5-34 2021—2060年不同情景下四川省能源消费碳排放情况

情景	2060年碳排放总量（万吨）	2060年较基准情景下降比率（%）	达峰情况	
			达峰时间	达峰值（万吨）
基准情景（BS）	46200.1	0	未达峰	
能源强度降低情景（ES）	39147.1	15.27	未达峰	
能源结构改善情景（RS）	15113.5	67.29	2012年	36193.4
产业结构优化情景（IS）	42597.5	7.80	未达峰	
环保情景（RIS）	14385.6	68.86	2012年	36193.4
节能情景（EIS）	37350	19.16	未达峰	
低碳情景（ERS）	12806.3	72.28	2012年	36193.4
协调情景（ERIS）	12218.4	73.55	2012年	36193.4
粗放情景（TS）	8697.83	81.17	2012年	36193.4

第五章 基于系统动力学的四川省能源消费碳排放预测

四川省发展不平衡不充分问题仍较突出，完整、准确、全面贯彻新发展理念，加快推动高质量发展，始终是事关发展方向的根本性要求。随着工业化、城镇化进程深入推进，四川省未来能源消费需求将持续增长，统筹经济发展、民生改善与实现"双碳"目标的任务十分艰巨。只有把新的能源和产业"立"起来了，调整能源结构和产业结构才有"破"的基础，经济社会发展才有"稳"的条件和"进"的支撑，确保做到有序降碳、有效降碳、安全降碳。

第六章 "双碳"目标下四川省能源发展路径设计

能源行业是推进能源绿色低碳发展的主战场、主阵地,而能源行业转型升级是实现"双碳"目标的重要路径和必然选择。四川省作为清洁能源大省、生产大省和消费大省,是全国最大的清洁能源生产基地和国家清洁能源示范省,也是国家重要生态安全屏障、全球气候变化的重要调节器。结合四川省能源禀赋和基础设施建设,统筹兼顾清洁用能和能源供需平衡,提出在能源供给侧打造多元化、有韧性的低碳能源供给体系;在能源需求侧打造高效、清洁的能源消费体系,最终建成以新能源为主体、基于碳捕集的化石能源为保障的低碳、安全、高效能源发展路径,能够为实现四川省"双碳"目标和助力我国生态文明建设提供有力保障。

第一节 "双碳"目标下四川省能源体系建设目标

2014年,中央财经委员会第六次会议提出了"四个革命、一个合作"的能源安全新战略。2016年3月,十二届全国人大四次会议审查通过了《中华人民共和国国民经济和社会发展第十三个五年计划纲要》确定了建设现代能源体系的工作计划[63]。近年来,我国能源消费结构不断优化,能源供给结构日趋多元,能源科学技术不断创新,能源体制机制逐步完善,能源国际合作全面拓展,能源体系朝着清洁低碳化方向转型已是大势所趋。

我国能源革命虽然取得了显著成果，但应该清醒地意识到，我国能源绿色低碳转型面临的压力也显著增大。一方面，当前我国社会主要矛盾已转化为人民日益增长的美好生活需要和不平衡不充分发展之间的矛盾，其中能源清洁高效的利用水平与人们对美好生活、优美环境、清洁能源的迫切需求之间还有较大差距，能源发展不平衡、不充分问题依然突出。考虑到 2035 年中国人均 GDP 有望从 1 万美元增加到 2 万美元，这意味着人民对电力、热力、天然气等清洁、高品质能源的需求还将持续增长，能源朝着高质量发展转型的压力只增不减。另一方面，根据国际机构核算结果，我国目前碳排放总量已超过美国与欧盟总和，人均碳排放量大于世界平均水平。

综合国际局势和国内发展趋势，面对国内和国际的巨大压力，必须深入学习贯彻生态文明思想和绿色发展理念，按照能源领域"四个革命、一个合作"的战略要求，按照"现代能源体系建设"的工作规划，立足中国国情、四川省情，探索一条实现经济发展与环境保护和应对全球气候变化相协调的能源绿色低碳化转型道路。

"双碳"目标下四川省能源体系的构建包括以下几点。

一是推动能源结构优化和能源品质升级，构建"清洁低碳"能源体系。

在能源供给方面，提高传统能源利用效率，加大页岩气等非常规气的勘探开发力度，加强天然气产供储销体系建设；加速推动以可再生能源为主的清洁能源发展，坚持集中式与分布式相结合，贯彻"源—网—荷—储"协调思想，逐步形成以电力为转换中心的能源供给结构，加快可再生能源及核电发展。在能源消费方面，要在终端环节推进天然气、电、生物质等能源对散煤的替代，推动集中供暖替代居民散煤采暖，对无法实现集中供暖的区域要做到"宜电则电、宜气则气、宜热则热"。另外，要推动电动汽车对传统燃油汽车的替代，提高终端能源用电比例。

二是加速推进能源全产业链系统效率从低水平向高水平升级，构建"智慧高效"能源体系。

推动5G、移动互联网、物联网、大数据、云计算、人工智能等技术与能源新技术的深度融合。从行业组织方式、企业管理方式、商业模式等多维度对能源产业展开变革，破除传统以能源供应为核心的上中下游一体化产业组织和发展模式，强化"源—网—荷—储"协调控制能力。构建以能源利用为核心的智能化能源综合服务体系，推动能源企业转型为集供电、供气、供暖、供冷、供氢等为一体的智慧绿色能源综合服务商，实现可再生能源就地规模化利用并提升利用效率。

三是强化能源新旧动能转换的创新驱动力，构建"经济安全"能源体系。

应紧紧抓住创新这一核心引擎，加大对关键核心技术和环节的自主创新攻关力度，使得能源价格平稳，能够确保在任何时候以可承受的价格向所有用户供应能源，并立足国内多元供应条件，充分利用国际资源和国际市场提高能源供应安全保障能力，保障开放条件下的国家能源安全。此外，加大市场准入开放力度，在尽可能多的领域引入市场竞争，同时创新能源管理和监管机制，加强政府的规划引导；构建完善的政策支持体系，充分发挥财政、税收和金融政策的激励作用。

第二节 "双碳"目标下四川省能源体系建设原则

能源是人类社会生存发展的重要物质基础，攸关国计民生和国家战略竞争力。当前，世界能源格局深度调整，供求关系总体缓和，应对气候变化进入新阶段，新一轮能源革命蓬勃兴起。当前是我国全面进入小康社会的决胜阶段，是四川省实现经济高质量发展，建设经济强省、能源强省的关键时期。

四川省绿色发展和现代能源体系构建工作以国家能源发展规划为方向；依循"四个革命、一个合作"的战略思想，深入推进能源革命工作，以四川省能源发展规划为具体标准，把握能源发展新趋势，牢固树立创新、协调、绿色开放、共享的发展理念，着力建设清洁低碳、安全高效的现代能源体系。

（1）响应中央，服从原则。以国家能源发展规划为指导，以中央政府能源发展标准为要求，全面落实党的工作方针，坚持清洁低碳、绿色发展，效率为本、创新发展，着眼全局、协调发展，合作共赢、开放发展，惠民利民、共享发展的原则，努力把四川省建设成为国家优质清洁能源基地和国家清洁能源示范省，以全球能源革命为引导，以能源转型成功经验为目标，以《巴黎协定》为约束，以国家方针为准则，积极参与国际能源革命，重塑全球能源格局。

（2）清洁低碳，绿色原则。以绿色低碳、清洁环保为四川省能源发展的主基调。坚持能源生产、消费低碳化，以调整能源消费结构为工作重心，降低高污染能源消费比重，提升非化石能源和低污染化石能源的消费比重。以优化能源生产布局为工作方向，减少各类能源开发和使用中所产生的大气污染、水污染、固体废物污染和噪声污染，进一步落实绿色低碳发展理念，保障四川省能源转型建设，促进四川省能源体系和生态环境的绿色发展，加快绿色、低碳、清洁的四川省能源体系建设。

（3）智慧创新，高效原则。以高效智能、完备便捷为四川省能源创新的主基调。保证能源智能高效化，以技术进步为工作重点，着力攻克能源生产开采技术短板。以智慧培育为工作突破点，培育推广能源行业新业态；以效能提升为工作标准，积极弥补能源生产消费效益漏洞，保障四川省能源革命建设，促进四川省能源体系智慧高效的创新发展，加快智能、高效、便捷的四川省能源体系建设。

（4）经济安全，利民原则。以经济安全、利民惠民为四川省能源共享的主基调。切实提高能源整体服务水平，以共享革命成果为工作起点，积极构建小康社会，以推进能源基础设施建设为工作方向，积极提升公众用能效益；以完善能源市场机制为工作要点，加速实现能源经济市场化，保障四川省能源革命建设，促进四川省能源体系经济安全的稳步发展，加快经济、利民、惠民的四川省能源体系建设。

第三节 "双碳"目标下四川省能源体系建设路径

一、针对不同资源实现就地取材

（一）水能资源

四川省水资源极为充沛，水资源理论蕴藏量位居全国第二，水资源技术可开发量位居全国第一，水资源经济可开发量位居全国第一。四川省境内遍布河川、湖泊、冰川、沼泽，水资源总量达3489.7亿立方米，多年平均降水量高达4889.75亿立方米。虽然四川省水资源总量丰富，人均水资源占有率高于全国平均水平，是全国最大的水电开发和西电东送基地，但根据其地区资源禀赋条件来看，四川省水资源呈现了明显的时间分布不均和空间分布不均的特征。从时间角度看，四川省河川净流量（占全省水资源总量的73%）主要集中在夏秋两季，即6至10月。针对这种由能源资源自身季节性动态变化对生产生活造成的影响，可就地建立储蓄水库，合理配置能源。一方面，可在丰水期储水，减少自然灾害，保障用能高峰期的资源调度，另一方面，可在枯水期放水，调节水资源时间分配不均衡问题。从空间角度看，四川省水资源主要来源于川西南山地区的大渡河、金沙江、雅砻江三大水系，约占全省水资源总量的67%，目前雅砻江已建成全亚洲现存最大水电站——二滩水电站。四川省应当正视上述三大水系的地理战略位置，积极落实雅砻江水电基地、金沙江水电基地、大渡河水电基地等重点水电基地项目，稳步推进水电开发，坚持以水电为主的能源开发方针，着力调整优化水电开发结构。此外，四川省还应积极推进雅砻江等流域的风光水多能互补开发示范，探索新能源开发与水电开发协调发展，满足省域内电力平衡及打捆外送的有效途径，科学有序发展新能源，充分发挥风、光、水清洁能源的资源优势，利用地理互补特性，依托流域梯级水电的调节能力和输出通道。

（二）针对煤炭资源

四川省现存煤炭资源122.7亿吨，从地域分布上看，煤炭产地主要分布在宜宾、泸州、广安和达州四地，这四个地区的煤炭资源占全省煤炭资源总量的80%。其中最主要的是泸州和宜宾两市，这两个地区均是川南煤田所在地，川南煤田煤炭探明储量占四川省煤炭探明总储量的70%。从资源质量上看，四川省虽然煤炭资源种类齐全，但煤炭资源质量较差，灰分含量及含硫量普遍较高，开发难度非常大。因此，四川省应推动煤炭安全绿色开采、清洁高效生产、清洁高效利用，并积极开发煤层气，同时，还应推动煤电高效清洁改造，按照国家有序发展煤电的要求，控制煤电发展规模，淘汰落后、危险、低产煤矿，严格落实煤矿审批、投产开采等相关制度。

（三）针对石油资源

一直以来我国原油进口依存度居高不下，四川省作为产气大户，天然气年产量颇丰，但原油年产量非常小，出油率低，每年为15万吨左右，无法满足省内正常用油需求。因此，四川省在对现有油田加大开发力度的同时，可主要注重油品质量的升级、石油资源的清洁化利用及石油管道的建设，以提升成品油输送能力。

（四）天然气资源

四川盆地天然气资源丰富，页岩气产业是四川省确定的五大高端成长型产业，要大力发展页岩气产业，重视页岩气重点建产区（长宁勘探开

发、威远勘探开发区、昭通勘探开发区、富顺—永川勘探开发区、黄金坝—紫金坝—大寨勘探开发区），针对犍为、荣县、内江、威远等页岩气待开发区加大勘探开发投入力度。同时，还应重视常规天然气和页岩气勘探开发的统筹推进，加快推进川中、川西和川东北常规天然气勘探开发及川南页岩气资源调查和勘探开发。另外，还应扩大天然气供应范围，通过天然气管网延伸、天然气液化储存及长途运输等方式，以及建设压缩天然气（CNG）母子站、液化天然气（LNG）/液化压缩天然气（L/CNG）加气站等措施，解决省内尚未使用天然气地区的天然气利用问题。

（五）风能资源

四川省是我国风速相对较小的地区之一，从平均风速和平均风功率来看，四川省风能资源呈现盆地较小，西北部高原、西南部山区及东部部分地区较大的特点。从地理空间来看，四川省风能资源丰富地区主要是川西高原、盆周山区、西南山地等地区。为推动风能资源的开发，应继续对这些资源丰富但海拔、地形等不利于大规模勘探开发的川西高原、西南山地和盆地等区域进行深入探究，尤其重点关注开发要素良好的潜在风能资源地——凉山州。

（六）太阳能资源

太阳能是一种高效的可再生清洁能源，目前地区太阳能利用主要集中在太阳能和太阳灶的使用上。截至2017年，位于盆地地区的成都市居民生活太阳能用能推广取得一定进步，共推广太阳灶超过50000个、太阳能热水器26000台。川西高原是四川省太阳能资源最为丰富的地区，天气晴朗，日照充足，年日照时数为1600~2600小时主要高值区集中在甘孜、石渠、理塘、巴塘、稻城及攀枝花等地区，借助高原日照时间长、云层稀薄等地理区位优势以"三州一市"——甘孜州、阿坝州、凉山州、攀枝花市为太阳能资源开发主战场，加大川西部地区尤其是交通不便且远离电网及电网尚且无法达到的偏僻地区的太阳能开发力度，推进光伏发电。

(七)地热资源

四川省地热能开发和利用的进度相对缓慢,开发潜力较大的地热田一般出现在偏远的高原山区,如川西高原的德格—巴塘—乡城地热带、甘孜—理塘地热带、炉霍—康定地热带等。由于地热资源可输送性比较低,输送高温热水的极限距离约 100 千米,天然蒸汽的输送距离大约只有 1 千米,故对地热能开发投产的第一方式是使地热能就地转变成电能;第二是直接向生产工艺流程供热,如蒸煮纸浆、蒸发海水制盐、海水淡化、各类原材料和产品烘干、食品和食糖精制、石油精炼、生产重水和空调制冷等;第三是向当地生活设施供热,如地热就地采暖及地热就地温室栽培等;第四是农业用热,如土壤加温;第五是提取某些地热流体或热卤水中的矿物原料。

(八)生物质能资源

四川省生物质能资源较为丰富,生物质能资源是偏远落后地区及农村能源建设和发展的优势资源,主要包括薪柴、农作物秸秆、人畜粪便、农村生产生活垃圾等,每年可开发利用的人畜粪便 3148.53 万吨,农作物秸秆 4212.24 万吨,薪柴 1189.03 万吨。经过氨化反应加工调制的秸秆饲料的口感和营养(粗蛋白)都优于一般饲草,有利于畜牧业发展。以人畜粪便和农村单独家养的肉猪、肉牛、肉羊及家禽等牲畜的粪便为主要来源的可满足少部分家庭燃气需求的局部沼气项目,可减少因直接燃烧粪便对大气环境造成的污染,这种以家庭为单位的牲畜粪便沼气项目无须大规模集中处理,因而不具备良好的经济价值,更多地体现为农村居民所发挥的环保价值。需要进行大规模处理利用且具有一定商业价值的牲畜类项目,主要集中于成都、广元、巴中、达州、南充、绵阳、遂宁等地的畜牧养殖场,这些地区可开展养殖场沼气工程,维持养殖场能源的自我供给,甚至实现养殖场沼气项目对附近区域的供能作用。此外,沼液浸种技术对农作物培育具有积极作用,有利于农作物产量的提升,而对于无太多地理分布

特征的农村生产生活所产生的其他垃圾也可利用集中填埋、储存堆沤或沼气工程等方式加以利用。另外，还可以通过改厕、改厨、改圈等改建措施，把农村的"三废"（秸秆、粪便、有机垃圾）变成"三料"（燃料、饲料、肥料），通过变废为宝，引导农民将生产与生活、种植与养殖有机联结起来，实现农业资源的再生增值和多级利用，从而促进农村生产生活、生态的协调发展。

"能源因地制宜，资源就地取材"关注的是将传统化石能源和现代清洁能源的利用效率和利用空间发挥到极致，以最合理的资源配置和最小的成本带来更好的消费者体验，打造更加低碳清洁、经济有效的四川省能源体系。

二、利用智慧技术提高用能效率

随着全球科技革命及能源革命的推进，科学技术日新月异，现代化能源体系不断完善，能源发展模式从资源要素驱动进一步向创新驱动靠拢，能源发展动力转换加快。以能源技术智能化和能源生产消费模式智能化为两大主要目标的能源智慧发展改革在全球范围内越演越烈，是构建现代化能源体系、提升用能效率、培养用能新增长点的重要途径。

一直以来，传统能源技术的作用范围往往局限于某种具体类型的能源，很难应用于其他类型的能源。能源技术智能发展将有望打破传统能源应用体系中各类能源各自独立的界限，实现相关能源在各自能源领域的"自我平衡"与综合能源领域的"联动平衡"。一方面，能源技术智能化的"自我平衡"体现在能源生产消费技术本身的发展与改革，如太阳能、风能、水能、新能源汽车等技术的日趋成熟，氢能燃料电池、大规模储能、第四代核电、电能替代等技术在不久的将来有望取得突破。近年来，在国家政策的引导下，四川省一直坚持以非常规油气勘探开发、第三代/第四代核电技术、新型高效低成本光伏发电、燃气轮机、高效电机、超临界燃煤高效发电机组、节能/超低排放型超临界循环流化床锅炉、大型压缩液化天然气（CNG/LNG）成套设备、低速高海拔风电机组、特高压输变电、柔性输变电、大规模储能电池等技术的研发制造为重，集中攻关短板环节，大力突破关键技术、材料和零部件瓶颈，能源技术的不断创新与攻破将帮助四川省找到更符合其特色的能源开采技术和生产开发装备。另一方面，能源技术智能化的"联动平衡"体现在能源技术与跨领域技术的融合与催化，如能源产业与信息系统的融合与催化（信息通信技术、大数据技术、能源区块链等）、能源产业与输送系统的融合与催化（电网、油气管道、道路运输等）、传统能源产业与新能源产业的融合与催化、能源产业与其他产业的融合与催化（材料、生物等）。这种跨领域的技术融合与催化在更大范围内将涉及能源产业与其他各类产业的技术交互及合作，这类技术可以是传统意义上的能源技术，可以是现代意义上的新能源技术，也可以是与能源产业业务活动相关的其他技术。这些融合与催化将为能源技术开拓新的研究方向，促进新兴领域技术的深度融合，保障能源与信息系统、输送系统等基础设施的规范建设，促进能源生产、运输、消费和储存系统的协调发展，为能源技术智慧化发展提供动力。

新形势下，新城镇、新农村成为用能主要增长点，绿色低碳和高效智能将成为全社会对能源供给品质的新要求。既要重视正在全球范围内开展的能源技术智慧化革命，也要强调能源生产消费模式绿色低碳化和高效智能化发展的重要性，通过新理念、新技术、新产业在新形势下的不断发展与突破，反向助力能源生产消费模式的转变。

能源智慧化建设涉及能源产业的各个领域、各个环节、各个层次。面对这场智慧化改革，四川省能源产业将会迎来一次全新的挑战和转变。能源的智慧化发展既是推动能源革命的新动能，也是能源革命的新目标。因此，必须在以能源智慧化发展推动能源革命的同时强调以能源革命深化能源智慧化发展。在此背景下，四川省未来的能源发展模式必将是资源多元化、来源本地化、技术智能化、利用高效化、使用低碳化的新型生产消费模式。

三、发展新型电力减少环境污染

随着环境污染问题的加重及能源枯竭问题所造成威胁的日益增强,可再生清洁能源的发展利用成为我国各级地方政府首先予以考量的政策,可再生清洁能源电力的发展利用水平会直接影响到四川省各市县地区社会经济的发展及环境保护工作的开展。清洁电力的发展不仅可从消费终端改变工业生产格局和居民生活习惯,如电动汽车的推广应用可以降低交通领域的碳排放,工商业供热和消费设备的电气化可以大幅度降低终端用能的碳排放;它也可在能量输送环节发挥节能减排作用,如有效减少煤炭、油气输送环节的碳排放。这些节能减排目标的实现正寄希望于电力行业在电能供给端的低碳转型。

无论是四川省还是全国范围内,火力发电以外的其他清洁能源发电规模均在不断扩大,清洁能源对传统能源的替代作用日益凸显。四川省清洁能源种类齐全多样,除了资源储量极为充沛的水资源,还拥有相对丰富的太阳能、风能、生物质能等新清洁能源。长期以来,四川省一直以煤炭能源消费为主导,使本来应该发挥优势的水能、天然气及其他可再生新能源未得到有效开发。相较于传统能源的过度开采、生产和消费,可再生能源的开发相对滞后,使得能源生产结构背离资源结构,严重影响了能源资源的可持续利用。虽然水力及其他能源发电比例不断提升,但电力调度系统的完善仍具有较大的发展空间,可再生能源电力的突破不仅可以提升传统电力的有效负荷能力,减少电力消费终端的碳排放,更有望进一步满足省内工业、生活消费等领域电力消费的自给自足,减少本省电力的调入量,加大本省电力的调出量。然而在当前电力产能基本过剩,产能增长速率普遍下降,未开发电力潜力仍然存在的背景下,出于产业保护政策,其他省份接受四川省电力输出的积极性普遍较低,省域间的电力产业壁垒或多或少存在且其产生的作用逐渐增强,在未找到解决本地电力消纳及针对电力输送通道等环节行之有效的解决方案的情况下,四川省电力的调出工程会受到一定程度的限制。因此，四川省绿色发展及现代能源体系构建的重点工程之一就是高度关注未得到有效开发的各类清洁能源在省域内的生产、开发和利用，并通过推进整体电力市场化改革，有效破除消纳可再生能源的省间壁垒，实现更大范围内的可再生能源消纳，其中可再生能源电力是完成上述任务的共同媒介。

（1）水力发电。四川省以"川"得名，河流众多，水资源年总量约3480亿立方米，有金沙江、长江、岷江、大渡河、雅砻江等大小河流一千多条，径流量达3131亿立方米，位居全国第二位。可开发水能资源1.03亿千瓦，可装机容量和年发电量均居全国各省区首位。水能资源是四川省能源资源的主体，约占全国的1/4，但其水电生产仅占全省能源生产总量的10%左右，远低于全国及世界平均水平。2017年起，四川省水利厅开始以"环境、社会、经济和管理"为指导理念，以企业自愿为原则，申报创建绿色小水电试点工程，在全省符合条件的地区开展了小水电站绿色发展调查摸底工作。四川省重点发展水电工业，旨在把省内极其丰富的水电资源转变为资本，把自己打造成为"水电王国"是四川省能源发展的现实选择。四川省境内水能蕴藏量占整个西部的1/3，主要集中在金沙江、雅砻江和大渡河，可以利用的落差大，具有建设水电基地的先决条件。

（2）光伏发电。太阳辐射能是地球大气最重要的能量来源，太阳能是一种取之不尽用之不竭的可再生能源，光伏发电不仅无枯竭风险，而且具有安全可靠、无污染排放等优点。2019年全国光伏发电装机2.04亿千瓦，同比增加17.3%，全国光伏发电量2243亿千瓦·时，同比增长26.3%，全国弃光率同比下降1个百分点。太阳能发电形势整体向好，弃光率不断降低，我国对太阳能资源的开发和利用也已取得一定的成绩，光伏发电的应用领域已深入日常生活的各个环节，如小型光伏电源用以解决偏远无电地区（如高原、海岛、牧区、边防哨所等地）军民日常生活用电需要；光伏水泵用以解决偏远无电地区的居民用水井和作物灌溉等工程；太阳能汽车/电动车用以为居民提供更加丰富低碳的出行选择等。但即便如此，也不是每家每户都享受到了太阳能产品的益处,四川盆地南部及西南部是四川省乃至全国的太阳能贫乏区,川西高原则是四川省太阳能资源最为丰富的地区。这些地区普遍人迹稀少、地域广阔、交通条件落后,因此短期内川西高原很多相对贫困和偏远的地区无法接入电网,用电不便是阻碍当地人民提升生活质量、促进经济发展的主要因素,而光伏发电可以很好地解决川西高原及偏远地区人民生产生活的基本用电难题,提升生产作业的工作效率和质量,进而增强人民的生活幸福感。因此,应当坚持并落实"自发自用、余电上网、就近消纳、电网调节"的分布式光伏发电运营模式,在用电现场或靠近用电现场的地方配置较小的光伏发电供电系统,以满足特定用户的需求,支持现存配电网的经济运行,并积极探索光伏发电在交通领域、建筑领域、居民生活领域和工业生产领域的进一步发展方向。

(3)风力发电。一直以来中国积极向英国、德国等风电市场排名世界前列的国家借鉴经验,持续推进国家海上风电、陆上风电的开发探索工程,全国弃风电量和弃风率持续"双降"。2019年是我国风电行业进步快速的一年,海上风电建设提速,以稳健的姿态超越陆上风电,风电价格逐步由竞价向平价靠拢。四川省作为我国西南地区的内陆省份,主要借助陆上风能进行发电,是我国风速相对较小的地区之一,但川西高原、盆周山区、川西南山地等地区拥有较为富集的风能资源,这些地区的河流峡谷和盆周山地风场可作为今后风电开发的主战场。风电的利用在调整四川省能源结构和解决偏远地区用电问题上扮演着极为重要的角色。同时,由于风电自身存在的间歇性和不确定性,加上四川省的风电、水电在出力特征上体现了天然的水、风季节互补性,丰水期水电出力增加,风电出力减少,相反,平、枯水期水电出力减少,风电出力增加。因此可重点考虑开发水风互补发电工程,为可再生能源发电事业装上"双保险",弥补风力、水力自身的季节间歇性及各种不确定性,从而保障平水期和枯水期的电力供应及当地人民的正常生产生活。

(4)生物质能发电。当前四川省农村地区的能源以散煤秸秆和薪柴为主，这类能源燃烧效率低，易造成空气污染和残渣污染，不利于四川省的绿色发展。同时，四川省地区能源短缺，消费结构畸形发展，导致以农村地区为代表的相关地区的环境污染日益严重，污染问题越发突出。四川省农村生物质资源丰富，以粮食农作物的秸秆为主，其次还有农村的畜禽粪便、生活垃圾、生活污水等。在农村，没有固定的处理方式对此类生物质能源加以开发利用，农村居民更多的是根据生活经验和传统习惯归纳总结生物质能源的利用方式，处理较好且运用最为广泛的主要有堆沤做肥、燃烧供热等传统方法，发展到后期出现了沼气燃烧及沼气发电等利用方式。针对这种不集中、有污染、效率低的生物质能利用方式，可借鉴丹麦可再生能源发电经验，推广生物质能发电工程，有效发挥生物质能源的经济、环境效益，解除其他能源的区域性资源限制，从而解决农村用电、供暖和生活热水需求，减少供暖散煤燃烧，为农村生产生活提供保障，也为我国能源结构调整和环境治理提供实践基础，以实现可持续发展。

针对四川省电能供给端的改革，一方面要重视以可再生能源为主的新型清洁电力的生产、开发和并网，在协调好光伏发电、风电工程开展的同时，也要科学安全地推进对地热能等其他可再生能源发电工程的积极探索，建设一批与之相关的发电项目，利用资源禀赋优势，以可再生能源为重点突破口，大力发展新型电力，在单独利用各类可再生能源的基础上，努力探索水光互补、风水光互补、风水光储互补工程，并加强对其他电化学储能的研究，共同演绎"风光"精彩，从而减轻对火力发电的依赖。另外，还可设置可再生能源生产消费激励政策，调节可再生电力作为自然发电的限制。也要重视与其他省份间的可再生能源合作工程，尤其是可再生能源电力合作，建立市场化可再生能源电力消纳保障制度，破除省域间的可再生能源电力消纳壁垒，实现更全面的可再生能源开发利用功能，扩大四川省可再生能源配置范围，激发四川省可再生能源生产利用潜能，增强四川省能源保障能力及可再生能源利用效率，提升四川省在非化石能源领

域的话语权,让四川省"风光"起来,从而为低碳、高效、"风光"无限的四川现代能源体系建设做贡献。

四、加快基础建设提升服务水平

能源的基础设施建设指的是与能源开采、生产消费相关的各类"硬件""软件"设施,包括各类能源开采设施设备、油气管网建设、电网建设、储能设施及其他与能源活动相关的综合服务建设。能源基础设施的建设不仅是一项简单独立的工业工程,更是一项保证社会安定、维护社会秩序的政治工程和民生工程。

关于"硬件"建设,电网建设、油气管网建设及储能设施建设是"硬件"基础设施建设的主要对象,是国家及省政府部署能源基础设施建设工作的主要出发点。四川省的电网建设是国家电力供应系统健康有序运行的基础,"十三五"期间我国整体电力事业进入新阶段,电力消费增速放缓但持续增加,电力供应能力整体富足,电力供应结构不断优化,可再生能源电力及其他清洁电力是国家电源建设的主要方向。但输电通道长期落后于电源建设是制约四川省可再生能源电力事业发展的主要因素之一,是造成四川省弃水、弃风、弃光等现象的主要因素。一方面,水力发电、风力发电、光伏发电等的区域性、季节性、随机性和不可预测性导致可再生电力系统的可信容量较低。而输电通道的建设需考虑实用性和经济性,为了将可再生电力以最大限度输出,根据可再生能源装机容量规划输电通道,则存在因为风能、水能等资源的间歇性枯竭而造成输电网络资源的浪费及形成较高的可再生电力消费价格等现象,十分不利于下游消费市场对可再生电力的认可度和消纳量。若仅保障各地可再生能源发电的平均输出,根据可再生能源保障出力规划输电通道,则存在可再生能源丰沛期严重的窝电现象。另一方面,四川省可再生能源富集区大多位于道路艰险、生产建设较为落后的高原、山区等地,远离负荷中心,加上四川省可再生能源建设工程起步较晚,可再生能源基础设施建设相对滞后，电网承载能力过差，电网骨干网络建设薄弱，也对电网输送通道建设带来了重重困难，导致可再生能源电力无法外送，不仅本地无法消纳，输电通道更是无法满足可再生电力的跨省域消纳，使得资源浪费严重。省域内外电网的改造升级、电源与电网的统筹规划和布局工作将是继可再生能源电力技术以外的另一攻坚战，是四川省可再生能源电力事业发展的关键。省政府及相关部门需按照系统安全、流向合理、优化存量、弥补短板的原则，与国家电网加强沟通，稳步有序推进跨省区电力输送通道建设，建成省内电力输送新通道，完善区域和省级骨干电网，加强配电网建设改造，在健全网架的同时积极开展电网升级改造工程，加快四川省电网智能化升级，着力提高电网利用效率，提升新能源电力尤其是水电在省内的消纳能力，并规划完善水电东送的总体流向，进一步维持可再生能源富集区和电力负荷区的电力平衡，发展可再生能源电力事业。此外，从保障基层国计民生的角度来看，农村电力建设是现代能源体系建设的重要一环，其中农村电网改造、村村通动力电、机井通电等项目应当成为相关部门的工作重点，相关部门应始终以农村电力基础设施改造和建设为中心，以精准帮扶为辅助，大面积消除农村地区用电难、用电贵等现象，为他们提供能满足基础生活的电力保障，减少这些地区为考虑经济效益而大面积使用燃煤、散煤等高污染化石能源的频率。

四川省油气基础设施建设作为能源产业中极其关键的一环占有十分重要的地位。它的重要性不仅体现在储气调峰的现实作用，更体现在保障民生用能的政治作用。2019 年，国家石油天然气管网集团有限公司（以下简称国家管网公司）挂牌成立，国务院出资 200 亿元，成为国家管网公司目前唯一股东；2020 年国家管网公司与"三桶油"持续商讨资产移交事宜，其中划转资产以油气干线管网（4 兆帕以上）、省级管网、接收站、储气库等基础设施为主，这都体现了国家对油气基础设施建设及油气管道独立工程项目的重视，国家是深化油气体制改革的"关键角色"。对于油气管网建设，在国家管网公司成立及与"三桶油"资产划转的背景下,四川省必须矢志不渝地坚持国家"管住中间,放开两头"的工作方针,为保障民生用气做贡献。

2017年,党的十九大报告首次将油气管网建设纳入国家基础设施网络建设规划,强调了油气管网建设对国家经济发展与运行的重要作用,《关于深化石油天然气体制改革的若干意见》《中长期油气管网规划》《加快推进天然气利用的意见》等文件明确要求深化油气管网改革推进油气管网设施建设,增强油气集约输送和综合服务的水平,完成"管住中间,放开两头"的管道运输和销售分离任务,推进管网独立建设,以减少重复投资,加快油气基础设施建设。作为全国天然气消费大省,四川省在天然气开采及配套管网运输方面取得了较好的成绩,全省21个市(州)183个县(区、市)中已有18个市(州)130多个县(区、市)使用管道天然气,仅三个州(甘孜、凉山、阿坝)和其他市的个别县尚未使用管道天然气。天然气管道的互联互通是天然气资源得到有效利用的重要媒介,因此必须矢志不渝地坚持国家管网公司工作理念,启动管网独立改革,实行输配、输售分离并允许第三方公平进入能源管网输送市场,加快天然气管网建设和利用,科学合理地完成全省天然气管网建设,推动油气管网的全面互联互通。此外,四川省应当集中市场及政府力量加快建设集输管网,解决尚未通气地区的天然气利用难题,统筹推进天然气管网建设,完善油气输配管网设施,重视支线管网建设,扩大四川省天然气资源供应范围。通过天然气管网延伸、天然气液化储存及长途运输等方式和建设压缩天然气(CNG)母子站、液化天然气(LNG)/液化—压缩天然气(L-CNG)加气站等措施提升骨干网输送和进口接收能力,增强区域间协调互济供给能力和终端覆盖能力,加强支线管网建设,打通"最后一千米",实现省域内各区县及四川省与周围省市油气资源互通互补的市场需求。

对于储能设施建设而言,"十二五"和"十三五"期间,四川省天然气产业发展迅速,消费和调峰需求大。然而四川省储气能力严重落后于天然气产业的发展，储气设施无法容纳潜在天然气资源量，储气设施建设尽管投资大，但相关企业对储气设施的建设积极性不高，储能设施与管道建设连通障碍大，重点保供对象及政府储气能力需求无法满足。目前四川省尚无地下储气库和专用于调峰的地面大型 LNG 储备库，储气库与天然气管网的配套建设也不完善，存在"气源进不来，调峰气量出不去"等现象，这成为制约四川省天然气产业发展的一大主要因素。因此，四川省必须加快储气站的建设步伐，强调能源储备安全和调峰设施建设，重视西南储气调峰枢纽建设工程，彻底解决部分地区尤其是偏远地区用气难的问题。"硬件"基础设施的建设包括其他新兴清洁能源设施设备的研发、投用，如电动汽车充电设施、储能电池、光伏电站、水电站及其他配套的基础设施设备；也包括传统能源设施设备的更新、换代，如勘探开发设备、作业人员穿戴设备、节能环保设备及其他配套的基础设施设备。

除了前期的"硬件"建设，政府及企业还应当重视能源综合服务建设"软件"工作的开展，提高能源综合服务水平，自觉接受市场和群众的监督，保障能源供应综合服务质量，尤其是对于偏远落后地区，激励"能源因地制宜，资源就地取材"的关键是为那些有意愿和能力的潜在新能源用户提供完善的能源售后服务，包括能源设施维修、技术咨询服务、安全审查、能源供应中断补救措施等，从而保障该地居民用能需求和用能安全，降低居民用能成本，提高包括传统能源在内的所有能源供给普及率，保障偏远地区用能的及时性、便捷性，全面释放各类能源的民用需求。

基础设施的完善、能源综合服务水平的提升让能源发展成为利民惠民的福利，提高偏远贫困地区尤其是红色革命老区、少数民族聚居地等区域的能源自足能力，让居民用能更加便捷，切实保障和改善民生，完成能源基础设施建设的民生保障和政治保障任务。以服务人民为出发点的能源改革工作不仅是国家和四川省政府长期以来一直遵循的宗旨，也是实现国富民强最坚实的基础保障。

第七章 "双碳"目标下四川省能源发展政策创新

"双碳"目标的提出,既是基于应对世界气候变化,整合全球之力共同应对气候危机的现实需要,也是立足于国内生态环境实际,促进生态文明建设新发展、建设美丽中国的深度思考。四川省作为中国重要的能源基地之一,其水资源、天然气、生物资源等储量丰富,具有较大的开发潜力。大力调整能源消费结构、优化资源配置、提升科技水平,为实现全省碳污染防治从"传统管理"到"现代治理"、发展方式从"粗放高碳"到"绿色低碳"、环境质量从"量"到"质"的根本性改变,努力走出一条具有时代特征、体现四川特色的碳减排之路,为中国早日实现"双碳"目标做出积极贡献。

第一节 加快发展清洁能源产业,建成多元化能源供给格局

清洁能源作为未来能源发展的主力军,其大力发展不仅有助于减少对煤炭和石油等化石能源的依赖程度,降低温室气体排放,减轻气候变化对环境的冲击,还能够推动地区经济增长。

第七章 "双碳"目标下四川省能源发展政策创新

一、大力推进天然气快速上产，为实现"双碳"目标添"底气"

随着中国产业结构调整、转变经济发展方式的步伐加快，四川省天然气产业面临较好发展机遇。加快天然气资源勘探开发，进一步提高天然气供应水平有利于四川省在生态文明理念指导下，实现天然气资源的可持续协调开发，实现经济效益与环境效益的共赢局面。近年来，天然气需求逐渐增加，为增强天然气供给保障能力，必须加大天然气的勘探开发力度，大幅度提高生产能力。四川盆地所采的天然气绝大多数来自三叠系、二叠系、石炭系和震旦系的海相碳酸盐岩中，海相碳酸盐岩各储层的厚度、产量、性质各不相同，现有探明储量并不充分。此外，高含硫天然气田开发难度大，危险系数高，勘探开采设备陈旧、勘探开发效率低等问题尚未得到解决。要实现四川省天然气产业可持续发展，就必须对天然气进行科学勘探开发。

第一，加强天然气资源勘探开发的科学理论研究。四川盆地天然气勘探开发目前需要解决几个复杂的地质问题：海相盆地发育的时代老，致使人们对成烃有机质的来源、发育条件及成烃机制不清楚，沉积物经历的地质历史长，构造变动次数多，油气的散失和保存非常复杂；有机质丰度较低，这种低有机质丰度沉积岩的生烃、排烃机制不清，评价其生烃能力的方法仍需摸索；有机质演化程度高，致使恢复生烃历史和评价成烃阶段难度大；勘探目的层深，勘探风险高，费用大，工艺技术要求高；油气藏保存条件复杂，勘探目标优选困难。针对以上五个勘探难题，需继续加深海相沉积区的成盆、成烃和成藏研究，提出更适合中国古生代海相盆地的成盆、成烃和成藏理论，以此科学评价各种类型圈闭的含油气性，优选勘探目标。

第二，提高勘探开发技术水平。目前，中国石油、中国石化在四川盆地的天然气勘探技术虽有了较大的发展，例如高分辨率山地地震采集、处

理和解释"三位一体"技术系列的完善和实施,大大提高了储层预测的准确性和探井的成功率;钻井工程新技术的应用确保了地质目标的实现和勘探进程的加快,但仍需加强深层、常压、新区新层系等重点领域配套技术攻关,包括旋转地质导向、深层高温高压、套管易变形问题等。加快形成深层页岩气勘探开发关键技术、常压页岩气低成本开发技术、陆相和海陆过渡适应性勘探开发技术等,为天然气产业持续发展提供理论技术支撑。

第三,科学高效勘探开发。在依托理论创新科技,加强天然气资源勘探工作,满足天然气需求快速增长的同时,要提高天然气资源的开采效率,以科学理念优化气田勘探开发,减少放空,努力提高采收率,提高勘探开发效益和效率,以最少投入开采最多的天然气,特别是川西地区的致密砂岩低产气藏、川东北高压高含硫气藏的开发。

第四,加大政策配套支持。将四川省天然气发展纳入国家能源优先发展战略和重大建设项目,加强企地合作,联合重庆市尽快将四川盆地打造成中国首个年产超过1000亿立方米的天然气大气区。缩短用地、用林等各类手续办理周期,进一步明确审批标准,优化审批流程,加快审批进度,条件允许时提供一站式各类手续办理服务。针对深层天然气(页岩气)、致密砂岩气等开发难度较大的接替资源,提供针对性强的财政补贴等激励政策,为快速增储上产创造良好的政策环境。

二、加快推动新能源产业发展,为实现"双碳"目标赋"动能"

随着经济的不断发展,中国对能源的需求急剧增加,能源供应紧张日益成为经济发展的"绊脚石",能源供应问题成为制约中国经济发展的主要因素之一。四川省作为中国能源资源大省,新能源资源丰富、禀赋优越。太阳能资源方面,甘孜州、凉山州、阿坝州及攀枝花的年均日照时数大约2000小时。风能资源方面,以茂县、德昌、丹巴为中心的岷江河谷、安宁河谷、大渡河谷等地区风能资源丰富。全省离地50米高度风能资源理论储量约8835万千瓦,潜在开发量约1500万千瓦。生物质能资源方面,每年可利用的粪便量约3148.53万吨,秸秆约4212.24万吨,薪柴约1189.03万吨,沼气约10亿立方米。大力推动新能源产业发展已成为四川省能源发展战略中的重要内容。目前,四川省新能源产业发展仍存在产业化程度不高、核心技术能力掌握不足、财政投入较低、高端复合型人才紧缺和产业布局不合理等问题,应采取进一步对策措施。

第一,统筹规划,科学布局。新能源按照资源种类划分有核能、风能、太阳能、现代生物质能等类别,按照技术水平和市场化程度则可划分为研发、示范、推广和产业化等4个阶段,按照产业链划分则包括原材料的采集、设备研发与制造、产业生产和运营、能源消费市场等上、中、下游等环节。四川省应对新能源进行充分调研和评估,在国家产业发展的总体战略框架下,统筹规划,进一步明确阶段性任务和主要发展思路,根据四川省的资源和区位等优势积极争取国家投资布点,力争更多项目获得国家的核准或批准,对已获得国家支持的新能源项目,加强组织协调和监督管理以确保项目顺利投产,并制定符合地方特点的新能源产业发展规划和实施路径,形成科学的产业发展布局。在发展规划和目标中,既要避免盲目投资造成浪费,又要保护各级地方政府发展新能源产业的积极性,鼓励大中企业投资新能源,以提升新能源产业的科技水平与规模效益。

第二,加大政策扶持,加强政策引导。按照"幼稚产业保护理论",在能源市场机制待完善和产业周期处于初级阶段的情况下,新能源产业的发展需要政府在政策、技术和市场等多角度予以支持和保护,使其健康有序发展。四川省应在新能源产业产品定价机制、价格激励机制、价格补贴机制等方面完善价格政策,积极研究和科学确定新能源电价收购、补贴标准,保持上网电价补贴政策的稳定性和长期性,并制定新能源发电企业并网规范。对生物质能发电项目,要加强秸秆收购网络建设。以风能为例,由于其利用的不稳定性和市场竞争力相对较弱,政府需要采取的措施主要

有:政策上施行财政补贴和入网干预;技术上由国家电网消纳统筹;市场上引导建立健全公平完善的竞争机制。对于中央政府给予的地区性特殊产业优惠政策和全国性的普惠性产业支持政策,要予以积极贯彻落实;对新能源种类中属于国家示范性工程项目范畴的,应积极申报以获得国家财政资金的支持;对具有产业发展基础、资源禀赋优势及产业集聚效应明显的新能源项目,应综合运用财政扶持和税收优惠等手段予以倾斜重视;对新能源产品的政府采购、新能源汽车、太阳能利用等新能源产品消费,要相继启用财政政策工具与货币政策工具,有效激励、推进新能源产业的加速发展。

第三,注重研发,突破技术瓶颈。科技是第一生产力,核心技术的不成熟是竞争力缺失的致命因素。首先,要加大研发和技术创新投入。重点扶持科研院所、企业工程技术中心的建设和发展,建设一批一流的工程技术中心和实验室,搞好软硬件设施建设,形成以大企业、高新技术企业、科研院所、实验室为龙头的技术创新体系。鼓励企业加大技术研究与开发经费支出,提高研发投入的比重。其次,要突破关键核心技术领域。着力开展新能源关键零部件及关键原材料、风电整机设备核心制造技术、太阳能利用技术等重要领域的研发,通过合作、引进、消化、创新,建立自主创新体系。从环保、节能的角度研发新技术,提高高纯度多晶硅的生产能力,进一步研发出高效率的光电转换非晶硅光伏电池及组件,抢占产业链高端竞争优势。最后,要加强产学研合作,提高科技成果转化率。由政府行政干预促使产学研各方结合,实现企业与高校科研院所之间的理论知识与产业实践对接,这个过程中政府在提供组织协调、信息中介、资源整合等功能的基础上,为企业提供经费、政策方面的扶持,引导开展广泛性的研发合作机制。依托新能源产业中的领头企业,发挥省内的科研资源优势,加大技术成果的市场转化率,实现从低端制造向高端研发转型。

第四,创新金融制度,注重人才激励。四川省要抓紧制定协调配套的制度与政策体系。这个体系包括规划、技术、资金、政策、市场和人才等方面，从而为新能源发展提供一个良好的投资与发展环境。首先，要建立具有多渠道融资能力的融资平台，以利于产业发展的资金筹措，包括建立新能源产业的政府专项发展基金，通过政府的组织协调建立企业与金融机构的合作平台，优先支持具有良好发展前景并且技术已经较为成熟的新能源企业通过发行融资债券和上市等方式进行融资，鼓励金融机构创新投资模式，鼓励风险投资基金和担保机构支持新能源企业的融资，指导企业利用清洁发展机制（CDM）增加资源来源，支持创业投资机构对新能源企业进行股权投资，放宽行业的一些投资限制等。其次，要注重专业技术人才的培养。应以促进新能源产业发展为目标，在高校设置相应的专业，培养对口的专业技术人员，实施重点领域人才队伍建设专项项目，推动专业人才向重点领域和产业集聚，并通过开展大型新能源国际峰会、技术成果交流项目为新能源产业提供广阔的发展空间。与此同时，支持企业与高校、研究院所联合培养一批装备研制和系统开发设计的带头人，助力中国摆脱目前在世界能源产业链上"加工厂"的地位，实现从代工型向创新型转变。

三、全面加强水资源高效开发，为实现"双碳"目标增"引擎"

四川省水资源丰富，大小河流共3000多条，江河总长达到了1030千米，流域的总面积达到了50万平方千米，湖泊冰川遍布，拥有1000多个湖泊及200多条冰川，地下水储量丰富。水电是一种清洁、可再生能源，大力开发利用四川省水能资源对于合理分配资源、优化能源结构、促进节能减排和促进经济低碳发展具有重要意义。近年来，在国家"积极开发水电"的方针指引下，四川省水电取得了巨大成就，水电装机容量快速增长，2022年四川水电装机规模达9707万千瓦。作为"西电东送"的重要送出端，外送电量屡创新高，截至2022年，水电外送电量已连续5年超过1300亿千瓦·时，为区域经济社会发展做出了重要贡献。但其背后隐

藏的环境问题与社会风险不容忽视,天然江河渠化、生态环境破碎、水库淹没和移民安置不当等已对当地生态和社会稳定造成严重不利影响,"弃水"困局更是将水电开发推上了风口浪尖,质疑声不绝于耳。化解上述问题,可从以下几个方面着手。

第一,强化智能改造,促进转型升级。进一步推动大水电站向数字化、智能化转变,是新时期水利水电发展的重要任务。以数字化改革为抓手,融入"互联网+"思维,全面推进数字化技术在水电中的运用。在传统水电站开展数字化改造,建立数据中心、传输网络、大坝监控、水情测报、水库调度等智慧化运行管理平台,推动配电站房、输电线路、远程调度等工作向数字化转型。应用大数据等技术对水电运行开展实时监测,对水情、运行设备进行精准调度,对效益进行智能分析比对,以数字技术助力水电站发电效率全面提升。

第二,创新管理模式,提升运行实效。集约化、专业化、物业化管理是解决水电高质量发展面临的效益、人员、安全、技术、生态等问题的有效途径。积极推进水电发展运行管理体制机制创新,鼓励引导水电走集约化、专业化发展道路,推行"以大带小""以点带片""分片统管"等工程管理模式和"无人值班少人值守"集约化管理模式,委托第三方组建水电专业运维队伍,采用市场化运作方式为水电站提供运维托管服务,实现水电减员增效、安全增效、管理增效、优化运行增效。此外,加强水电从业人员技术培训,提高运行实际操作水平。

第三,保障生态流量,促进绿色发展。水电带来的河流生态问题已经成为影响生态环境可持续发展的主要问题,开展水电生态流量保障建设势在必行。根据水电不同开发方式和工程布置特点,按照因地制宜、科学合理、安全可靠、经济适用的原则,科学制定水电生态泄流设施改造方案,选择合适的泄流设备设施,对水电引水系统、泄流闸、泄流阀、虹吸管及生态机组等进行改造。在此基础上,统筹考虑生产、生态用水需求,结合河流特性、水文气象条件和水资源开发利用现状，科学合理确定水电生态流量目标，健全完善生态泄流保障机制，促进水电绿色发展。

第四，健全管理体系，提升安全效能。大多数水电工程地处深山峡谷地区，自然地理环境特殊，安全运行和建设管理都面临极大的挑战。建议推进水电安全生产标准化建设，建立水电重点监管名录，设置安全警示标志标识，开展大坝注册登记和大坝安全鉴定和评估，实行差异化安全监管。全面落实水电安全生产主体责任、监管责任和行政责任，建立水电联合协作执法机制，水利、应急、市场监管、电网等部门在各自的职责范围内常态化联合执法，加大水电站运行安全风险隐患排查整治，严厉查处各种违法违规行为，及时消除各种隐患，确保水电工程安全、运行安全。

第五，强化利益共享，助力乡村振兴。水电工程是重要的民生水利基础设施，具有运行周期长、年度收益稳定等优点。参照土地、矿产等自然资源建立水能资源有偿使用制度，其费用纳入资源所在地财政，并明确一定比例费用用于移民安置、生态环境保护工作。牢牢把握水电"公益"属性，充分利用水电"造血"功能，积极推进水电振兴乡村工程，把水电开发与农田水利建设、特色产业发展、生态环境保护等有机结合，鼓励乡村建设、农村饮水工程、农村电改工程等配套资金向水电改造提升、集约化经营有偿聚集，盘活水电资产助力集体"消薄"和农民增收，实现绿色发展和乡村振兴双推进。

第二节 深入推进供能管网建设，构建现代化基础设施体系

供能管网作为能源从生产地到消费地进行输送、分配和传递的关键基础设施，连接能源的生产、储存、运输和使用各个环节，而且还涉及整个

能源系统的平衡、安全、效率和经济的方方面面，在能源产业中发挥着关键的作用。建立强大、多样化、分布广泛的能源输送和分配网络，是四川省减少对单一能源来源的依赖，降低能源供应中断的风险，提高能源安全性，实现"双碳"目标的重要保障。

一、加大管道建设投入，优化油气管道整体布局

优越的管道基础设施能够提高资源、输送和分配效率，确保能源资源能够迅速、安全地到达各个需求节点。同时，通过合理布局和优化，可以实现偏远地区能源供应的多元化，也可提高管道安全性和可靠性。因此，要进一步加大管道建设投入，优化油气管道整体布局。

第一，开展重点区域天然气长输管道建设。按照国家千亿立方米天然气（页岩气）产能建设总体规划，川渝两地统筹推进川渝地区天然气资源勘探开发，着力打造天然气千亿立方米产能基地，建成全国最大的现代化天然气（页岩气）生产基地。到2025年，天然气（页岩气）产量达到603亿立方米，为满足未来天然气（页岩气）输送需求，必须开展重点区域天然气长输管道建设。其中，川气东送二线管道是天然气长输管道建设中非常重要的一项工程，该工程是继川气东送管道工程建成投用14年后，四川盆地天然气外输的又一条重要通道。川气东送二线全长4269千米，途经四川、重庆、湖北、河南、江西、安徽、浙江、福建8省市。干线管道起于四川泸县，止于浙江温州，与川气东送一线、西气东输管道系统、苏皖管道等主干管道连通，串接起西南气区、沿海液化天然气资源和中东部市场。项目建成后，川气东送管道系统年输送能力将增加至350亿立方米，每年增输的200亿立方米天然气与用煤相比，相当于减排二氧化碳7460万吨、二氧化硫51万吨、氮氧化物27万吨、粉尘14万吨。

第二，持续开展燃气管道优化工程。2023年以来，四川省住建厅牵头持续开展了"四个一"隐患整治工作，即开展一个活动、实施一场行

动、落实一个要求、坚持一项制度,其中燃气管道专项整治工作集中整治了一批安全隐患,遏制了事故多发易发势头。但是,四川省燃气管道仍面临着老化严重、用户端安全隐患还未完全消除、安全监管还存在着薄弱环节等问题,仍需坚持问题导向,从加快实施燃气管道老化更新改造、突出抓好燃气使用安全、着力构建齐抓共管工作体系、持续强化燃气安全宣传等方面入手,严格落实城市燃气管道等老化更新改造方案,结合普查成果,动态排查老化管道安全隐患,并根据轻重缓急优化更新改造计划,实施倒排工期、挂图作战,加力推进项目建设,加快提升燃气管道整体本质安全。

第三,打通天然气供应"最后一公里"。经过几十年的发展,四川省中小型城市都已经普及使用天然气,但部分农村远离城镇,村落分布零散,附近大多无主干管网规划,管道燃气建设实施进度慢、普及率低,成为农村地区使用天然气的"痛点",使得这些农村居民使用的还是人工煤气,甚至部分偏远山村居民还在使用煤炭、柴火。当初市政规划时未统一考虑,这些山村无专用廊道,如果开通天然气,需要重新铺设天然气管道,工作量大、成本高。因此,需要国家资金和地方财政配套,给予一定的补贴和支持,着力推进燃气往村覆盖、向户延伸,不依靠城市燃气管网架设,因地制宜,以村庄为单位进行独立组网安装,完成农村天然气管道铺设,加快这一项基础设施建设步伐,打通供气"最后一公里",减轻农村居民生活上的支出,助力乡村振兴。

二、推动电网提档升级,构建特色新型电力系统

近年来,在国务院、国家发展改革委、国家能源局等部门出台措施,力促我国可再生能源高质量发展的背景下,四川省依托水电、风电、光伏等资源禀赋优势,向可再生能源产业发展迈出坚实步伐,并取得了一定成效。水电方面,在白鹤滩水电站全部机组投产后,四川省2022年水电装

机规模达到9707万千瓦,为全国之首,2025年四川水电装机规模将达1.06亿千瓦。风电和光伏发电方面势头不如水电,但是也有所进步,2022年,四川省风电装机容量为598万千瓦,光伏发电装机容量206万千瓦,并提出"到2025年,全省风电装机容量约1000万千瓦,光伏发电装机容量约2200万千瓦。到2030年,全省风电、光伏发电总装机容量达到5000万千瓦左右"的目标。但是,从全省人均用电量来看,远低于全国平均水平,还存在电网适应资源逆向分布的能力较弱,源网发展需进一步协调,与构建以新能源为主体的新型电力系统尚有差距,部分地方电网供区、高原地区、边远山区配网建设相对滞后,供电可靠性有待进一步提高等问题,还需进一步推动电网提档升级,构建以可再生能源为主体的特色新型电力系统。

第一,优化省内主网架结构。结合特高压交流布点,完善四川电网500千伏主网架,构建相对独立、互联互济的"立体双环网"主网结构,整体提高四川电网对以新能源为主体的新型电力系统的适应性和供电保障能力。实施白鹤滩送出加强500千伏工程,化解系统性风险,提高送电能力。实施攀西电网加强改造工程。优化布局甘孜州、阿坝州、凉山州、攀枝花市送出通道,实施500千伏输变电加强工程,满足川西新能源加快发展需要。建设成都、资阳、内江、川东北等燃机调峰电站接入系统工程。配合川藏铁路等重点铁路工程建设,推进电气化铁路牵引站建设。推动成都都市圈、成都东部新区、宜宾三江新区、南充临江新区、绵阳科技城新区电网建设。加强220千伏、110千伏网架和联网工程建设,推动220千伏电压等级电网接入公平开放,促进省属电网和国网四川电网融合发展。

第二,加快推进特高压交流目标网架建设。加快川渝电力一体化发展,重点推进川渝电网特高压交流目标网架建设,为成渝地区双城经济圈建设提供坚强电力保障。增强甘孜州、阿坝州特高压交流站电力汇集能力,缓解川西水电送至成都等负荷中心通道瓶颈制约。根据攀西地区水电和新能源大规模投产进度，规划攀西电网至省内负荷中心 1000 千伏高压交流输变电工程。

第三，统筹特高压直流外送通道建设。结合水电和多种能源外送需求，统筹建设特高压直流外送通道。建成雅砻江中游至江西、白鹤滩至江苏、白鹤滩至浙江等 800 千伏高压直流工程，开工建设金沙江上游至湖北多能互补外送特高压直流工程。研究规划与西北电网联接第二通道，研究布局藏东南和雅鲁藏布江下游水电入川接续转送特高压工程。优化提升向家坝至上海、锦屏至江苏、溪洛渡至浙江 800 千伏高压直流输电通道利用率。

第四，统筹推进城乡配电网智能化、安全性改造，逐步建成省会城市、区域中心城市坚强配电网，巩固提升配电网络可靠性和供电质量，提高配电网供电智能化水平。实施农村电网巩固提升工程，切实消除薄弱环节，构建"可靠用电、安全用电、方便用电"的农村地区电力网络，强化民生供电保障能力。实施好两项改革"后半篇"文章，对乡村农村电网改造升级，增强独立光伏供电地区的供电能力。

三、依托数字技术赋能，助力管网安全高效运行

作为与人民生活息息相关的民生行业，如何保障油气管道和电网的平稳、高效运行是能源业务运营的重中之重，而随着城市与经济的快速发展，能源企业的传统运营方式正面临着巨大挑战。当前，信息革命潮流正加速向经济社会各领域广泛渗透，数字化、网络化、智能化深入演进，信息化数字化成为驱动引领中国式现代化的重要引擎。党的二十大报告提出，要加快建设网络强国和数字中国，加快发展数字经济，促进数字经济和实体经济深度融合。在此背景下，四川省应积极将数字化技术引入油气管道和电网的建设与运营，推进数字化、网络化、智能化能源管网建设，实现能源管网的安全、高效、平稳运行。

第一,坚持创新引领,聚焦油气管道数字化转型。四川省不仅是油气大省,也是油气管道强省,预计到 2025 年,天然气(页岩气)年产量将达到 630 亿立方米,输气能力将达到 700 亿立方米/年。其中,长输天然气管道的特性决定了野外管道运行感知设备稀少,无法有效监测管道安全、第三方破坏及地质灾害对管道的影响,一旦发生事故,后果不堪设想。传统管道安全管控模式改革迫在眉睫。在省级天然气管网大规模发展的同时,管道周边已逐步向高后果区发展,原有粗放的管理模式已难以满足管道安全运行的需求,人员组织结构、管理手段、大数据应用等急需得到改善。因此,四川省政府应向浙能天然气运行公司学习,依托大数据技术、信息化技术,将"数字化管道"与完整性管理深度融合,搭建智慧管网信息集成和分析平台,最大限度减少管道事故发生率、延长管道使用寿命,促使管道安全管理再上新台阶,实现省级管网运行安全管理模式的"四大转变",即管道资料由分散、纸质向集中、数字化转变;风险管控模式由被动向主动转变;运行管理由人为主导向系统智能转变;管道信息系统由孤立分散向集中集成转变。

第二,以智能化电网支撑新型电力系统建设,加快推进数字化赋能电网发展。在"双碳"目标下,能源结构的改变势必将带来电网能力不足、发电和用电功率不匹配、电网完全稳定性下降等一系列问题。为解决这些问题,2023 年 3 月 31 日,国家能源局发布《关于加快推进能源数字化智能化发展的若干意见》,提出针对电力等行业数字化智能化转型发展需求,要发挥智能电网延伸拓展能源网络潜能,推动形成能源智能调控体系,提升资源精准高效配置水平。传统的配电网及其支持性设备已与各行各业通过电力供求关系建立了物理上的链接,但这种链接没有融合信息和通信技术,相互之间的沟通是简单的、单向的,而智能配电网具有三大特征,分别是信息化、智能化、互动化。为抢占电网电力转型升级的窗口期和制高点,四川省需加快战略性核心技术、重大装备集中攻关,并推动变电站和换流站智能运检、输电线路智能巡检、配电智能运维体系建设，发展电网灾害智能感知体系，提高供电可靠性和对偏远地区恶劣环境的适应性，着力提升电力产业链现代化水平，以国家战略性需求为导向加速四川省电网向数字化智能化绿色化新模式发展。

第三节 持续发挥储能产业优势，打造高质量发展新增长极

太阳能、风能和水电等可再生能源受天气影响，其能源产量具有不稳定性和间歇性，而储能技术能够收集和存储过剩能源，且在能源高峰和低谷时段释放和储存能源，有助于平衡电网负荷，提供持续、稳定的能源供应，故要大力发展储能产业，充分利用储能技术优势，解决可再生能源（如风能和太阳能等）的不稳定性和间歇性等问题。

一、增加独立储能配置，提升储能总体利用水平

目前，四川省储能技术的研发和商业化进程相对较慢，尤其是与可再生能源发展相比。虽然一些成熟的储能技术如锂离子电池已经广泛应用，但在大规模应用和经济性方面仍存在限制，其他新兴的储能技术如液流电池、氢储能等仍处于早期阶段，面临着技术成熟度和成本效益等方面的挑战，这导致储能配比无法及时跟上可再生能源发展的速度。因此，要增加独立储能配置，提升储能总体利用水平。

第一，重视电网布局规划。储能系统的布置应与可再生能源发电设施相结合，以实现能源的高效转换和利用。在电网规划中，应充分考虑储能系统的位置和容量，以确保能够最大限度地提高能源转换效率和电网的稳定性。例如，储能系统应尽可能部署在离可再生能源基地和用电负荷中心

较近的位置，以降低能源传输损耗，并提供更快速的调节能力。

第二，为鼓励更多参与者进入独立储能配置领域，四川省政府相关部门可以采用招标、竞争性拍卖和长期购买协议等机制，以确保储能项目的市场竞争性和透明度。公开透明的市场机制，可以为储能项目创造有竞争力的环境，吸引更多的投资者和运营商参与，政府也应设定明确的规则和标准，促进公正竞争，并确保项目的可持续性和经济效益。

第三，储能项目的运营商还应制定相宜的运营策略，确保储能系统在不同的运行模式下能够实现最佳效果。这包括优化储能的充放电策略和制定灵活的运营模式，以提高其经济性和商业可行性。例如，运营商可以通过智能能源管理系统来监控储能系统的运行，以实现最佳的能源管理和调度策略。此外，还可以考虑与其他能源系统和电网参与者进行合作，共同利用储能技术的优势，实现能源供需的平衡和协调。

二、建立储能标准体系，确保产业安全有序发展

我国储能产业的标准体系尚不完善，特别是在电池管理系统、能量管理系统、并网验收、电池回收等方面的储能技术标准还存在空缺。这种不完善的标准体系为储能行业的发展和应用带来一些挑战，比如，缺乏明确的标准规范限制了储能技术的规范化和统一性，缺乏一致性的验收标准给项目建设和运营带来不确定性。此外，储能技术的快速发展和新技术的涌现使得现有的储能系统标准需要不断更新和完善，而且储能技术涉及能量的储存和释放，存在一定的安全风险，但是目前缺乏完善的储能安全评估体系，难以全面准确地评估和识别潜在的安全风险。因此，急需建立一套储能标准体系，以确保产业的安全有序发展。

第一，针对储能系统的设计阶段，政府应制定系统标准，明确系统安全性要求、试验方法和关键组件规范。这些标准应确保储能系统在设计过程中考虑到安全性、可靠性和系统性能等关键指标，从而确保系统能够正

常运行，并能够有效应对潜在风险和故障。同时，还应加强对储能系统集成设计的标准制定，涵盖能源管理系统、电池管理系统等方面，以提高系统的兼容性和可靠性。

第二，在储能系统的制造和生产过程中，应建立相应的制造标准和质量控制体系。这包括对关键材料的选择和测试要求、工艺规范、组件质量控制等方面的标准。政府应与相关企业和科研机构合作，制定统一的制造标准，确保储能系统的质量和性能符合要求，并降低制造过程中的风险。

第三，针对储能系统的验收和运维阶段，需要建立合理的验收机制和运维管理标准。政府应制定详细的验收标准，包括充放电次数、放电深度等关键参数。通过完善现有的验收标准，确保储能系统在并网运行时具备较高的可靠性和稳定性。同时，政府还应加强对储能项目的运维管理要求，包括设立定期检查和维护机制、建立故障排除和应急响应策略等，以确保储能系统能够安全可靠地运行。

第四，储能技术的安全性评估同样非常重要。政府应建立完善的储能安全评估体系，对储能设备、材料和系统进行全面准确的安全性评估和认证。通过评估和认证，全面识别出潜在的安全风险，并采取相应的措施进行风险控制和预防。

三、突破技术创新壁垒，逐步降低整体储能成本

储能技术的商业化应用面临着许多挑战，其中应用成本是最主要的挑战之一。尽管近年来四川省在储能技术方面取得了较大进步，但与美国、澳大利亚、英国等发达国家相比仍存在较大差距，高昂的应用成本仍然是其大规模应用的主要障碍，仍需加大努力突破以锂离子电池为代表的新型储能技术，逐步降低整体储能成本。

第一，各级政府应加大对储能技术研发的投入。通过设立专项资金、推动科研机构与企业合作等方式，提供更多的资金和资源支持，促进储能

技术的创新与应用。政府还可以通过设立储能技术研发基地，建立开放共享的研发平台，鼓励各方共同参与储能技术的研究和开发，加快技术进步。

第二，各级政府应鼓励企业和科研机构进行关键技术的突破和创新。政府通过提供知识产权保护和技术转移支持，鼓励企业进行自主创新，并加大对科研机构的支持力度，推动科研成果的转化和产业化，并通过设立奖励机制，激励优秀科研人员和企业在储能技术领域取得重大突破，全面提高储能技术创新的积极性和主动性。

第三，政府在推动储能技术商业化的过程中，还应加强不同利益相关方之间的合作。储能技术涉及多个领域，包括能源、电力、环境等，需要不同部门和利益相关方的共同参与和支持。政府可以搭建平台，促进行业间的合作与联盟，鼓励企业、科研机构、电力公司等各方共同研究和推进储能技术的商业化应用，并整合资源和共享经验，以提高储能技术水平，降低生产成本，推动储能技术的快速发展。

第四，政府可以加强与江苏常州、浙江宁波、广东广州、湖南长沙、广东东莞、浙江杭州、安徽合肥、广东惠州、辽宁大连和甘肃酒泉十大新型储能产业特色城市间的合作，借鉴其在储能技术创新和商业化应用方面的成功经验，从而推动四川省储能技术的发展，建成具有四川特色的新型储能产业。例如，政府可以与以上新型储能产业特色城市开展示范项目的技术合作，共同研究关键技术和标准，并进行技术交流与共享。

四、完善电力市场机制，明确储能市场主体地位

尽管四川省电力市场经过了一系列改革，但储能在其中的独立市场地位尚未体现。目前，储能被视为一种辅助资源，主要通过与可再生能源发电项目捆绑销售或作为配网设备的一部分来参与市场交易。然而，储能作为一种灵活的电力资源，应当具备独立的市场地位，并能够直接参与电力交易。

第一,政府应进一步深化电力市场化改革。电网行业属于自然垄断行业,具有高度集中和规模经济的特点。在电力市场化改革中,需要解决电网行业的壁垒高、排斥新技术等问题,以促进市场的开放和竞争。政府可以与相关部门和电力行业主体共同研究制定市场规则,确保储能项目能够公平竞争和参与电力市场交易。例如,可以引入储能容量市场、灵活电力市场等机制,为储能技术提供更多市场化定价的可能性。

第二,尽管在2022年国家发展改革委和国家能源局联合印发的《关于进一步推动新型储能参与电力市场和调度运用的通知》中,已经提出了新型储能可以作为独立储能参与电力市场,但缺乏具体的实施细则。因此,国家还需进一步明确储能项目的准入条件、技术规范和运营要求,并建立储能项目的评估和审批机制。具体来看,政府可以与专业机构合作,共同制定相关准入和评估标准,为储能项目提供可靠的市场化运营基础。

第三,为促进储能技术的商业化运营,应加大电力系统的需求侧改革力度,实现电力行业的产、输、销的分离。目前,四川省电力系统主要由国家电力投资集团公司、中国华电集团有限公司、四川能投电力集团等大型发电企业垄断,需求侧参与度较低,政府可以通过推动需求侧管理,充分激发用户参与积极性和储能技术的商业化需求。

第四,储能作为独立电源参与到供电服务时,需要考虑储能的调节电力供需、平滑负荷波动等价值,确保储能技术能够获得合理的市场化收益。

五、设计合理补贴政策,推动储能行业快速发展

虽然四川省政府在可再生能源领域采取了积极的政策措施,但在储能领域尚缺乏明确的政策目标和规划。尽管近年来一些政策文件开始重视储能产业的发展,但具体的配套细则和补贴计划尚未完全出台。相比之下,一些发达国家如美国、澳大利亚、英国等在几年前就提出了针对储能项目

的多重补贴计划,制定了相应的政策框架,并在推动储能技术的发展和应用方面取得了显著成效。因此,四川省储能领域的政策扶持力度相较于这些发达国家仍有待加强。

第一,针对储能项目,政府出台涵盖资金支持、税收减免、电价补贴等形式的补贴政策,并且这些政策应根据不同类型的储能技术和应用场景进行差异化设计,以促进关键领域和关键项目中储能技术的发展。例如,在电网调度、可再生能源消纳、微电网建设等方面给予优先支持和政策激励,以增加储能技术的市场需求和商业化机会。

第二,政府应在补贴金额、补贴期限和补贴对象等方面给出具体规定,为储能项目提供明确的补贴依据,减少不确定性,并提高吸引力和可行性。并且,政府应制定长期有效的补贴政策,明确补贴周期和补贴规则,以确保补贴政策的稳定性和可持续性,吸引更多投资。此外,通过提供持续的激励,推动储能项目的稳定运营和发展。

第三,各市应尽量统一储能电站的商业模式和政策标准,减少区域间的差异性,为储能电站提供更稳定和可预测的运营环境,降低经营风险。

第四,在制定产业政策时,需要确保激励机制的合理性,避免过度补贴或补贴不足,以促进储能行业的可持续发展。并且政府应加强政策监测和评估,及时调整政策措施,以适应储能技术发展的变化和市场需求的演变。

第四节 大力推动能源消费转型,实现生态环境根本性好转

传统的能源消费模式过度依赖化石燃料,导致严重的空气污染、温室气体排放和资源枯竭。大力发展清洁可再生能源是减缓气候变化、改善空

气质量、保护生态环境的关键举措,从工业生产、居民生活、城市建设、交通运输等领域转变能源消费模式,在保护生态环境的同时,为经济可持续发展提供坚实基础,促使社会迈向更为绿色、低碳的未来。

一、工业生产领域,提高能源利用效率

第一,对于"高产能、高能耗、高排放"的企业,要进行合理规划,鼓励企业在自身技术和经济等条件允许的情况下尽量使用清洁能源,支持企业通过采用当前高、新、尖技术来进行低碳升级改造,提高能源利用效率以降低碳排放总量。在此过程中,政府部门可以采取财政补贴及税收减免等扶持对策,增强这些实施碳减排战略企业在生产经营活动中的经济性,以提高企业开展碳减排工作的积极性,尽量把这些企业升级为"低能耗、低排放"的企业,甚至是"无污染、零排放"的企业。

第二,对于"低产能、高能耗、高排放"的企业,要向"高产能、高能耗、高排放"企业一样进行低碳转型升级的同时,还需要进一步找到能够有效增加其产能的生产模式,如果企业没有成功实现转型升级,那么可以考虑淘汰它的落后产能,释放其所占有资源,高起点发展替代接续产业。

第三,对于"低产能、低能耗、低排放"的企业,各市(州)相关政府部门可依据当地区域实际发展情况予以资金支持,促进其进一步做大做强,发展为"高产能、低能耗、低排放"的优质企业,让其充分发挥由大带小、全面提升相关产业发展的作用。

第四,建立高能耗产业能耗准入制度。对钢铁、冶金、化工、建材等高能耗产业新建与改扩建企业,除了需具备的资金、技术及人员等方面的资质要求外,还要进行环境评价,并开展能耗评价,对达不到能耗标准的项目,应一票否决。针对新加入的企业要展开严格的碳排放监控,对于不满足相关规定要求的企业进行合理惩罚。

第五,建立工业产品能耗市场准入制度。对于以能源为动力的生产设备、电器产品,按照鼓励、限制和禁止使用三个等级,制定相应的能耗标准,并采取相应的政策措施。对于鼓励使用类产品,可以给予税收优惠;对于限制使用类产品,在正常的税收之外,加收一定比例的能源消费税;对于禁止使用类产品,应禁止生产和销售,已经生产和销售的产品,应在一定期限内逐步淘汰。

二、居民生活领域,筑牢节能降碳理念

对居民生活领域进行碳减排,通过降低个人碳足迹,能够有效减少能源消耗和排放,为减缓全球气候变化、保护环境贡献积极力量,同时也可以提高居民生活质量。

第一,细化国务院印发的《"十四五"节能减排综合工作方案》中关于"动员全民参与以提升全社会节能减排能力"的内容,并构建宣传体系、推行体系、表彰奖励体系和评价体系。首先,建立全面而有针对性的宣传体系,通过社交媒体、小区广播、电视等多渠道,以生动易懂的方式传达碳减排知识,引导居民关注和参与,并组织碳减排主题的宣传活动,如讲座、社区论坛和环保文化节,积极倡导低碳生活方式。其次,在推行体系方面,鼓励社区居民成立碳减排小组,通过社区动员和培训,推广碳减排倡议,使碳减排理念深入人心,并实施碳减排培训计划,提高居民的碳减排意识和实际操作能力,倡导低碳生活方式,包括鼓励低碳饮食、推广节能家电等。然后,建立表彰奖励体系,以激励和表彰居民在碳减排方面的积极贡献,设立"碳减排先进个人""低碳生活典范"等荣誉称号,同时推出奖金、环保商品等实际奖励,激发更多居民参与到碳减排行动中。最后,建立全面的评价体系,定期公布社区、城市的碳减排数据,推动居民参与的碳减排活动成果得到透明而客观的评价,通过居民满意度调查和碳减排效果评估,及时调整和优化碳减排策略,形成可持续的碳减排

机制。

第二，建立终端用能设备能效标准和标识技术体系。根据各种终端用能设备，包括家用电器，照明器具，电动机、风机、水泵、压缩机、变压器等通用设备，工业锅炉的节能潜力、预期效益、相关机构（测试、管理、监督、强制执行、评估）的能力、国际一致性等因素，制定终端用能设备能效标准和标识技术体系，鼓励使用符合能效标准的用能设备，对于达不到相应能效标准及标识不全的设备，应禁止使用。

第三，建立需求侧管理体系。一方面要加强居民生活领域能源消费数据的采集、分析与储存，为能源供应与节能减排提供可靠依据；另一方面要优化能源供应体系，通过综合资源规划（DSM/IRP）能源服务公司、寿期成本分析、消费者教育，以及市场定价机制、外部成本内部化等节能新机制，促进能源需求的科学化、合理化。

第四，建立资源回收利用体系。首先，应采取强制措施，要求生产、销售各种能耗设备的单位，必须回收所生产和销售的产品，提高资源回收利用率，减少再生产对能源和其他资源的消耗。其次，应制定措施鼓励使用能耗设备的个人以旧换新，淘汰陈旧落后的高能耗、高排放设备，促进能耗设备的更新换代，降低能耗设备的整体能耗水平。

第五，建立个人能耗与二氧化碳排放基准。首先，建立数据收集框架，通过智能电表、智能家居设备、交通工具记录等实时监测手段收集个人的生活、出行、用电等方面的数据。其次，整合能源消耗、出行模式、生活习惯等方面的多源数据，并进行匹配，形成个人能耗的全面画像。接着，借助碳排放因子等科学的计量方法，考虑不同能源的碳排放强度，将能耗数据转化为二氧化碳排放量，得到个人生活和活动的碳排放。然后，通过设定个人能耗与二氧化碳排放基准，推行节能减排政策，鼓励个人在日常生活中采用更为环保的方式，减少碳排放。最后，建立监测与评估机制，定期更新数据，跟踪个人能耗与二氧化碳排放的变化趋势。通过这一机制，不仅可以评估节能减排政策的有效性，也能激励个人采纳更为环保的生活方式。这一过程需要政府、企业和个人的协同努力，共同构建可持续发展的社会。

三、城市建筑领域，提升整体能效水平

据国际能源机构（IEA）全球建筑物跟踪报告数据，2021年，建筑物的运行消耗了全球最终能源消耗量的30%，碳排放则占能源部门总排放量的27%，其中8%是建筑物的直接排放，19%是建筑物中使用的电力和热力生产的间接排放。尽管在2020年因新冠疫情而有所下降，但2021年的能源消耗和排放量均恢复至2019年水平以上。如今，全球各国最低性能标准和建筑能源法规的范围和严格程度都在增加，在电力部门继续脱碳的同时，在建筑中使用更高效和可再生能源技术的速度也在加快。然而，建筑行业需要更快速的变革才能实现2050年净零排放情景。

第一，加强城市规划管理。首先，优化城市建筑能源供应系统，通过技术升级和系统改进提高能源供应的效率，如引入先进的能源管理系统，实施智能监测和调控，以确保能源的高效利用和供应的稳定性。其次，通过完善集中供能设施，例如建设高效的热电联产系统和集中供暖系统，实现多能源协同供应，从而提高能源利用效率。

第二，实施城市建筑节能降耗改造计划。首先，制定明确的法规和政策，强调公共建筑节能改造的重要性，并为此提供资金和制定税收激励措施，如建立专项基金用于支持公共建筑的节能项目，同时为企业事业单位和个人提供贷款或补贴，以鼓励更多人参与节能降耗改造。其次，设立专门的技术咨询和评估机构，为各类建筑提供科学的节能改造方案，通过推广先进的建筑材料、节能设备和智能化系统，提高建筑的能源利用效率。同时，建立监测和评估机制，实时追踪改造效果，确保投资的可持续性和有效性。此外，政府通过与相关行业、企业和研究机构合作，

促进节能技术创新和知识分享,支持研发新型建筑节能技术,并将其在实践中应用,以推动整个行业向更加环保和节能的方向发展。最后,大量开展宣传教育,提高公众对于节能降耗改造的认知,鼓励居民、企业主动参与,认识到个人和社会共同肩负的环境责任,共同努力推动可持续发展的目标。

第三,制定城市建筑单位面积能耗标准。首先,根据建筑的不同用途,如住宅、商业、工业等,以及所处地区的气候条件和资源状况,制定差异化的单位面积能耗标准,通过科学合理的分类和标准设定,确保各类建筑在不同条件下都能达到最佳的能源利用水平,同时考虑到建筑的功能和实际需求。其次,制定的差异化单位面积能耗标准可为建设单位在设计和施工过程中提供依据,政府有关部门设立相应的监督和审核机制,对在建项目进行定期检查和评估,确保建筑能源消耗符合标准要求。对不符合标准的建筑,可以采取相应的惩罚机制,以激励建设单位提高能源利用效率。最后,建立定期监测和评估体系,对已建成的建筑进行能源消耗的实际测算和比对,通过对现有建筑的能源利用情况进行评估,为今后标准的修订提供实际数据支持,并促使已建成建筑采取改造措施,逐步提高能源利用效率。

第四,加强建筑材料生产与使用管理。首先,通过财政支持、税收激励等手段,鼓励建筑材料行业生产更多的节能环保材料,并设立专项基金,用于支持研发和生产具有高能效、低环境影响的建筑材料,特别是那些能够有效利用太阳能的创新材料。其次,制定相应的标准和认证体系,评定建筑材料的环保性能和能源利用效率,以鼓励建筑行业采用符合标准的材料,对于那些符合标准的建筑项目,可以享受相应的奖励或优惠政策。同时,对于使用高能耗、高污染建筑材料的项目,可以采取一定的惩罚机制。另外,通过开展宣传教育活动,提高公众对于节能环保建筑材料的认知,鼓励业主和建筑师选择环保材料,增强社会对可持续建筑的认同度，而且鼓励相关产业协会和研究机构发布建筑材料的环保性能排名，为选择合适材料的决策提供参考。

第五，实施绿色屋顶与金太阳屋顶计划。首先，同样通过提供财政资金、税收激励等方式，大力支持金太阳光伏发电屋顶计划，推动太阳能光伏技术在屋顶的应用，减少对传统能源的依赖，提高能源利用效率。其次，设立建设技术、屋顶绿化植物的选择、水资源管理等方面的相关政策和标准，鼓励单位和个人建设绿色屋顶，确保绿色屋顶在建设和使用过程中能够达到预期的环保效果，并且通过提供技术咨询和培训，帮助业主更好地实施和维护绿色屋顶。另外，通过宣传教育，提高公众对绿色屋顶的认知，强调其降低室内温度、减少热岛效应、储存雨水、吸收二氧化碳等多重功能，以及对环境和能源的积极影响，增强社会的绿色意识，激发单位和个人的参与热情。最后，建立绿色屋顶的监测和评估机制，对已建成的绿色屋顶项目进行效果评估，通过实际数据的监测，为今后政策的调整提供科学依据，并确保绿色屋顶在实际应用中能够发挥最大的环保效益。

第六，实施太阳能工程。首先，还是通过提供财政资金支持、补贴和税收激励，鼓励建设单位和个人采用太阳能发电和供热技术。其次，注重太阳能路灯、太阳能空调、太阳能热水器等设备的生产和应用。一方面，通过鼓励企业投入太阳能设备的研发和生产，提高太阳能设备的市场竞争力；另一方面，通过提供财政和税收激励，鼓励个人和企业采用太阳能设备，以减少对传统能源的依赖，从而减少化石能源消耗和污染物排放。然后，制定相应的政策，支持太阳能电池板、太阳能热水器等设备的安装和使用，提高现有建筑的能源利用效率，以激发全社会对现有建筑进行太阳能综合利用改造的热情。同时，为改造项目提供财政支持、贷款或补贴，简化审批流程，降低改造成本。最后，政府可以通过宣传教育，提高公众对太阳能利用的认知和接受度，促进太阳能技术在社会中更广泛地应用。

四、交通运输领域，推动清洁低碳转型

作为全国交通大省，四川省交通运输领域碳排放具有"两高一低"特征。交通行业碳排放占比较高。初步核算交通运输领域碳排放量约为4802万吨，占全省碳排放总量的16%~18%（全国11%），仅次于工业居第2位。公路运输碳排放量占综合交通运输的比重较高，达到了85%（全国86%），是交通运输领域碳排放的最主要来源。新能源和清洁能源车辆占比较低，截至2020年底，全省营运性公路客运车辆中新能源和清洁能源车占比仅为18.9%；营运性公路货运车辆中新能源和清洁能源车占比仅为0.4%。为加强交通运输领域节能降碳，力争实现2030年交通运输领域碳达峰目标，四川省交通运输领域还需进行清洁低碳转型。

第一，聚焦能源消费转型，推进运输装备"油转电"。鼓励新能源车船及配套设施发展，推动"零碳港口""零碳水上精品线路""低碳服务区"等低碳或近零碳设施建设，积极采取约束性措施，着力推动客货车辆、船舶、装卸转运设施等运输装备电气化。

第二，聚焦建设技术创新，推动交通建设"旧转新"。大力推广"四新技术"应用（新材料、新设备、新工艺、新技术），鼓励挖掘机、起重机等施工机械使用电动化，有效降低建设过程的碳排放。

第三，聚焦货运结构调整，推进"公转铁、公转水"。积极推进出川战略大通道建设和运能紧张线路扩能改造，加快完善"两核四翼多点"港口体系和"一横五纵多线"航道网，加快完善港口、园区集疏运通道，提升货物装卸转换效率。

第四，聚焦客运结构调整，推进公众出行"私转公"。提升公共交通服务能力，提高城市公交、共享交通、慢行交通出行占比，构建"135"绿色出行体系，即1千米步行，3千米骑自行车，5千米乘坐公共交通工具，大力倡导公众采用绿色方式出行。

第五，聚焦智慧交通建设，推动交通状况"堵转畅"。利用信息技术推广网络货运、共同配送、网约车、定制客运，提高车辆实载率；推广智能化车辆、自动化装卸转运设施，大幅度提高中转效率；推进智慧高速、智慧航道等新型基础设施建设，推进交通运输智能化、自动化，提升车辆通行率。

第六，完善政策体系，确保减碳工作落实落地。完善交通运输碳达峰方案，以及碳达峰年度工作要点、生态环保年度工作要点。在新能源清洁能源车推广、交通建设项目"四新技术"推广应用、环保相关要求纳入信用评价、充（换）电设施建设、水路交通运输提升等方面研究出台相关政策。

第七，强化技术支撑，推动交通运输绿色发展。聚焦低碳交通规划设计理论、低碳交通建筑材料和施工、交通低碳运营和智慧管控等关键技术开展研究并实施产业应用，争取建成全国绿色交通创新策源地，为实现"双碳"目标提供坚实科技支撑。

第五节　鼓励能源产业融合发展，破解新能源发展消纳难题

我国氢能产业政策的"1+N"体系已搭建完毕，各地政府政策出台步伐加快，未来发展目标清晰明确。2019年氢能首次写入政府工作报告，2020年《中华人民共和国能源法（征求意见稿）》将氢能列入能源范畴，目前我国已有21个省份、50多个地级市发布了氢能产业规划与政策。氢能全产业链包括上游制氢、中游氢的提纯、储、运和下游加氢站。上游制氢主要分为电解制氢、副产氢、化工原料制氢、石化原料制氢等四条路线。中游氢的储运分为气态、液态、氢化物、固态储运等四种方式。下游

加氢站主要分为压缩、储氢和加注等三类设备。与副产氢、化工原料制氢和石化原料制氢等其他制氢路线相比，电力企业在上游中的电解水制氢（绿氢）路线上具有规划和技术研发优势。制氢成本是决定规模化发展的关键因素。上游制氢方法主要包括热化学制氢、电解水制氢、生物技术制氢和太阳能制氢，四川拥有丰富的天然气、水电、光伏、风电等能源资源，发展氢能产业优势明显。

一、天然气和氢能融合发展

"双碳"背景下，天然气产业与氢工业融合发展势在必行。天然气与氢气同属气体能源，两者在产业链及生产制备—储运—利用等相关技术上存在交集，产业融合发展具有较强的理论和实践可行性。四川省可依托天然气资源丰富、管网分布广、天然气消费潜力大等优势，走天然气产业和氢气工业融合发展之路，助力四川地区绿色发展。

第一，依托四川省丰富的天然气资源，积极发展天然气制氢业务。化石能源制氢技术成熟、成本低，在中长期内大宗氢源需求依然来自化石能源制氢，其中天然气制氢投资低、碳排放低、产气率高，符合国家"双碳"目标，具有极大的发展应用空间。四川是我国天然气储量最多的省份之一，尤其是四川盆地，是我国天然气储量最多的地区之一，号称"能源聚宝盆"。四川盆地页岩气资源丰富，据国家自然资源部数据显示，四川盆地天然气总资源量达66万亿立方米，已获探明储量6.17万亿立方米，探明率仅9.3%，是国内最具潜力的天然气勘探开发盆地。全省丰富的常规和非常规天然气资源可降低制氢成本，可根据天然气供应、氢气市场需求、制氢装置环保要求、氢气储运便利性等方面的具体条件，在天然气资源地、生产加工地、集中供气地、管道周边、储气库周边等地开展天然气制氢。对地市州等氢气需求量较小的市场，可通过城镇天然气管网输送的天然气，就地采用小型天然气制氢设备制氢。天然气制氢依旧有少量的碳排放，碳捕集、封存和利用技术研究也应同步进行。

第二，依托四川省天然气管网优势，重点突破天然气掺氢（HCNG）运输。四川省天然气资源丰富，供气管道分布广，截至2018年底，四川供气管道长度达53888.7千米，供气总量达84.7亿立方米。2023年4月23日，新增"川气出川"通道——威远、泸州区块页岩气集输干线工程全线投运，管道全长211.3千米，始于四川威远输气站，止于重庆江津增压站。四川省政府可组织联合国家电投、城市燃气公司、管网公司、燃气协会、相关企业、高校、科研院所等协同开展管道掺氢研究，选取支线网络为实验对象，按国标3%的掺氢比开始进行输送，从掺氢环节、输送环节和终端用户三方面，研究不同掺氢比的HCNG对现有管材、流量计、过滤器、阀门、检测仪表等的影响，研究氢脆产生的概率与配套风险评估，后考虑管道改造后更高掺氢比的运用。此外，将天然气管道风险评估、安全性评价和可靠性评价等的相关数据应用于天然气掺氢运输中，加快相容性和安全性方面的研究，对试点掺氢管道进行完整性管理，为后续推广做铺垫，还应加快制定天然气掺氢管道输送相应配套设施设备、掺混氢工艺、输送工艺、氢分离工艺等相关标准、规范，逐步将项目打造成全国天然气掺氢输配示范项目，可在眉山、攀枝花等城市或园区进行配气网络改造示范项目，致力分三步走来完成从配气网络到输气网络再到纯氢网络的改造。

第三，依托庞大的加油、加气站群，改扩建站点，合理布局具有加氢功能的综合能源补给站。首先，研究L-CNG加气站和加氢站合建技术，考虑LNG气化产生的冷能再利用来减少加氢站制冷设备，并探索LNG—液氢合建站，针对氢气蒸发回收与处理方案，探寻氢气高压压缩机、冷凝器和低压氢气压缩机的设置方案，其中加氢站的压缩机应根据不同压力等级和氢气状态来选择。其次，深入研究站内设施设备的安全间距、与站外建筑的安全间距，明确细则，并且逐步完善站内的安全评价、环境评价、风险评价、职业卫生评价及消防审核、气瓶充装审核等规范标准，把握建站鼓励政策，推进项目落地。然后，考虑到燃料电池车的安全问题，城市领域加氢站可为35兆帕级加氢站，并根据各加注站的实际情况和氢能产业的发展趋势，对合建站的规模等级划分技术指标进行相应修订，布局建设集油电气氢等多功能为一体的综合能源补给站。最后，综合能源补给站在高速公路服务区能有效打破能源车辆长距离跨省市运行的限制。为满足长途客运和物流运输需求，可以鼓励多方合作在高速公路沿线重点布局70兆帕级加氢站，随着运营能力提升和市场需求，加注能力可向70兆帕级以上探索。

第四，依托巨大的天然气消费需求，稳步推进混氢天然气在交通、民用和工业领域的示范应用。未来天然气掺氢（HCNG）市场机遇大，川渝地区应重视其在工业、民用燃气、交通领域的市场开发。在交通领域，20%体积比以内掺氢比的HCNG代替其他燃料气是可行的。四川省作为我国天然气汽车数量最多、发展最快的地区，HCNG消费潜力大，可以从公交公司和出租车公司选择燃气汽车和燃料电池车示范，测试、收集数据、宣传等，再给予政策上的引导，稳步推进燃料电池车和燃气汽车的发展。在居民生活领域，掺氢后天然气的密度、热值、燃烧特性等发生改变，由于燃气灶具、燃气发动机、锅炉及燃气轮机等燃烧设备的燃烧性能不同，应查明掺氢后燃气的互换性、燃烧特性和燃具的适应性，更新灶具中能够代替终端天然气的掺氢比。在工业领域，氢能需求侧主要集中在化工和钢铁领域，在钢铁领域，氢气可以代替传统工艺中的焦炭作为冶金的还原剂；在化工领域，氢气主要是合成氨、盐酸和甲醇的原料。目前四川省有22家重点化工园区，钢铁和炼油化工企业对氢气的需求量大，主要分布在攀枝花及其周边地区，可通过跨行合作创新和政府政策引导，拓宽HCNG在化工领域的发展渠道。

二、可再生能源电力与氢能融合发展

氢能源的大规模开发利用能显著改善当前高污染的能源利用格局，而选择低碳、经济的制氢途径是核心。与传统的化石燃料制氢技术相比，可再生绿色氢能技术具有许多优势。首先，每年废弃的风光水力资源可以产出数量庞大的电能，若将这些弃电引入电解制氢系统，既为可再生能源发电运行提供了可行思路，又创新推动了低碳氢能经济的发展。其次，保证电解装置长周期稳定运行的必要条件是低成本的电力，这样才有廉价氢气生产的可能性，而随着风力和光伏发电成本的逐年降低，风电和光伏发电能以低廉的价格与电网电力进行氢能行业用电的竞争。最后，基于成本和环保的角度考虑，低价、工业化应用是氢能领域的美好愿景，同时也是积极响应全球低碳工业发展的重要策略。新能源产业低碳、经济可行、高效发展需要绿色可持续电力制氢的助力，但在大规模工业化方面仍存在可再生能源发电周期不稳定、可再生能源电力制氢成本较高、收益较低等问题亟待解决。

第一，关注可再生能源制氢项目经济性。随着能耗"双控"向碳排放"双控"目标转变加速，灰氢产业因碳捕集成本与环境成本导致综合效益不断下降，绿电在技术创新和规模化发展的推动加速下，制氢成本逐渐接近蓝氢成本，综合效益将越发凸显。当前电力企业在氢能产业链中大量参与可再生能源电制氢的投资或投建营一体化项目，建议高度关注投资效益和工程收益，项目前期要科学统筹工程技术方案策划和成本效益测算。

第二，熟悉氢能项目管理机制。氢能的应用场景目前主要集中在交通领域，将来还会涉及化工领域、建筑领域等多个应用场景，项目申报管理流程中将涉及更多的管理机构。各地、各领域管理机构的政策导向和项目申报管理流程的效率是影响项目推进速度的制约因素，建议企业在开发中高度关注管理机构的项目开发建设要求，派出人员常驻项目开发地，及时对接管理机构并协调解决项目推进中的问题。

第三，加强可再生能源制氢产业链上下游合作。电力企业从制氢环节出发，向氢能产业链上下游适当延伸，有利于与上下游企业建立项目、资源、市场、技术、资本等多方位的合作关系，共同努力降低氢能项目全产业链各环节成本。建议电力企业在制氢环节，加强与传统能源制氢、副产氢企业、制氢装备企业等合作，并从原料供应、技术及相关设备三维度进一步突破成本约束。在储运氢环节，加强与储运企业的合作，重点关注液态储氢、介质（氨）储氢领域，在技术研发、销售渠道方面深入合作；在液氢运输及管道运输方面，通过技术发展与规模化生产走双向驱动降成本之路。在加注环节，利用传统能源企业基础设施优势，合建氢电油气综合供能服务站；利用设备企业的研发、生产制造和集成能力，合作拓展加氢储氢业务、氢燃料电池产品等，共同推动降低加氢站投资运营成本，共同提升氢能的多场景应用能力，让合作方在氢能市场开发中占有更大市场份额。

第四，加大科技创新投入。氢能技术链条长、难点多，现有技术经济性还不能完全满足实用需求，亟须从氢能制备、储运、加注、燃料电池、氢储能系统等主要环节创新突破，重点突破"卡脖子"技术。例如，严重影响燃料电池寿命和使用成本的质子交换膜；70兆帕高压四型瓶的高强度碳纤维和安全阀；加氢站离子压缩机、加注枪的核心零部件等。同时，也要面向氢能科技前沿开展基础研究和应用基础研究。例如，电解水制氢催化剂和阴离子膜、光电催化制氢、基于超导强磁场高效磁制冷的氢液化循环及中压深冷气态储氢、新一代固体氧化物燃料电池和能够可逆运行的SOFC/SOCE等新一代氢能科技。此外，相比于电化学动力电池，四川省氢燃料电池在技术储备、产业基础、人才队伍等方面较为薄弱，与国际先进水平也存在一定差距，应尽快建立氢能创新平台，开展关键核心技术攻关和人才培养，打造自立自强的科技体系。此外，氢能利用是世界各国共有

之义，必须坚持开放合作的态度，不断凝聚各方创新成果，推动形成国际氢能应用良好生态。

第五，加强政企、银企合作深度。金融资本在支持氢经济发展上扮演关键角色，而明确商业模式有助于促进氢能行业内资金流动。建议可再生能源电力企业主动沟通，帮助资金发放机构深入了解氢能行业，协商参与氢能发展的商业模式，加强与政府、银行方的沟通合作，签署长期战略合作协议，建立相关合作机制和框架。

第六节 健全排放核算标准体系，夯实碳排放统计基层基础

近年来，四川省碳排放核算工作得到了各级政府的高度重视，碳排放核算体系的完善作为推动碳达峰、碳中和的重要前提，但仍存在制度机制不健全、数据质量待提高、监管能力不足、企业核算工作相对滞后等问题。为进一步健全四川省碳排放核算体系，提升对碳达峰、碳中和的支撑能力，政府应从建立完善制度体系、建立技术标准体系、培养专门人才队伍等方面入手，为促进低碳发展提供基础保障。

一、建立完善制度体系

计量、标准作为国家经济社会发展基础性制度的一部分，是国家质量基础设施的重要内容，也是实现碳达峰、碳中和必不可少的基础支撑。建立完善的碳排放核算制度体系是实现可持续发展和低碳经济的关键一环，为进一步推进全国碳排放权交易市场建设，应建立完善的制度体系。

第一，要强化碳排放核算法规政策支持，逐步建立健全碳排放核算相关的法律法规、政策文件和标准规范，以引导和规范碳排放核算行为。这

包括确立明确的法律框架，规范碳排放核算的方法和标准，明确相关主体的责任和义务。政策文件还应促进企业和组织采用先进碳排放核算技术的积极性和自主性，提高数据质量和透明度。

第二，明确碳汇计量的方法、标准和程序，建立可操作的技术规范，以便为相关工作提供统一的指导和标准。通过行业标准和地方行业标准的修订，适应和引领碳汇计量工作的发展，确保在不同行业和地区之间实现一致性和可比性。这一工作将促进科学、准确地评估碳汇的贡献，推动碳汇的保护和管理，为全面实施低碳发展战略提供坚实支持。通过规范的碳核算技术，能够更好地理解和应对气候变化，推动可持续发展目标的实现。

第三，建立健全各相关行业核算数据质量管理办法，进一步加强对核算数据质量的监管。核算数据质量管理办法明确提出标准化的数据采集流程，并定期评估与改进管理办法，不断完善规范，以确保核算数据的高质量、可靠性，为全面推动碳排放减少、低碳产业升级提供坚实的数据基础。

第四，出台实施碳排放核查与交易管理办法，明确核查机构与交易机构的责任义务，以确保碳排放数据的准确性和交易市场的公平透明。核查机构应负责验证和核实企业或机构的碳排放数据，确保其符合标准和规范。交易机构则需要负责监管和管理碳排放交易市场，确保交易的公正公平，推动低碳技术的发展。碳排放核查与交易管理办法还应包括明确的处罚和奖励机制，以激励企业主动降低碳排放，并惩罚不当行为，从而推动碳市场的健康发展。

第五，出台实施碳排放配额分配管理办法，明确配额分配的具体方法和标准，加强对企业碳排放量的监督管理，确保公平、合理、可操作。此外，考虑到企业的行业特性、规模和技术水平等因素，鼓励各企业采用更清洁、更可持续的生产方式。

二、建立技术标准体系

为提高碳排放核算的科学性、可信度和操作性,促进碳管理工作的有效开展,为实现低碳经济和可持续发展提供坚实的基础,需要建立一套科学合理的碳排放核算技术标准体系,以推动碳市场的发展。

第一,在国家层面,要建立全国统一的碳排放核算体系,制定和完善温室气体核算报告编制指南、排放因子和方法等标准,明确各级各类企业核算报告及核查的规则和流程。开展全国企业温室气体排放报告数据质量评估,加强数据质量评估结果的应用,构建统一的碳排放数据库。

第二,在四川省层面,要建立和完善区域碳排放核算标准体系,开展地方碳排放核算工作,制定统一的温室气体核算方法、清单编制指南等标准,推进省、市、区(县)三级碳排放核算体系的联动。

第三,在企业与行业层面,要统一不同行业的碳排放核算范围,以及报告格式等,尽可能以最短的时间内出台24个行业的企业温室气体核算方法,以此达到规范不同行业核算标准的作用。

第四,在服务层面,要以低碳经济专业委员会为依据,把碳排放核算扩展到更多的领域中去,特别是对外服务环节中。

三、强化数据质量管理

提高碳排放核算数据质量是保障四川省碳排放交易市场平稳运行的重要前提,应通过健全核算体系、明确数据质量责任、建立完善监测体系和强化监管等措施,提升碳排放数据质量,助力我国碳达峰、碳中和目标的实现。

第一,要进一步完善与碳排放核算相关的信息数据及统计指标,只有这样才能强化碳排放信息的基础数据质量,保障信息数据的精准性、科学性、实用性,以此来打造覆盖面广、科学性高、时效性强的新时代碳排放基础信息数据库。

第二，要完善碳排放信息数据库，并定期更新年度数据。由于四川省过往碳排放基础信息数据的不连续性，可能会给现阶段的碳排放核算工作加大难度，所以应该通过完善碳排放信息数据库及定期更新年度数据的方法，来提升碳排放的综合核算质量。

第三，建立相对完整科学的基础信息数据，并建立健全数据库监测体系，开展定期、不定期监测，加强数据汇总分析。只有相对完整科学的基础信息数据，才能对四川省碳排放进行交叉验证定位，为核算工作人员进行数据追溯提供极为有利的信息，为碳排放核算系统的高效工作提供更多真实、可靠的依据。

四、完善监督机制建设

为确保企业和组织提交的碳排放数据真实可信，防范数据的误导和虚假报告，维护碳市场的公平竞争，需要建立完善的监督机制以提高数据的透明度，推动企业采取更加负责任的碳减排措施，推动低碳经济的发展。

第一，要加强对碳排放数据质量的监管，将企业碳排放纳入日常监管范围，并明确各监管部门的职责和处罚措施，确保企业的碳排放核算工作得到有效监督和控制。通过法律法规的规范，可以确立企业对碳排放数据的合规报告义务，促使其更加负责任地进行碳排放核算和报告。明确监管部门的职责有助于建立清晰的监管体系，确保监管工作的协调和高效执行。此外，设立明确的处罚措施对于那些违规报告或操纵碳排放数据的企业，起到威慑作用，维护了碳排放数据的真实性和公正性。通过这些措施，可以有效推动企业履行碳排放报告义务，提高碳排放数据的质量，为实现碳减排目标和构建低碳经济提供有力的法规支持。

第二，要建立一套严格的监管框架，加强对碳排放第三方核查机构的监管力度。首先，制定明确的监管标准和流程，确保核查机构遵守独立

性、客观性和透明性的要求，并设立专门的监管机构或委员会，负责对核查机构的行为进行定期的审核和评估，强调监管的专业性和独立性。其次，建立有效的投诉处理机制，鼓励各方对核查机构的不当行为提出投诉，以及时调查和处理。再次，强调独立性和客观性的原则，确保核查机构在核查过程中不受外部压力的影响。接着，制定行业准则和伦理规范，规范核查机构的行为，保障核查工作的公正性和专业性。然后，加强信息透明度，向公众披露核查机构的资质、历史记录和核查项目等相关信息，以建立公众对核查机构的信任。最后，制定严格的惩罚机制，对违规的核查机构进行严厉的处罚，包括罚款、暂停资格或吊销资质，以确保监管体系的权威性和有效性。

第三，要加强对碳排放核算工作人员的管理，定期组织培训，以使核算人员了解最新的碳排放核算方法、技术和法规，不断提高其专业水平。培训内容应包括碳排放计量、数据采集与处理技术、排放因子计算等方面的知识，以确保核算人员具备全面的核算能力。定期考核和评估核算人员的工作质量和效率，发现问题及时进行纠正，并将考核结果用来制定个人培训计划，帮助核算人员弥补知识和技能的不足，提高其在碳排放核算领域的职业素养。建立激励机制和晋升通道，为核算人员提供良好的工作环境和职业发展机会，激发核算人员的积极性和职业发展动力，使其在碳排放核算领域有更大的发展空间。

第四，要加强对核算过程和核算结果的监管力度，根据各地实际情况开展监督工作，制定详细的监管标准和准则。对于发现问题应及时上报并采取相应措施以保证核算工作效率和质量。定期进行监督和审核，检查核算工作是否符合规范和标准。建立问题反馈机制，鼓励从业人员、相关利益方及公众能够方便地报告碳排放核算工作中遇到的问题，以确保问题得到及时解决。

五、加大人才培养力度

碳核算涉及行业和工艺流程众多，同一产品亦可能涉及多种生产工艺，碳核算等碳排放专业人员市场需求较大且要求较高，同美国、日本、欧盟等发达国家相比，目前四川省在碳排放核算专业人才队伍建设方面相对落后，应进一步加强碳排放核算专业人才培养力度。

第一，四川省高校设立的"双碳"相关专业处于起步阶段，近年才开始开设相关课程和进行教材编写，碳排放管理职业建设同样面临培训教材缺乏、职业资质认证和管理等问题，因此四川省政府需要进一步加强与高校、科研院所等的合作，加快全省碳排放核算专业人才培养和队伍建设，提高碳排放核算能力和水平，培养一批优秀的碳市场专业人才。

第二，在碳市场专业人才培养过程中，需加强国际交流与合作，特别是在CBAM实施后，欧盟现行的碳排放相关方法学、标准等将在国际上获得一定话语权，故需要关注省内碳排放核算与国际碳排放核算在方法学等方面的差异，以应对国际碳市场发展和应对气候变化进程不同带来的影响。

第七节 实现区域能源合作，共建人类低碳命运共同体

过去十年来，四川省持续推动能源技术革命，巩固提高能源行业产业链的现代化水平，深入实施创新驱动发展战略，加大原创性、引领性、颠覆性技术攻关力度，产业链供应链水平显著提升，并坚持示范化改革，深入推进电力体制改革，油气体制改革，加快建设现代能源市场，"一张网"建设取得重要进展。当前，面对能源危机、环境污染等全球性挑战，四川省应加快构建清洁能源合作伙伴关系，携手应对能源安全的挑战，共同把

握能源发展机遇。

一、协调推动川渝能源合作

建设成渝地区双城经济圈,是以习近平同志为核心的党中央在新形势下促进区域协调发展,形成优势互补、高质量发展区域经济布局的重大战略部署,是构建以国内大循环为主体、国内国际双循环相互促进新发展格局的重大举措。2020年1月3日,习近平总书记主持召开中央财经委员会第六次会议,作出推动成渝地区双城经济圈建设、打造高质量发展重要增长极的重大决策部署,为新时代成渝地区发展提供了根本遵循和重要指引,成渝地区双城经济圈建设自此开启,为两地发展带来更为强劲的战略牵引力和政策带动力。为落实《成渝地区双城经济圈建设规划纲要》和历年度工作要点提供能源保障,四川省协调推动成渝地区双城经济圈能源一体化高质量发展,在能源规划、科技研发、装备制造、产业融合等方面不断深化合作,做好成渝地区一体化建设能源工作,助力"双碳"目标尽早实现。

第一,根据川渝两地电力源网荷储特性、主网架构建、电力流向优化等实际情况,加强川渝省(市)间电力互济和电力市场建设,加快推进川渝电力一体化发展。建立健全川渝电力一体化发展的电力应急响应机制,确保在突发情况下电力系统的安全运行,并制定应对极端天气、自然灾害等事件的紧急预案,提高电力系统的抗灾能力。

第二,有序推进川渝地区天然气(页岩气)资源勘探开发,积极发挥长宁—威远、涪陵国家级页岩气示范区建设的引领作用和安岳气田等常规天然气主产区建设的支撑作用,推动页岩气滚动开发,尽快建成川渝地区天然气千亿立方米生产基地,打造中国"气大庆"。在勘探开发活动中,注重环境保护和可持续发展,确保勘探开发作业对周边生态环境的影响最小化。

第三，作为西南能源大省，四川省已成为全国最大的清洁能源基地，但是从煤炭消费总量趋势来看，煤炭仍将长期不可或缺。在"双碳"的背景之下，预计"十四五"末，四川煤炭年消费量仍将维持在6000万吨左右，电力、冶金、建材、化工等行业用煤尚不能完全被替代。但是，从资源家底来看，四川煤炭种类虽然齐全，有无烟煤、贫煤、瘦煤、烟煤、褐煤、泥炭，但是并不算"优等生"，不仅储量小，而且资源赋存及开采条件普遍较差，而重庆市煤炭资源丰富，煤种齐全，分布广泛，截至2020年底，全市已探明储量产地251处，其中大型矿床1个，中型矿藏1个，小型矿藏88个，矿点161个，保有储量18.34亿吨。因此，要依据两地煤炭资源禀赋特征，着力建设川渝一体化煤炭保供体系，建立煤炭储备应急保障机制。

二、持续拓展区域合作广度

除了与重庆市进行能源合作，构建川渝地区能源一体化体系，为成渝双城经济圈建设提供坚实能源保障的同时，四川省还需持续拓展与其他省份地区的能源合作，确保我国能源可持续发展，为开展"双碳"治理工作提供安全、平稳的能源保障。

第一，扩大和深化区域能源资源勘探开发、能源技术、能源运输等方面合作，与浙江、江苏、上海等能源需求中心加强资源共享战略合作，与相关受端地区签订体现可再生能源"减碳价值"的送电协议，建立利益共享的战略性送电机制，提高能源效益、减少碳排放，同时在经济和环境层面实现共同的利益

第二，推动与西藏、云南、贵州、陕西、甘肃等周边省（区）能源合作。如充分发挥四川省枢纽电网优势，为西藏清洁能源富余电力外送提供输电通道，也积极消纳清洁藏电；甘肃作为国家重点清洁能源生产基地和"西电东送"重要基地，风光资源富集，近年来新能源基地建设蓬勃兴

起，四川省工业基础强、产业体系健全、企业实力雄厚，可积极开展与贵州省在新能源及新能源装备制造方面的合作，壮大贵州省新能源上下游产业链，推动贵州省新能源产业实现高质量发展。

第三，煤炭供应方面，除了与重庆市联合建立一体化煤炭保供体系外，还需加强与西北煤炭供应区合作。四川省煤矿规模小，开采条件差，安全威胁大，属于供给侧改革的主要去产能区域，而我国西北、华北地区煤矿资源储量大、规模化程度较高，是全国煤炭主要供给区域，统计显示，截至2022年底，晋陕蒙三省煤炭产量占全国煤炭总产量比值高达71.8%。因此，为积极响应国家政策号召，满足能源需求，促进资源有效利用与经济协同发展，四川省应加强与西北煤炭供应区的合作，建立更稳定、可持续的煤炭产业供应链。

第四，积极对接京津冀、长三角、粤港澳等国内能源高端产业聚集区，推动技术创新，围绕建链、补链、强链、延链，开展太阳能、风能等清洁能源产业精准招商与产业合作，吸引省内外优质资源，持续推动清洁能源项目的实施和产业的健康发展。

三、积极开展国际合作深度

中国国家主席习近平于2013年9月和10月分别提出"一带一路"（"丝绸之路经济带"和"21世纪海上丝绸之路"）的合作倡议，提出积极发展与沿线国家的经济合作伙伴关系，共同打造政治互信、经济融合、文化包容的利益共同体、命运共同体和责任共同体。四川省作为中国西南地区的一个重要省份，在"一带一路"建设中扮演着重要角色。一方面，四川省位于中国西南部，是连接西南、西北和中西亚的重要枢纽地区，其地理位置使得四川省成为"一带一路"建设的重要节点，通过其交通枢纽可以方便地连接陆上和海上丝绸之路。另一方面，四川省强大的铁路、公路、航空和水路等交通网络，提高了国际和国内的连接性，更好地服务了"一带一路"的经济合作。在能源领域，四川省还需多措并举，助力"一带一路"建设。

第一，参与"一带一路"建设，加强与欧洲、东亚、东盟等的能源科技和产业合作，支持省内能源企业"引进来"与"走出去"。一方面，通过提供相应的政策支持，降低跨国投资的壁垒，鼓励"一带一路"沿线国家能源企业在四川省投资兴业，并提供国际市场开发的政策支持，减轻企业在国际市场拓展过程中的风险，鼓励四川省内具备竞争力的能源企业走出国门，积极参与国际能源市场竞争，推动其国际化发展。另一方面，通过双边或多边的合作协议、论坛、峰会等方式，促使四川省内能源企业、科研机构、高校等组织与欧洲、东亚、东盟等地区同行建立能源科技关系，促进创新技术的共享与交流。

第二，加强与国外高校和培训机构的合作，引进国际化的人才培养体系，培养具备国际视野和竞争力的能源专业人才，并支持省内本地能源企业派遣员工到国外进行培训和学术交流，提升员工的国际化水平。

第三，在四川省内建设国际化的能源产业园区，为国内外企业提供便利的产业基础设施和服务，并通过设施共享、资源整合等方式，促进国际合作伙伴在四川省内的能源产业园区内协同发展。

后记

四川省位于中国西南部，是一个人口众多、自然资源丰富的省份。它拥有壮丽的山脉、丰富的水资源，并以其独特的文化和美食而闻名于世。然而，随着经济的快速增长和工业化进程的加速，四川省面临着诸多环境挑战。作为中国的能源生产大省，四川省需要持续关注绿色发展问题，推进"双碳"目标的实现。四川省的绿色低碳发展将逐步降低四川省对传统化石能源的依赖程度，从化石能源转向清洁的可再生能源，推动绿色低碳产业的发展，也将吸引更多的投资和消费，提升区域竞争能力。

本书聚焦四川省的能源产业绿色低碳发展，探索如何实现能源的绿色低碳转型和可持续发展，破解四川省现阶段能源发展中面临的问题与挑战。本书深入分析了四川省能源禀赋与碳排放具体情况，采取实地调查、专家会议访谈等方式深入了解了四川省能源各产业发展现状、政策支持情况。使用系统动力学方法对四川省能源消费碳排放情况进行预测分析，寻求能源消费碳减排的最优路径。充分考虑能源资源特点、环境承载能力、经济社会发展需求等因素，制定具体行动计划。最后，对"双碳"目标下四川省能源产业的发展提出具体政策措施和解决方案。

本书是 2022 年中国工程科技发展战略地方研究院咨询项目《四川省碳达峰、碳中和战略重点和主攻方向研究》的阶段性研究成果，项目编号 2022-DFZD-27；2021 年西南石油大学人文社科专项基金项目《"双碳"目标下四川省能源互联网模式构建与路径探索》部分研究成果，项目编号 2021RW066；川酒文化国际传播研究中心 2020 年重点项目部分研究成果，项目编号 CJCB2020-02。为深入研究四川省能源发展现状与存在的问题，本课题组走访了四川省能源局等相关单位，并多次召开专家研讨会，在此感谢相关地区和部门的领导和专家提供的支持和帮助。

本书共七章，分工如下。庞敏、李琼、刘斐（第一章）；何沙、逄健、刘斐（第二章）；周兆明、张欣雨、丁一（第三章）；庞敏、刘凤云、李琼（第四章）；李琼、张志伟、庞敏、李薇（第五章）；张益畅、陈雪、曾红霞（第六章），唐龙、张益畅、杨雪、谢武潼（第七章）。由庞敏、李琼、张益畅负责全书统稿。

参考文献

[1] IEA.Global energy review: CO_2 emissions in 2022[R].Paris: 2022.

[2] ROGELJ J, den ELZEN M, HÖHNE N, et al.Paris Agreement climate proposals need a boost to keep warming well below 2℃ [J].Nature, 2016, 534 (7609): 631-639.

[3] 张雅欣，罗荟霖，王灿. 碳中和行动的国际趋势分析 [J]. 气候变化研究进展，2021，17（1）：88-97.

[4] LI B, GASSER T, CIAIS P, et al.The contribution of China's emissions to global climate forcing[J].Nature, 2016, 531 (7594): 357-361.

[5] ZENG N, JIANG K, HAN P, et al.The Chinese Carbon-Neutral Goal: Challenges and Prospects[J]. Adv Atmos Sci, 2022, 39(8): 1229-1238.

[6] 习近平. 在第七十五届联合国大会一般性辩论上的讲话 [N]. 人民日报，2022-09-23（02）.

[7] 世界气象组织. 2021年基于全球观测的大气中的温室气体状况[R]. 日内瓦：2022.

[8] 国际科学合作组织. 2022 年全球碳预算 [R]. 北京：2022.

[9] 赖明东，雍熙，史文静. 全球变暖的解释模式：温室效应理论与气候的自然波动假说 [J]. 自然辩证法研究，2022，38（5）：69-74.

[10] CHEN L, MSIGWA G, YANG M, et al.Strategies to achieve a carbon neutral society: a review[J]. Environmental Chemistry Letters, 2022, 20(4): 2277-2310.

[11] ENGO J.Driving Forces and Decoupling Indicators for Carbon Emissions From the Industrial Sector in Egypt, Morocco, Algeria, and Tunisia[J]. Environmental

Science and Pollution Research, 2021, 28(12).

[12] SUN L, CUI H, GE Q.Will China achieve its 2060 carbon neutral commitment from the provincial perspective?[J]. Advances in Climate Change Research, 2022, 13(2): 169–178.

[13] ZHANG Y, HE S, PANG M, et al.Green Technology Innovation of Energy Internet Enterprises: Study on Influencing Factors under Dual Carbon Goals[J]. Energies, 2023, 16(3): 1405.

[14] 蓝虹, 陈雅函. 碳交易市场发展及其制度体系的构建[J]. 改革, 2022（01）: 57–67.

[15] 周雪峰, 韩露, 肖翔. "双碳"目标下数字经济对企业持续绿色创新的影响: 基于数字化转型的中介视角[J]. 证券市场导报, 2022（11）: 2–12.

[16] 李昕蕾. 全球清洁能源转型与中国角色[J]. 当代世界, 2023（02）: 16–22.

[17] LIU W, WAN Y, XIONG Y, et al.Green hydrogen standard in China: Standard and evaluation of low-carbon hydrogen, clean hydrogen, and renewable hydrogen[J]. International Journal of Hydrogen Energy, 2022, 47(58): 24584–24591.

[18] YIN S, ZHANG N, ULLAH K, et al.Enhancing Digital Innovation for the Sustainable Transformation of Manufacturing Industry: A Pressure-State-Response System Framework to Perceptions of Digital Green Innovation and Its Performance for Green and Intelligent Manufacturing[J]. Systems, 2022, 10(3):72.

[19] 胡鞍钢. 中国实现2030年前碳达峰目标及主要途径[J]. 北京工业大学学报（社会科学版）, 2021, 21（3）: 1–15.

[20] LI Y, ZHANG C, LI S, et al.Energy efficiency and green innovation and its asymmetric impact on CO_2 emission in China: a new perspective[J].Environmental Science and Pollution Research, 2022, 29(31): 47810–47817.

[21] 魏一鸣，余碧莹，唐葆君，等．中国碳达峰碳中和路径优化方法[J]．北京理工大学学报（社会科学版），2022，24（4）：10.

[22] 余晓钟，杨铎．"一带一路"能源绿色创新合作的驱动力研究[J]．科学管理研究，2022，40（06）：157-163.

[23] WEI Y, CHEN K, KANG J, et al. Policy and Management of Carbon Peaking and Carbon Neutrality: A Literature Review[J]. Engineering, 2022, 14: 52-63.

[24] 付允，马永欢，刘怡君，等．低碳经济的发展模式研究[J]．中国人口·资源与环境，2008，18（3）：14-19.

[25] 生态环境部．中国应对气候变化的政策与行动 2022 年度报告[R]．北京：2022.

[26] 生态环境部，国家发展和改革委员会，财政部，等．国家适应气候变化战略 2035[R]．北京：2022.

[27] 邹才能，何东博，贾成业，等．世界能源转型内涵、路径及其对碳中和的意义[J]．石油学报，2021，42（2）：233-247.

[28] 吕指臣，胡鞍钢．中国建设绿色低碳循环发展的现代化经济体系：实现路径与现实意义[J]．北京工业大学学报（社会科学版），2021，21（6）：35-43.

[29] WEN L, WANG A.System dynamics model of Beijing urban public transport carbon emissions based on carbon neutrality target[J]. Environment, Development and Sustainability, 2023, 25(11): 12681-12706.

[30] 何沙，张益畅，庞敏．WSR 方法论视角下的能源绿色生产[J]．中国石油大学学报（社会科学版），2022，38（6）：33-38.

[31] 刘志彪，凌永辉．结构转换、全要素生产率与高质量发展[J]．管理世界，2020，36（7）．

[32] WANG F, HARINDINTWALI J D, YUAN Z, et al. Technologies and perspectives for achieving carbon neutrality[J]. Innovation（Camb），2021, 2(4): 100180.

[33] 王灿，张雅欣. 碳中和愿景的实现路径与政策体系 [J]. 中国环境管理，2020，12（6）：58-64.

[34] ZOU C, XIONG B, XUE H, et al.The role of new energy in carbon neutral[J]. Petroleum Exploration and Development, 2021, 48(2): 480–491.

[35] 张建光. 现代化进程中的中国特色社会主义生态文明建设研究 [D]. 长春：吉林大学，2018.

[36] 金光旭. 中国共同富裕现代化道路研究 [D]. 长春：吉林大学，2021.

[37] 程郁泰，肖红叶. 中国碳排放权交易政策的经济与减排效应研究 [J]. 统计与信息论坛，2023，38（7）：61-74.

[38] 庄贵阳，王思博. "双碳"目标下的中国式现代化：特征、要求与路径 [J]. 生态经济，2023，39（1）：31-35.

[39] 王瑞香. 中国共产党中国特色社会主义文化观发展研究 [D]. 济南：山东大学，2019.

[40] WANG T, SONG Z, ZHOU J, et al.Low-Carbon Transition and Green Innovation: Evidence from Pilot Cities in China[J]. Sustainability, 2022, 14(12): 7264.

[41] BAI E, GUO W, TAN Y, et al.Green coal mining and water clean utilization under Neogene aquifer in Zhaojiazhai coalmine of central China[J]. Journal of Cleaner Production, 2022, 368: 133134.

[42] LI R, LI L, WANG Q. The impact of energy efficiency on carbon emissions: Evidence from the transportation sector in Chinese 30 provinces[J]. Sustainable cities and society, 2022, 82: 103.

[43] JIN B, HAN Y. Influencing factors and decoupling analysis of carbon emissions in China's manufacturing industry[J]. Environmental Science and Pollution Research, 2021, 28(45):19–38.

[44] 张希良，黄晓丹，张达. 碳中和目标下的能源经济转型路径与政策研究 [J]. 管理世界，2022，38（1）：35-66.

[45] XIAO M, PENG X. Decomposition of carbon emission influencing factors and research on emission reduction performance of energy consumption in China[J]. Frontiers in Environmental Science, 2023, 10.

[46] LUO J, YANG J, WAN S, et al.Can energy conservation and emission reduction policies affect household carbon emissions? Evidence from China[J].Frontiers in Energy Research, 2023, 11.

[47] BALI SWAIN R, KARIMU A, GRÅD E.Sustainable development, renewable energy transformation and employment impact in the EU[J]. International journal of sustainable development and world ecology, 2022, 29(8): 695–708.

[48] 张益畅，何沙，庞敏. 基于DEMATEL-ISM的中国石油进口安全影响因素分析[J]. 油气储运，2023，42（6）：713-720.

[49] 别朝红，林超凡，李更丰. 能源转型下弹性电力系统的发展与展望[J]. 中国电机工程学报，2020，40（9）：2735-2745.

[50] 侯梅芳. 碳中和目标下中国能源转型和能源安全的现状、挑战与对策[J]. 西南石油大学学报（自然科学版），2023，45（2）：1-10.

[51] SESANA M M, RIVALLAIN M, SALVALAI G. Overview of the Available Knowledge for the Data Model Definition of a Building Renovation Passport for Non-Residential Buildings: The ALDREN Project Experience[J]. Sustainability, 2020, 12(2): 642.

[52] 四川省国资委. 四川首个国家级大型应急煤炭储备基地正式投运[EB/OL]. [2023年10月28日]. http://www.sasac.gov.cn/n2588025/n2588129/c25826871/c ontent.html?eqid=9d71a44a0005d030000000046438d457.

[53] GROESBECK J G, PEARCE J M. Coal with Carbon Capture and Sequestration is not as Land Use Efficient as Solar Photovoltaic Technology for Climate Neutral Electricity Production[J]. Scientific Reports, 2018, 8(1).

[54] KANDROT S, CUMMINS V, JORDAN D, et al. Economic and employment

impacts of offshore wind for Ireland: A value chain analysis[J]. International Journal of Green Energy, 2020, 17(11): 687–696.

[55] 周守为，朱军龙. 助力"碳达峰、碳中和"战略的路径探索 [J]. 天然气工业，2021，41（12）：1-8.

[56] HOU Z, XIONG Y, LUO J, et al.International experience of carbon neutrality and prospects of key technologies: Lessons for China[J]. Petroleum science, 2023, 20(2): 893–909.

[57] 邹才能，陈艳鹏，熊波，等. 碳中和目标下中国新能源使命 [J]. 中国科学院院刊，2023，38（01）：48-58.

[58] GIELEN D, BOSHELL F, SAYGIN D, et al.The role of renewable energy in the global energy transformation[J]. Energy Strategy Reviews, 2019, 24: 38–50.

[59] WANG Y, WANG R, TANAKA K, et al. Accelerating the energy transition towards photovoltaic and wind in China[J].Nature, 2023, 619(7971): 761–767.

[60] 陈军华，李乔楚. 成渝双城经济圈建设背景下四川省能源消费碳排放影响因素研究：基于 LMDI 模型视角 [J]. 生态经济，2021，37（12）：30-36.

[61] 汪应洛. 系统工程 [M]. 北京：机械工业出版社，2015.

[62] 王火根，肖丽香，廖冰. 基于系统动力学的中国碳减排路径模拟 [J]. 自然资源学报，2022，37（5）：1352-1369.

[63] 何立峰. 国务院关于《中华人民共和国国民经济和社会发展第十三个五年规划纲要》实施中期评估报告——2018 年 12 月 24 日在第十三届全国人民代表大会常务委员会第七次会议上 [J]. 中华人民共和国全国人民代表大会常务委员会公报，2019（01）：253-256.